厦门大学
哲学社会科学繁荣计划
2011—2021

　　本书为 2014 年福建省社科青年项目"俄罗斯白银时代戏剧的多声部对话研究"（2014C058），2013 年国家社科项目"苏联戏剧历史经验研究"（13BWW035）的阶段性成果，得到 2015 年厦门大学中央高校基本科研业务费专项资金"布宁小说的记忆诗学研究"及厦门大学繁荣哲学社会科学专项资金资助。

Memory Poetics Issues of Bunin's Novels

布宁小说的记忆诗学特色

王文毓 著

厦门大学出版社 国家一级出版社
XIAMEN UNIVERSITY PRESS 全国百佳图书出版单位

图书在版编目(CIP)数据

布宁小说的记忆诗学特色/王文毓著. —厦门:厦门大学出版社,2016.6
ISBN 978-7-5615-6098-3

Ⅰ.①布… Ⅱ.①王… Ⅲ.①布宁(1870—1953)-小说研究 Ⅳ.①I512.074

中国版本图书馆 CIP 数据核字(2016)第 135548 号

出 版 人	蒋东明
责任编辑	薛鹏志
装帧设计	李嘉彬
责任印制	朱 楷

出版发行	厦门大学出版社
社 址	厦门市软件园二期望海路 39 号
邮政编码	361008
总 编 办	0592-2182177　0592-2181253(传真)
营销中心	0592-2184458　0592-2181365
网 址	http://www.xmupress.com
邮 箱	xmupress@126.com
印 刷	厦门市金凯龙印刷有限公司

开本	720mm×1000mm　1/16
印张	13.75
插页	2
字数	220 千字
印数	1～1 500 册
版次	2016 年 6 月第 1 版
印次	2016 年 6 月第 1 次印刷
定价	42.00 元

本书如有印装质量问题请直接寄承印厂调换

厦门大学出版社
微信二维码

厦门大学出版社
微博二维码

内容提要

记忆是布宁创作的精髓和核心。布宁的艺术是心灵、思想、灵魂与身体的结合。作家的年龄越长，那种回忆就越珍贵，就越能够生动地呈现那种回忆。在对个人生活、家族历史、逝去的俄罗斯的追溯中，作家表达了自己对永恒真理和真、善、美的思考。

布宁笔下的场景、人物和事件大多取材于自己的生活。浓重的记忆痕迹成为布宁作品最重要的特征，这主要体现在四个方面：(1) 布宁的创作大都是基于自己童年和少年生活进行的艺术提炼与升华。(2) 布宁作品中的人物、场景和事件都可以在作家本人的生活中找到确切或模糊的原型。(3) 布宁作品的组织结构和内容的记忆特征相呼应。(4) "记忆"凸显主人公最突出、最主要的精神活动。然而，通过对前人研究概况综述可以看出，评论家对弥漫在布宁作品中的"记忆"因素大多点到为止，缺乏整体观照，这就为笔者作进一步的阐释提供了必要性。

本书的研究对象以长篇小说《阿尔谢尼耶夫的一生》为主，同时也涉及布宁的其他相关作品。全书由以下几个部分组成。

第一章，导论。对俄罗斯和中国学者围绕本论题进行的研究进行了综述并提出本书的研究任务、研究方法。

第二章，体裁的沿革。分别从欧洲传统和俄罗斯传统进行体裁梳理，对欧洲传统中从忏悔录传统到意识流小说中的代表作家的创作进行分析，指出其中对布宁记忆书写产生影响的因素。梳理布宁对从《伊格尔王子出征记》开始的俄罗斯文学的继承与革新。最后得出结论：《阿尔谢尼耶夫的一生》融合了意识流小说、自传体小说、教

育成长小说、诗化散文、哲理性长诗和史诗等多种体裁因素,是一部集多体裁因素于一身的描写心灵史的综合小说。

第三章,作品的无情节性。指出布宁作品淡化情节的特点,记忆书写是按照心灵成长史的内在情节来排列的。揭示主人公的自我意识逐步发展的过程。剖析通过上帝与死亡、白嘴鸦、大自然、宇宙天体等形象来呈现主人公自我意识的特征,指明布宁书写记忆的重内心体验的特征导致了作品的无情节性。

第四章,作品的时空体。指出记忆中具有厚重的民族集体记忆的成分,记忆书写中的时空之间相互转换,具有多样性和多变性。分析庄园、道路、城市、小俄罗斯等具有代表性的时空形象在记忆书写中扮演的角色和所起的作用。通过动词时态的使用和真实与虚构的切换实现时空层面的切换,使发生在不同时间流中的事件交织在一起。记忆书写帮助主人公克服时空的距离将过去重建。

第五章,抒情主人公——两个主体,多重视角。作品的"抒情主人公"呈现为年逾五十的主人公和年轻时的主人公两个叙述主体,并由此形成多重叙述视角。伴随着主人公心路历程的呈现,"我"对自然景物、社会现象、命运之谜、人生意义等问题的沉思,常常以探问的形式表现出来,对话成为记忆书写的一大特色。对话既保留了记忆书写特有的含蓄和模糊,又给杂乱间断的人物内心言语以秩序和修辞的严整。

第六章,布宁小说的语言——印象组合,杂语纷呈。布宁是身兼小说家和诗人的双语作家,他记忆书写的语言具有诗歌、音乐、绘画的特点,使用了组合修饰语、对位性的矛盾语、暗含对话的语言、狂欢化的语言。运用生动的语言形象勾画出外部世界在主人公心灵中的投射。在作品结构上大量引用其他作家作品、笔记、格言、谚语,形成"文本中的文本(текст в тексте)",用他人语言折射主人公意向,深化了作品的杂语性和对话性。除此之外,作品中还存在阿尔谢尼耶夫本人创作的小说、笔记、诗作等等,使得《阿尔谢尼耶夫的一生》成为

"元文本（метатекст）"、"关于文本的文本（текст о тексте）"。总之，记忆书写通过通感体验和互文观照的方式传达出抒情主人公"心灵史"的独特性。

第七章，结论。指出记忆书写心灵史是贯穿布宁创作的一根红线，对记忆特色加以总结，对布宁的记忆诗学问题加以概括，并指出了本书的不足和今后努力的方向。

本书的创新之处在于：

在以往的布宁研究中，没有集中、系统地探讨布宁小说的记忆特色诗学问题。有的只是论及记忆的具体内容，如庄园、自然景物、具体人物等，且多把记忆理解为零散的碎片，作为片面的、孤立的现象，而没能看到布宁的创作本身已构成一个庞大的记忆书写体系。这就为笔者的进一步阐释提供了空间。对记忆诗学问题的研究是解读布宁的有效途径。一方面，我们可以循着作家的记忆走进他的心灵深处，了解他的创作背景、创作意图和心路历程；另一方面，记忆是我们开启主人公内心世界的钥匙，也是我们领会作家艺术创作手法的有效符码。

本书着重研究布宁小说创作中书写记忆的形式和方法，并以此弥补了传统的主题分析模式的单调性。本书中的记忆包括对往事的建构，是有选择地重塑过去的生活，是布宁借主人公在饱经沧桑的中年或暮年，以审视的、怀旧的眼光不断回望生命最初的岁月并进行沉思。对于经验的重新经历重新激活了某个意向性。对记忆诗学问题的研究可以为现有的布宁研究提供一个新的视域，一个审美意义追问的支点，它无疑可以推进布宁研究向广度和深度拓展。

ABSTRACT

Memory is the essence and core of Bunin's writing. Bunin's art is combination of heart, thought, soul and body. The writer's age is longer, the memory becomes more precious and can be shown better. In the process of sourcing personal life, family history and passedRussia, the writer expresses his thinking about external truth, true, kind and beautiful things.

The scenes, people and events in Bunin's works are main from his own life. Memory has become one of the most important features of Bunin's writings, which reflects 4 main aspects as below: 1) Most of Bunin's works are the art abstracted and sublimated from his own life in childhood and youth. 2) The people, scenes and events can be sourced exact or similar prototypes from his own life. 3) The organization construction and content match with memory feature in Bunin's writings. 4) "Memory" is the most obvious and main spiritual action of dramatis personae. However, through the research situation, we can find that the critics didn't talk too much about the "memory" factors pervaded in Bunin's articles and they didn't view it as a whole, so, it is necessary to state it further for author.

This thesis mainly researches the novel *Life of Arseniev*, and also involves other Bunin's works. The whole article is composed by three main parts-preface, text (five chapters) and conclusion.

Preface review the researches that have been made by Russian and Chinese scholars and advance research tasks and research methods of this thesis.

Chapter One: The evolution of the genre. This part tidy the genre from European tradition and Russian tradition respectively, analyse the writings of representative writers from confessions tradition to stream-of-consciousness novels in European tradition, and point out factors that affect Bunin's writing. This chapter states Bunin's inheritance and innovation for Russian literature beginning from *The Tale of Igor's Campaign*. At last, the author makes the conclusion that *Life of Arseniev* compromises many kinds of genre factors, such as the stream-of-consciousness novels, the autobiographical novel, education bildungsroman, poetic prose, philosophical long poem and epic etc. , which is a comprehensive novel collecting many genre factors and describing heart history.

Chapter Two: The feature of no plot in writings. This chapter points out the characteristic of weakening the plot in Bunin's writings, events are arranged according to the inner plot of growing heart. This part states the gradual development process of self-consciousness of dramatis personae and shows the characteristic of self-consciousness of dramatis personae through God and death, white rostra crow, nature, universe and celestial bodies etc and indicates that Bunin attached importance to the memory in heart caused the feature of no plot.

Chapter Three: The feature of chronotope shows in writings. Memory has heavy national collective memory ingredients; memory colour makes the chronotope transformation in works and has diversity and changeability. This part analyses the roles and functions of manors, roads, cities, small Russia etc representing chronotope images in works. Through the usage of verb tenses and switching between the real and the fiction, which realize of the switching of chronotope and make events in different time intertwined. Memory colour helps the dramatis personae overcome the distance of

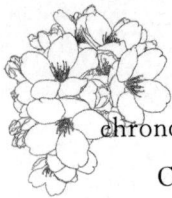

chronotope and rebuild the past.

Chapter Four: lyric dramatis personae — two leading roles and many viewpoints. The works states two subject matters: the leading character at fifties and at the time when he was young, as a result, it forms different viewpoints. As the journey heart of the leading character is taking up, "I" usually deep think about natural sceneries, society phenomenon, mystery of the fortune and meaning of life in questions, therefore, dialogue becomes one feature of the creations. The dialogues reserve the implicit and obscure characteristics of the recollections writing, while in the meantime, well put the disordered and interrupted inner heart of the leading character and figure of speech in order.

Chapter Five: Language of Bunin's novels—impression combination and miscellaneous language. Bunin is a bilingual writer of novelist and poet. His memory writings have features of poetry, music and painting and use modifiers, contrapuntal contradictions language, inscribed dialogue language and orgiastic language. He uses vivid language images sketch the projection of external world in the heart of dramatis personae and adopts other writers' works, notes, motto, and proverbs in the works' construction to form "Text in Text (текст в тексте)" and use others' languages to refract the intention of the dramatis personae. which deepen the miscellaneous and dislogism of works, In addition, the work also exists the novels, notes and poems etc created byArseniev himself, which make *Life of Arseniev* become "Original Text (метатекст)", "Text to Text (текст о тексте)". In a word, memory writing through the synaesthesia experience and intertexuality conveys the uniqueness of "heart history" of the lyric dramatis personae.

The conclusion points out memory is the line during the writing creation and sums up the memory features and summarizes the problems of memory poetics, also, this part points out the insufficiency and the direction of future research in the thesis.

The innovations of the thesis are as below:

In the past Bunin's study, no research discusses the memory poetics issues concentrative and systematically in Bunin's novels and only deals with the specific content of memory, such as manor, the natural scenery and specific characters etc., and treat memory as one—sided and isolated thing, but can't see Bunin's creation itself has constituted a huge memory system. This provides further explanation space for author. Memory poetics is the effective way to know Bunin. On the one hand, we can follow the writer's memory into his heart and know his creation background and writing purpose; on the other hand, memory is the key to open the heart world inside of the dramatis personae, also it is the effective code for us to understand the method of artistic creation of writer.

The thesis focuses on the study on the form and method of memory writing applied in Bunin novels to compensate monotonicity of the traditional subject analysis patterns. The memory in the thesis includes the construction of the past events, i. e., to reshape the life in the past. People in the middle or old ages who have experienced many vicissitudes of life constantly look back the early time in the life using examined and nostalgic sight and make meditation. Re-experienced experience reactivate some intentionality. The study for memory poetics issues can offer a new realm and a fulcrum of aesthetic significance cross—examine for Bunin research. Undoubtedly, it can advance the breadth and depth of Bunin study.

ABSTRACT

目　　录

第一章

导　论

　　出生于 1870 年的 И. А. 布宁直接和 19—20 世纪的俄罗斯文学联系在一起,他创作的成熟时期正值俄罗斯文学的"白银时代";直至 1953 年临终前他还在进行着最后一部作品的创作,他的生卒年月也可以让我们将他归入到 20 世纪经典作家之列。作为侨居欧洲的俄罗斯作家,布宁身上结合了两种文化:俄罗斯文化,这是留存在过去,保留在作者记忆中的文化;欧洲文化,这是作者身处的工作和生活环境。

　　英国有位评论屠格涅夫、Л. Н. 托尔斯泰和契诃夫的评论家和戏剧家厄杜埃尔·哈尔尼特在《曼彻斯特卫报》(*The Manchester Guardian*)上撰文对《阿尔谢尼耶夫的一生》进行了评价,该篇文章后来以《一位俄罗斯天才》(*A Russian Genius*)为题名转载在刊物 *Annali* 上,他说:"布宁真是一位杰出的艺术家,他为我们描绘了一幅从一个懵懵懂懂的孩子到沉浸在既神秘又让人苦恼的爱情中的少年眼中的不断变化的巴图林诺四季的景象,田野、大地、天空、花园。……这种少年对生活的新鲜且全面的敏锐的感觉处处都与充满诗意的景色交织在一起。一位 63 岁的老人能够如此精准地抓住青年人的心理和生活节奏是非常令人震惊的。"①

　　作为第一位被授予诺贝尔文学奖的俄罗斯作家,布宁及其创作在世界文学中占据重要地位。俄罗斯和中国关于布宁的研究存在几次重大的转

---

　　①　A Russian genius// Annali,sezione slava,Ⅺ;Napoli,1968,p. 20.

向,这与整个文学研究进程的几次重大转向是基本一致的,只是在具体的年代上存在差异。首先是从历史分析向语言学研究的转向,即从集中于作者的生平、世界观,对作品进行意识形态和社会学分析转向用语言学研究成果来分析文学作品的文学性。但是语言学的分析方法越来越局限于文本之内,暴露出其与文本外部因素研究脱节的弊端,因此随后又出现了向文化学的转向,开始关注文本中蕴含的集体记忆、民族记忆、家族记忆等文化因素。

迄今为止,布宁研究成就卓越,但仍存在进一步研究的空间,尤其是记忆诗学,缺乏全面系统的研究。为了系统地着手我们的研究,有必要沿着布宁研究的几次转向,重点将俄中两国对布宁的诗学研究状况加以综述。

一、俄罗斯布宁研究综述

从布宁踏入俄罗斯文学的第一步开始,他的才能就引起了关注。俄罗斯境内外布宁研究资料索引显示,1892—1999 年间世界各地公开发表的关于布宁的文章有 2229 篇(其中 1973、1974、1992 年出版的关于布宁评论的文集和纪念布宁诞辰 125 周年、127 周年、130 周年的文集整体作为单条列出),最早的评论是 1892 年在杂志《北方》第 9 期上发表的对布宁诗歌的评论,最早的署名的评论是 1897 年 А. И. 波格丹诺维奇在《天堂》(《 Мир Божий 》)第 2 期上发表的题为《评论短讯》的文章,对短篇小说进行了评论。① 同时代的著名作家在布宁身上看到的首先是对俄罗斯经典文学传统的继承。早期的评论人有 А. И. 波格丹诺维奇、А. 费德罗夫、А. М. 斯加比切夫斯基、А. 巴萨金,但是多是针对作家的诗歌创作的评论,且主要都是对诗歌的语言、韵律、节奏的关注,集中于对文本自身的分析。由于作家的创作才刚刚开始,这一阶段的评论也难以对作家创作的特点作出完整评价。

在 20 世纪头二十年,俄罗斯的布宁评论随着作家 1920 年侨居国外而被迫中断。但是布宁仍然吸引了研究俄罗斯侨民文学的评论家和研究者,以及欧洲艺术代表者们的持续关注。布宁在 1920 年至 1953 年侨居期间的创作却是布宁整个文学创作中的重要组成部分,也是俄罗斯白银时代的文

---

① Богданович А. И. Критические заметки// Мир Божий. 1897, №2, С. 6—8. // И. А. Бунин: pro et contra, СПб, 2001, С. 847.

学和侨民文学的重要组成部分。当代俄罗斯著名学者 B. B. 阿格诺索夫就认为"布宁侨民时期的创作标志着俄国侨民文学第一次浪潮的高度"[①]。受到当时俄罗斯国内外政治氛围的影响,这一时期的意识形态分析和社会学分析的色彩非常浓厚,因此对作家创作的评价也有失偏颇。

俄罗斯对布宁研究发展的新阶段始于 20 世纪 60 年代,1953 年作家逝世,正逢"解冻"时期,与革命前的批评一致,普遍认为布宁的创作是俄罗斯经典文学传统的继承,布宁是最后一个经典作家之一。20 世纪 70 年代到 21 世纪初许多研究者为布宁研究的发展做出了巨大的贡献。布宁研究的视野更加宽广,围绕作者与主人公的关系、作品风格特征、作家创作个性和创作心理、历史美学、文本结构特点、文学形象、艺术时空、宗教因素等多方面广泛展开。这一时期对布宁的评论逐渐转向文化学研究,挖掘文本中蕴含的文化因子。

以上是俄罗斯学者对布宁整体创作研究阶段的概况。在这些浩瀚的材料中,本书并不打算对所有关于布宁的论著作面面俱到的评述,而聚焦布宁创作的诗学及记忆书写问题。很多评论家都认为《阿尔谢尼耶夫的一生》既是布宁创作的总结性作品(«итоговая книга»),也是通过记忆反映心灵历程的最具代表性作品,俄罗斯学者们对布宁作品的诗学研究基本都离不开该部作品。因此下面我们结合本书的重点——布宁小说的记忆诗学,主要就俄罗斯学者对《阿尔谢尼耶夫的一生》的诗学研究部分、涉及布宁的其他相关作品和其他研究情况进行综述。

俄罗斯对布宁作品的诗学研究大多在"解冻"之后,集中在 20 世纪 60 年代到 21 世纪初。对布宁创作的记忆特色的关注只是散落在诗学研究方面,尤其是在《阿尔谢尼耶夫的一生》之中。《阿尔谢尼耶夫的一生》是布宁的一部具有独特性的作品,《阿尔谢尼耶夫的一生》体现了两种趋势的结合:一方面是对 19 世纪文学传统的继承,另一方面是对传统的克服和与 20 世纪文学的深厚联系。笔者在莫斯科列宁图书馆(俄罗斯国家图书馆)搜集的资料显示(最早的可以追溯到 1966 年,最近发表的是在 2007 年):关于这部

---

① B. B. 阿格诺索夫:《20 世纪俄罗斯文学发展进程中的俄侨作家第二次创作浪潮》,《俄语语言文学研究》,2003 年第 1 期,第 15 页。

作品的期刊文章一共有 68 篇,其中标题涉及"记忆"、"回忆"等字眼的有 15 篇。

　　下面我们对俄罗斯学者对布宁的诗学研究侧重从体裁、时空体、主题、叙事学四个方面进行,此外,还会涉及在跨学科领域进行的研究,如现象学等。

　　首先,关于《阿尔谢尼耶夫的一生》体裁的争论主要围绕三个方面进行:自传、非自传、不完全是自传。在此处不详细加以展开,这一点在本书的第一章"体裁的沿革"的"体裁之争"一节中将会列出并加以具体阐述。

　　其次,从时空体角度对作品的诗学特色探讨也在整个研究中占了较大比重,主要观点都集中在作品中事件的展开没有遵循客观的时空发展逻辑顺序,而是将过去、现在、未来等不同的时间层面都融合在一起。

　　Б. В. 阿韦林在《布宁的一生和阿尔谢尼耶夫的一生:回忆录诗学(поэтика воспоминания)》①一文中指出,在该部作品中不是人控制记忆,而是记忆决定了人的个性组成。记忆可以作为评价人过往生活的思想和价值的评价标准,记忆按照自己独特的逻辑展开。由于记忆的作用,"作品中时间的碎片混合在一起","时间开始融合"。А.哈桑在《境外自传散文中个性的道德形成》(2006)里讨论布宁的心灵成长过程时以《阿尔谢尼耶夫的一生》为例,认为作品中过去与现在杂糅在一起。这两位学者都认为作品的时空在记忆的作用下融合在一起。

　　С. Е. 弗拉基米诺夫娜在《布宁侨民时期散文中回忆和自传性叙述的诗学》(2005)中认为,布宁在《阿尔谢尼耶夫的一生》中通过记忆有时把好几年压缩成一年,有时又由一个瞬间引发无限的遐思,把主人公和周围世界、俄罗斯的过去和现在以及俄罗斯国内外作家联系起来。指出作品中存在四个时间体系:现在、过去、历史过去、永恒。这些不同的时间层面在作品中都交织在一起。

　　Ю. В. 马里采夫在《伊万·布宁》中认为,在布宁作品中我们不是处在一个狭小的封闭的个人世界里,而是一个充满和谐、光芒四射、美和神秘充斥

---

① Аверин Б. В. Жизнь Бунина и жизнь Арсеньева: Поэтика воспоминания// И. А. Бунин: pro et contra, 2001, С. 651.

其中的宇宙,记忆把散落在生活中不同时间的碎片用超时间的方式组合在一起并扩展到永恒。

　　Н. Е. 亚历山德罗夫娜在《布宁艺术世界中作者和主人公的世界观和哲学观》(2002 年)中把布宁作品中的记忆当作一种特殊的心灵本质,是主人公作为一名艺术家所理解的艺术和生活的内核,体现了一个人的心灵特征、才能及品位。布宁认为记忆是一种奇妙但不可言传的奇迹,它把人类世世代代联系在一起,形成一股强大的生活力量,来对抗时间、空间、死亡、孤独这些破坏性的力量。作品中的各种时间层面都融合在一起,时间和空间都被重新排列,使创作行为可以最大限度地发挥。作品中描写的生活并不是零碎的片断,而是表现为超时间的统一,并延续到永恒。

　　三位学者指出记忆除了可以让作品的时空融合之外,还指出这种融合的时空可以延续到永恒。

　　Э. К. 拉夫丹斯基在博士论文《伊万·布宁的〈阿尔谢尼耶夫的一生〉》中指出,在《阿尔谢尼耶夫的一生》中作为主人公的阿尔谢尼耶夫是为时空所左右,而作为叙述者的布宁则凌驾于时空之上,主人公的时空与作者的时空并存于作品之中。研究者揭示了作品中存在着作者时空和主人公时空并存的情况,但是对记忆的功能并未过多阐发。

　　在中国学界比较活跃的俄国学者 В. В. 阿格诺索夫也对布宁的作品作出了独特的研究,由他主编的《20 世纪俄罗斯文学》[①](2001 年)中对记忆有比较精辟的阐释:"艺术家的记忆在晚期蒲宁看来,能够使人超越逝去生活的混乱,因为与实际情况的直接影响相比,记忆的真实性毫不逊色,而是更胜一筹。"在他撰写的《俄罗斯侨民文学史》[②](2004 年)中就认为布宁拥有"在记忆中保存现实的本领","作家的记忆将过去转化成了'永恒的现在'"。记忆让主人公在不同时空穿梭。

　　应该看到,已经有俄罗斯研究者注意到了布宁创作中的记忆因素,但是并未明确系统地揭示作品的特殊时空构造的原因在于布宁是借助了记忆来

[①]　Агеносов В. В. Русская литература ХХ, Москва, 1999.

[②]　Агеносов В. В. Литература русского зарубежья. Издательство « Терра. Спорт »,
1998.

表现心灵的复苏和成长过程,侧重于心灵的感受,因此并未按照事件发生时间的先后顺序来记录事件的发展。这也为笔者在本书的主体部分将侧重从诗学形式和手段角度对记忆书写进行体系化的阐述提供了必要性。

再次,从主题角度的切入在俄罗斯学者的研究中也较为鲜明,虽然主题研究的重点并不是诗学的具体手段,但是采用不同诗学手段的最终目的也是为了揭示那些亘古不变的、世世代代流传下来的永恒主题。

H. E. 亚历山德罗夫娜在《布宁艺术世界中作者和主人公的世界观和哲学观》(2002年)中指出,《阿尔谢尼耶夫的一生》描写的不是主人公个人的心灵史,而是处在那个时代所有像主人公那样的贵族青年的整体特征,其中融合了生、死、爱情、宗教、自然等多种主题。

K. M. 阿纳托利耶夫娜在《布宁〈阿尔谢尼耶夫的一生〉和布尔加科夫〈白卫军〉的自传性因素和艺术虚构》(2003年)中认为,《阿尔谢尼耶夫的一生》是作者对俄罗斯的命运、生、死和前记忆的深层思考。

A. 哈桑以《阿尔谢尼耶夫的一生》为例,在《境外自传散文中个性的道德形成》(2006年)中具体谈到布宁的心灵成长过程时,引用布宁的话说:"我从来不在外界影响下写作,我只写'内心深处'的东西"[①],并以此来证明这部作品所反映的就是作家心灵成长的过程,是作家对内部的心灵体验的不断探寻,是对生、死、幸福的思考。在成长过程中,通过与世界、与人的逐步接触和交流,主人公的心灵不断得到丰富,封闭的内心世界渐渐打开。对主人公而言,生活中的每一个细节都不容忽视,每一个瞬间都是重要的。布宁以自己的生活经验为基础,讲述人生命中最重要的,甚至影响整个一生的经历和感受。让读者随着阿尔谢尼耶夫的眼睛去观察和审视周围世界和自身,学会关爱和理解。这种心灵的成长和布宁独特的个性气质、整个家族、家庭背景、人生经历都是密不可分的。作品中俄罗斯乡村、俄罗斯心灵、俄罗斯宗教、俄罗斯的古老过去、阅读俄罗斯文学(尤其是 Ф. M. 陀思妥耶夫斯基和 Л. H. 托尔斯泰)对主人公的瞬间与永恒、生与死的理解都有着重要的影响。A. 哈桑已经察觉到布宁对心灵成长史的记忆书写,文本中蕴含的民族集体

---

① И. Ю. Бунин// Новый журнал, Нью-Йорк, 1970, №99, C. 118—120.

记忆、家族记忆、宗教色彩和对个人内心体验的重视。这些都帮助我们更准确地理解记忆特色。

以上这些研究者对作品的诗学解读基本上从生、死、爱情、自然、家族、俄罗斯、宗教等几个方面进行,对记忆因子的关注尽管比较简略和零散,很多地方都是一笔带过,但仍然对笔者关于布宁书写记忆的主题的思考提供了有益的参考。

叙事学在俄罗斯也是一种较为重要的文学研究方法,当今把从人物视角对作品进行的解读称为经典叙事学研究,也有学者运用这一方法来研究布宁的作品并关注到其中的记忆特色。

K. M. 阿纳托利耶夫娜《布宁〈阿尔谢尼耶夫的一生〉和布尔加科夫〈白卫军〉的自传性因素和艺术虚构》(2003 年)中对《阿尔谢尼耶夫的一生》中主人公的父亲、母亲、哥哥、妹妹、家庭教师、小市民罗斯托夫采夫一家等人物形象、成长环境、成长过程以及作品中出现的城市进行了具体细致地分析,指出主人公所具有的艺术直觉、诗人气质和天赋的艺术才能对其观察和描写生活的直接影响,认为《阿尔谢尼耶夫的一生》中存在作者和主人公两个叙述主体,在叙述中采取的是零聚焦的叙事视角。

C. П. 安东诺夫的文章《从第一人称的视角看》就是从第一人称的视角对《阿尔谢尼耶夫的一生》进行的文本解读。

B. O. 叶甫盖尼耶娃在《小说〈阿尔谢尼耶夫的一生〉中的作者模式》(1990 年)中对作品的符号学和语言学特征进行了探讨,认为作品中主人公和叙述者两个视角并存且互相影响,而主人公心灵的演进也引起了作品叙述视角的变化。作品的每个章节都会讲述对主人公的内心世界和他对外部世界的态度产生极大影响的事件。作者认为主人公的童年记忆对他的整个成长过程都产生了重大影响。

叙事学领域的分析帮助笔者厘清作品的叙述线索和脉络,并启发笔者尝试从作者与主人公的关系的角度来揭示布宁书写记忆的特色。

除了以上研究之外,俄罗斯学者还作了现象学等方面跨学科的研究。这些研究虽然更为细碎和零散,但拓展了研究视野。这些研究者们的观点都不同程度地给予笔者很大的启发,甚至极大地影响了本书的构架布局和研究思路。

从现象学角度对布宁作品记忆特色的解读散见在不少研究当中,但是基本上都是点到为止,并且有些研究者对作品的定位和对现象学的理解比较混乱,因此在分析中还存在一些误读和偏差。

Л. А. 科罗巴耶娃在《从瞬间到永恒》一文中将布宁的《阿尔谢尼耶夫的一生》和帕斯捷尔纳克的《日瓦戈医生》当作现象学小说进行了比较分析。但是作者对"现象学小说"的定义不清,存在一定的谬误。

Ю. 马里采夫认为布宁笔下的记忆和普鲁斯特采用的展现记忆的手法是相同的,都是对事物本质的反映,体现了现象学中的本质直观的概念。

А. 哈桑认为布宁在小说中将意识和无意识之间的界限淡化了,善于从瞬间的印象中抓住本质,给创作以最大限度的自由。

由于现象学的抽象逻辑思辨性很强,要求研究者们有深厚的理论功力和驾驭能力,因此以上这些对布宁作品进行的现象学解读基本上都只是提及了现象学的相关术语和概念,并未详尽使用现象学方法对作品进行深入的解读和分析。

对布宁作品中的心理描写在学者们的研究中也占了一定的比例,其中涉及了意识流、直觉、前记忆等概念。

学者 О. Н. 米哈伊洛夫认为,布宁在《阿尔谢尼耶夫的一生》中"出人意料地表现为某种西方现实主义的'极端'代表者,继承了学者们的遗训,但是已经向现代主义的方向转变。"[①] О. Н. 米哈伊洛夫将普鲁斯特的《追忆似水年华》和布宁的《阿尔谢尼耶夫的一生》进行了比较,认为布宁在描写记忆时采用了意识流手法。这一观点的得出主要源于布宁在给索菲亚大学教授、文学史家和文学批评家 П. М. 彼茨利(П. М. Бицилли)的信中曾写道:在"《阿尔谢尼耶夫的一生》中有不少与普鲁斯特一致的地方。"[②]

Э. К. 拉夫丹斯基在博士论文《伊万·布宁的〈阿尔谢尼耶夫的一生〉》中指出,Л. Н. 托尔斯泰和哲学家叔本华对布宁产生了很大的影响,使之认为只有直觉才能把握本质。在《阿尔谢尼耶夫的一生》中也是透过主人公的

---

① Мифы народов мира：Энциклопедия：в 2—х т.，М.，1988. С.158.

② Мещерский А. Неизвестные письма И. Бунина.//Русская литература. 1961. №4，С.154.

心灵来表现外部世界的本质以及布宁对人与世界的思考。心灵在主人公认识世界的过程中起到了很大的作用。

Ю. 马里采夫在《伊万·布宁》(1994年)中,在"前记忆"这一章中指出:"在对布宁进行任何评论之前,就应当充分意识到并指出这个主题的存在"。主人公正是借助于前记忆真实地,而不是用诗意和假想的方式触摸到了历史:"我还记得希腊太阳落下时的霞光","千百年过去了,现在我的手与垒起这些石头的阿拉伯俘虏的手亲密地握在一起"。并且还触摸到了世界史前时代"天堂"的样子:"那时的花园叫做伊甸园,是幸福与'无知'的庇护所。但是我渴望知识,渴望得到被禁止的东西,我被这种渴望煎熬,在蛇的笼子里来回乱窜。"认为布宁不相信理性主义,而偏向依靠直觉,依靠"意识的本能"来揭示真理,他笔下的记忆与事物的隐秘意识基础有着非物质的、精神的、心理的同时也有物质的、生理的联系。Ю. 马里采夫认为布宁的记忆中有民族集体记忆和宗教的色彩。

与上述所有的研究者相比,Г. Н. 尼古拉耶夫娜显得比较突出。她在《并列连接词和加确词的结构和语义功能》(2006年)中以《阿尔谢尼耶夫的一生》为例证材料,从语言学角度分析并列连接词和加确词的结构和语义功能、各种时空关系,指出作品中的时空顺序和真实的时空顺序不同,布宁是根据自己表达思想的需要来安排时间和空间的,对事件的安排有时按照时空顺序、有时按照超时空顺序。艺术时间不同于语法时间,有时是加速的、有时是放缓的,时间矢量的指向有时是向前的、有时是向后的,它有着自己独特的聚焦方式。但是事件的发展也遵循了一定的因果关系。作者统计出仅"想起"(«помню»)这个词在作品中就出现了接近40次,还不包括回忆(«воспоминание»)、记忆(«память»)、记得(«запоминание»)等这些具有相近意义的词。作者通过具体的例证,比如并列句的分句中都采用未完成体动词,则表现为同时关系;都采用完成体动词,则表现为相继发生的异时关系;如果既有完成体动词,又有未完成体动词,则表示在一个动作持续的过程中完成另外一个动作;还有副动词的完成体与未完成体与完成体动词、未完成体动词的混用等情况都分别对应了不同的时间关系。这种从语言学的角度通过对和记忆有关的具体词的研究来说明作品中的记忆特色无疑是比较独特的,这对帮助笔者通过分析动词时态来分析"时空转换的具体手

法"以及指出作品的"言语特色",从微观层面上揭示布宁创作的记忆特色是大有裨益的。

这些角度的研究相互之间并没有截然的区分,往往都是交织在一起的。对记忆的宗教特色和情节的弱化的分析都掺杂在体裁和时空体的研究之中。总之,俄罗斯的学者们从不同的角度对《阿尔谢尼耶夫的一生》这部作品中的记忆因素进行了有益的探讨。这些论述呈现出多元的批评话语形态和开放的阐释空间,它们对笔者的记忆研究有很大的启发。但局限性也很明显,虽然"记忆"在这些研究著作中都有提及,但从来都不是中心词或关键词。并且它们往往只涉及布宁的一两个文本,缺乏整体观照。

经过考察,可以判定对心灵史的描绘是布宁书写记忆的基本艺术任务,因此在论文的主体部分中我们将结合作品、剖析布宁小说的记忆诗学,具体分析布宁是如何通过描绘主人公的心灵史来展现自己的心灵史的。

二、国内布宁研究综述

布宁作为一位富于个性的作家,独特的创作吸引了世界各国读者和研究者的浓厚兴趣,在中国也被关注,但是相对于俄罗斯对布宁的关注而言,要显得薄弱得多。国内布宁的研究大致经历了从介绍性到赏析性到评论性的过程。早期对布宁的研究比较浅显与感性,大多局限于对布宁诗歌与小说个别篇章的理解。

布宁的作品最早传入中国是在 1921 年。该年 9 月,上海商务印书馆发行的《小说月报》12 卷号外《俄罗斯文学研究》上刊登了沈泽民翻译的蒲英(即布宁)的《旧金山来的绅士》;同时,在由茅盾撰写的《近代俄国文学家三十八人合传》一文中还对布宁进行了介绍。这是中国有关布宁的最早的介绍。和其在俄罗斯国内的文学声望相近似,布宁在进入中国的最初几年中并不属于中国文学评论家"热衷"的作家,读者只能在为数不多的刊物上见到他的名字。布宁在中国最初只是一个处于边缘地带的作家,他的作品也不是关注的焦点。最初的文章只是只言片语,简单介绍,且多带贬义。这是因为在当时,人们需要的主要是能够推动新民主主义革命进程的俄苏作品,而不是"怀古悲今"的布宁。1933 年,布宁获得诺贝尔文学奖,中国文学界以极快的速度对此做出了反应,翻译和介绍了一批布宁的作品。20 世纪 40 年

代,随着"二战"的爆发,中国的俄罗斯文学译介工作的重心转向了反法西斯文学,布宁又一次淡出了人们的视线。1978年以后,布宁的作品又一次回到了中国读者的案台上。

　　一直到20世纪90年代,中国对布宁的研究都以对其作品的具体译介为主。随着90年代布宁作品译作的出版在国内掀起了对布宁研究的热潮。对布宁的评价也如雨后春笋般出现。自1986年至今,对布宁作品的解析评论不断见诸各类期刊。总体而言,90年代是布宁研究的突破期,2000年以后则是布宁研究的繁盛期。粗略统计,从1979年到2010年9月份发表的有关布宁的期刊文章77篇、专著2部、博硕士论文共计22本。由于中国学者对布宁的评论涌现在20世纪90年代以后,因为本书的论题"记忆诗学"的需要,因此综述中文献的年限也基本上集中在1979年到2010年之间。

　　与俄罗斯学者的研究相比,中国学者对布宁的研究显得相对滞后,深度和力度也相对不足。中国学者的研究更多的是主题研究,诗学研究相对薄弱。通过对文献的梳理我们发现,诗学研究主要从主题、时空体、情节三个方面展开,对布宁创作中记忆因素都予以了不同程度的关注。

　　从主题角度进行的研究可以说在国内布宁记忆特色的研究当中占去了半壁江山,基本上涵盖对永恒隐秘的真理的追寻、怀旧、俄罗斯(故国、故园)、爱情几个方面,但是这些主题在各位研究者的研究当中也不是截然分离的,往往都是融合在一起,彼此牵连和影响。

　　第一个摸索到布宁小说的记忆特色的是北京大学温哲仙博士,她在自己的博士论文《布宁与张爱玲小说的类型学比较》(1994年)中揭示了布宁的个性气质及其在创作中独特的美学倾向。她用专章"失落世界的复现"来谈在布宁创作中散发的记忆的气息,并在该章"记忆与永恒"一节中明确指出:"他力图求助于记忆,审视深藏于灰色生活表面背后的事物,来挖掘反映生活中永恒不变的东西'对于生活的省悟通常是借助于记忆实现的,甚至即使这种觉醒只是几分钟或瞬间。'只有记忆才赋予生活以意义,没有记忆,生活就会了无痕迹,如尘烟般无畏的消融。"温哲仙认为布宁借助记忆来复现过往的生活,首次明确地提出布宁创作的记忆特色是用来追逐永恒,反映了研究者思想的前瞻性。

　　随后对这一观点的秉持出现在李毓榛主编的《20世纪俄罗斯文学史》

(2000年)中,其中在第3章赵桂莲撰写的介绍布宁的创作中。她认为记忆贯穿了布宁的整个创作。在早期的诗歌创作中,由记忆串联起来的"人、自然、历史、日常生活、诗歌、现在和过去在这里融为一体;诗人在这里努力探察人与过去无法割舍的、隐秘的有时是察觉不到的关系,而这是布宁以后整个创作中一个至关重要的主题。"但遗憾的是她并没有做出更进一步的深掘。

上海外国语大学叶红在《永不枯竭的心灵之泉——论伊凡·蒲宁小说创作中的"永恒主题"及风格特征》(2005年)中认为,东方的宗教对布宁的创作产生了巨大的影响,以生与死、幸福与痛苦、狂喜与恐惧等"永恒主题"的形式散见在布宁的作品中。对于布宁来说,生理的死亡不可避免,但是人却可以在记忆创造的精神境域中超越时空,战胜死亡。布宁在游历东方,特别是人类四大文明古国的遗址时感受到时间巨大的破坏力,但是它无法带走记忆,布宁在真实中触摸到了永恒。叶红认为记忆之所以能帮助挖掘永恒的、隐秘的东西,是由于布宁受到了宗教的影响,特别是东方宗教的影响。也是在此基础上,笔者提出布宁创作中的记忆特色之一——记忆中的宗教色彩。

以上三位学者的研究集中在记忆的隐秘性和记忆挖掘永恒的特点上。

还有学者的研究主要着笔于揭示记忆的俄罗斯民族特性上。

郑体武在《俄罗斯文学简史》(2006年)中,在对布宁的诗歌和小说创作进行梳理时,用寥寥数语指出"诗人的目光试图超越有形的界限,跨越死亡'盲目'划定的范围。""蒲宁关于存在的意义,关于爱与死,关于过去与未来的思考随着时间的推移,越来越明显地与记忆中的俄罗斯联系在一起。"在承认布宁借助记忆来挖掘永恒不变的真理的基础上进一步提出记忆特色中包含的俄罗斯民族特性。

张益伟在《用爱的光芒照亮心灵的角落》(2007年)中对"布宁回忆式书写姿态"进行了简要的阐述,认为布宁"一直保持着向回捡拾的视线与回忆的目光","记忆使布宁保持着对于俄罗斯传统文化与精神的眷爱与不断回味的热忱,而回忆使他能够将这样的情感张扬出来,回忆不仅是家园所赋予他的滚烫的血液,也是他的生命的存在方式。"在他的作品中有"'追忆'的意味和还原生活并对灵性的世界探照的价值。""回忆使寒冷的时间转化为温

暖的岁月,留恋让荒凉的空间变换成葱郁的家园。"作者对之前学者们提出"记忆"中包含的俄罗斯民族特性、布宁借助记忆来探寻未知世界的观点持赞同态度,并进行了一定程度的展开。

关于记忆中包含的俄罗斯民族性的观点也为笔者所赞同,并且将其作为记忆特色之一在本书中加以进一步的系统分析阐释。

除了以上学者们提出的记忆的两个特色以外,有研究者提出布宁创作中之所以具有记忆特色,在于布宁的怀旧情结,并将怀旧情结归结为布宁对祖国俄罗斯的眷恋、对故乡生活的追思。例如:李明滨主编的《俄罗斯二十世纪非主潮文学》(1998 年)第一章"批判现实主义文学及现实主义的变形"中就已经用专节介绍布宁,认为布宁"多写死亡以及对青春和故国的怀念",在布宁的小说中有怀旧主题。

任光宣在《俄罗斯文学简史》(2006 年)中认为,在布宁的"俄罗斯禀性"中占主导地位的是"回忆"。"或许是因为远离故园,故园就成了'欢乐国'的代名词,那里的一切都成了明快的回忆,甚至这种回忆是苦涩的,但也并非沉重得让人喘不过气来。"任光宣认为布宁创作中的记忆特色之所以鲜明是由于作者远离故国造成的。但是在我们看来,这仅仅是比较表层的原因,更深层次的民族文化因素的作用却没有引起研究者的足够的关注。

除此之外,对不同的主题的关注也散见在一系列硕士论文中,例如:程豪在《蒲宁小说的创作诗化艺术研究》(2005 年)中看到"蒲宁有着太多的情感记忆……让读者和他一起思索人类的过去和未来"。江晨曦在《永恒的俄罗斯之恋》(2006 年)中从对作家的庄园情怀、对俄罗斯民族灵魂之谜的探索、流亡后的创作三个方面来进行论证俄罗斯之恋是贯穿布宁一生创作的精神主线。沈淇春在《俄罗斯侨民作家布宁的"思乡情结"研究》(2007 年)中围绕布宁"思乡情结"的产生、发展、表现、原因进行。思乡本身就是一种对过往的回忆,等等。在对布宁主题的研究当中,硕士论文占据了主体地位。因为缺乏较系统的学术训练和过硬的思辨能力,研究角度传统单一,论述也难免浮光掠影。虽然也有部分论文在切入角度上不乏新颖之处,但因他们的解读多集中于布宁的某一部或几部作品而难以反映布宁创作的全貌,从而使研究流于单一和空泛。因此在本综述中就不对其一一列举,详情可参见参考文献。

北京外国语大学柏英在《布宁小说创作的悲剧精神及其诗学体现》(2006年)中认为,悲剧精神是布宁世界观的本质特征,也是布宁小说的本质特征和核心,统一了布宁所有小说的灵魂。与此同时,作者在论文中已经大篇幅地提到了布宁创作中记忆的重要作用,几乎渗透了布宁的所有作品,布宁的家庭背景、个性气质、人生经历影响了布宁创作中的这一特色,并在布宁的创作过程中不断地深化、成型、巩固。柏英将笔墨重点落在布宁记忆中蕴含的悲剧精神上,这一观点的提出也是颇具新意的。

特别值得一提的是在冯玉律的专著《跨越与回归——论伊凡·蒲宁》(1998年)中首次提出《阿尔谢尼耶夫的一生》这部作品是对"心灵历程的校正"。将记忆上升到了描写心灵历程的高度。文中指出,小说主人公认为"生活是毫无连贯的思想和感情的不断奔流,片刻也不让人安静。他是对过去的紊乱的回忆和对未来的模糊的猜测。而且,他仿佛还包含着某种真谛、意义和目的,包含着某种怎么也无法捉摸和表达的主要之点,以及与其相关联的永远的期待","蒲宁在阿尔谢尼耶夫的身上对自己的心灵历程有意无意地进行'校正',也就是说,作家在积累了几十年的生活经验的基础上,用他晚年的观点来重新审视自己在青少年时代的思想言行,不时地作出补充和修正。""心灵历程"的提法启发了笔者进一步提出《阿尔谢尼耶夫的一生》的艺术本质是根据记忆来描写心灵史的观点。

以上这些研究者们都触摸到了布宁作品散发的记忆气息,但都是从各自的角度相当零碎的涉及,缺乏系统的观照。总体而言,国内对布宁的主题研究有洞见,但仍存在一些误读。这就为笔者从整体上对布宁书写记忆的特色进行把握提供了支撑和意义。

时空体角度作为诗学研究的一个重要方面,国内对这一角度的关注始于21世纪以来,国内围绕作品时空体的观点基本上都赞同作品的时空在记忆中自由穿梭往返。俄国学者 B. B. 阿格诺索夫的译著在某种程度上引导了某些中国学者的研究思路。

2001年出版的俄罗斯科学院高尔基世界文学研究所编写的《俄罗斯白

银时代文学史》①中文译本第二卷中登载了由布罗伊特曼、马戈梅多娃著，路雪莹翻译的《伊万·布宁》，其中在分析《乡村》、《苏霍多尔》、《快乐的一家子》时，作者指出，在这些作品中"记忆的无限强大的权威"，主人公们通过记忆来征服时间、死亡和历史失忆。

郑体武在《俄罗斯文学简史》(2006年)中指出"对蒲宁来说，生活就是在回忆中旅行穿梭。不光在个人的回忆中旅行，还要在家族、阶级和人类的记忆中穿梭。""沉浸在对往日的追忆中不能自拔。"张祎的《从"归纳"走向"解构"》(2003年)对布宁的小说《乡村》的创作艺术进行了分析。作者认为"在蒲宁看来，人生是一种旅程，一种怀着对往事的回忆的旅程。"张益伟的《用爱的光芒照亮心灵的角落》(2007年)认为布宁在创作中"不自觉的遵循着一种回忆式书写的姿态，追忆式的时间美学观渗透于他创作的始末"，"布宁则始终执着于流线型、意绪型的动态脉络，让空间复型依附于时间流程，让人事变迁依赖于时间的流逝。"王巍的《蒲宁小说诗化特征研究》(2009年)认为布宁小说开放式的情节结构指向过去、现在和未来，多重投射把文化记忆和社会历史的关系并置，这一天人同构的时空观，为作者抒发哲理性思考提供了途径。这些研究者只是用只言片语简略地谈到对布宁创作时空体的认识，还谈不上深入研究。

国内注意到记忆对构建作品时空体的影响，但总的来看，对时空体的关注非常浅显，也比较分散和零散，缺乏理论指导下的系统说明，并且对"时空体"的理解存在偏差，因此对布宁创作的时空体特征的阐释也不尽正确。除此之外，没有关注到作品中不同时空之间的自由切换与作品的无情节性是紧密联系在一起，互为佐证的。

在关于布宁创作的情节特征上中俄两国学者的观点较为一致，俄罗斯学者对情节的研究都是夹杂在其他分析角度中进行，中国学者在这一问题上的意见也比较一致，普遍认为布宁作品的情节性不强：

赵真的《伊凡·布宁短篇小说集〈幽暗的林间小径〉主题分析》(2005年)认为在《幽暗的林间小径》中收录的"布宁散文的情节很简单，情节发展缓

---

① Русская литература рубежа веков(1890-е-начало 1920—х годов)，коллектив авторов 2001，Москва ИМЛИ РАН « наследие »，2001.

慢,对往事、对逝去爱的回忆总带有忧伤和思乡的情调"。刘金红的《布宁小说的散文化特点》(2006年)总结了布宁的小说中"既有对外部现实世界作出立体透视式的描绘,又体现为一种内心的情绪的反映。"布宁的作品"几乎没有事件,仅仅是为了表达心灵的痛苦。""崇尚心灵的流露"。彭运潮的《布宁短篇小说的现代主义特征》(2009年)认为神秘主义色彩是布宁短篇小说现代主义特征的表现之一。"布宁在情节淡化处理中采用时间穿梭、无限延伸时空坐标,用大量的'自由抒发作者感受'的心理印象"、"将回忆、想象般的梦幻交织成一幅万花筒式的重叠画面"。刘贵友的专著《伊凡·布宁小说创作研究》(2004年)关注了 Л. Н. 托尔斯泰对布宁文学创作的影响,布宁的个人气质,布宁小说中忧伤与永恒的、怀旧的主题和情调,指出布宁小说的情节非常简单,事件的发展以对过去的慢条斯理的回忆为动力。情节的特征不是研究者们主要的关注点,而是在阐述各自的观点时顺带提及,谈不上深入的研究。这就使笔者从情节方面揭露布宁创作中记忆特色的研究具有了一定意义。

除了以上三个主要角度之外,从作品中的心理描写和体裁角度的分析也零星有所涉及。

张祎的《从"归纳"走向"解构"》(2003年)认为在代表作品《阿尔谢尼耶夫的一生》中,"蒲宁一生仅仅受控于自己的直觉,崇尚本能地探究世界的秘密和生活的本原与意义,他反对逻辑、分析、反对哲学的思辨,藐视艺术中的一切理论"。研究者对布宁重视本能和直觉的突出特征的把握还是较为准确的。

刘金红的《布宁小说的散文化特点》(2006年)总结出"在布宁的抒情散文中,抒情主人公的思想经常通过复杂的内心独白来实现。……无论内心独白的结构多么复杂、隐蔽,它总是诚恳地表达讲故事人即作者最隐秘的内心世界"。在我们看来,布宁的作品中作者与主人公之间更多的是通过对话方式来传递思想的。

对体裁的分析仅仅在刘贵友的《伊凡·布宁小说创作研究》(2004年)中有所涉及,论文作者认为《阿尔谢尼耶夫的一生》在体裁上是非常新颖的,指明作品包容了多种艺术形式:艺术化的自传;对逝去年华的追忆——回忆录;充满哲理的抒情散文;爱情小说。但是作者并没有围绕这一问题进行进

一步的展开和论证。

应该说研究者们对记忆在布宁创作中的特色都给予了一定程度的关注,但是都只是从各自的研究角度和研究目的出发用寥寥数语一笔带过,缺乏比较集中的、系统的、科学的研究,因而也就没有将布宁创作的记忆上升到布宁创作的本质特征进行深入探究。笔者认为,借助记忆描述心灵发展史这一艺术本质贯穿了布宁的整个创作过程。

三、本书的研究方法

1. 比较分析的方法。比较分析的方法是一种开放式的文学研究方法,具有宏观的视野和国际的角度,以跨民族、跨语言、跨文化、跨学科界限的各种文学关系为研究对象。在理论和方法上,具有兼容并包的特色。我们在探讨《阿尔谢尼耶夫的一生》的体裁问题时,运用比较分析的方法,将其体裁流变问题放在世界文学的宏观大背景下进行梳理。

2. 巴赫金的对话理论。对话思想在古希腊哲学中早就存在,巴赫金对这一理论进行了进一步的阐发,形成了对话理论。他将这一理论应用到具体文本分析中,并将其归为两类:一是双声现象,一是文本结构中的复调现象。双声与复调又是与微型对话和大型对话紧密联系在一起的。微型对话与双声紧密联系在一起,巴赫金认为双声的特点是同时表现两种不同的意向,一是主人公的直接意向,二是折射出来的作者意向。大型对话与复调紧密联系在一起,复调是小说结构的一种独特形式,它的主要特点是多声部、多语性。大型对话的两重内涵,一是主人公与作者之间平等、对话的关系,二是作品中人物思想的对话关系。在本书中我们将运用巴赫金的对话理论分析抒情主人公的两个主体,以及文本中存在的多重视角之间构成的对话关系。

3. 互文性理论。"互文性"这一术语在当代文学中经常用来表示跨文本关系的总和。《阿尔谢尼耶夫的一生》包括许多其他文本:其他作家作品、笔记、格言、谚语,以及主人公自己的创作。这些文化解码、语辞套式和节律结构的片断,社会习语的碎片等等并不完全属于作者的言语单位存在于作品中,湮没、混杂在文本之中。我们运用互文性理论分析布宁小说语言的杂语性以及印象组合、杂语纷呈的特点。

四、本书的研究思路和结构安排

本书的研究对象以长篇小说《阿尔谢尼耶夫的一生》为主,同时也涉及布宁的其他相关作品。全书共分七章。

第一章,导论。对俄罗斯和中国学者围绕本论题进行的研究进行了综述并提出本书的研究任务、研究方法。

第二章,体裁的沿革。分别从欧洲传统和俄罗斯传统进行体裁梳理,对欧洲传统中从忏悔录传统到意识流小说中的代表作家的创作进行分析,指出其中对布宁记忆书写产生影响的因素。梳理布宁对从《伊戈尔王子出征记》开始的俄罗斯文学的继承与革新。最后得出结论:《阿尔谢尼耶夫的一生》融合了意识流小说、自传体小说、教育成长小说、诗化散文、哲理性长诗和史诗等多种体裁因素,是一部集多体裁因素于一身的描写心灵史的综合小说。

第三章,作品的无情节性。指出布宁作品淡化情节的特点,记忆书写是按照心灵成长史的内在情节来排列的。揭示主人公的自我意识逐步发展的过程。剖析通过上帝与死亡、白嘴鸦、大自然、宇宙天体等形象来呈现主人公自我意识的特征,指明布宁书写记忆的重内心体验的特征导致了作品的无情节性。

第四章,作品的时空体。指出记忆中具有厚重的民族集体记忆的成分,记忆书写中的时空之间相互转换,具有多样性和多变性。分析庄园、道路、城市、小俄罗斯等具有代表性的时空形象在记忆书写中扮演的角色和所起的作用。通过动词时态的使用和真实与虚构的切换实现时空层面的切换,使发生在不同时间流中的事件交织在一起。记忆书写帮助主人公克服时空的距离将过去重建。

第五章,抒情主人公——两个主体,多重视角。作品的"抒情主人公"呈现为年逾五十的主人公和年轻时的主人公两个叙述主体,并由此形成多重叙述视角。伴随着主人公心路历程的呈现,"我"对自然景物、社会现象、命运之谜、人生意义等问题的沉思,常常以探问的形式表现出来,对话成为记忆书写的一大特色。对话既保留了记忆书写特有的含蓄和模糊,又给杂乱间断的人物内心言语以秩序和修辞的严整。

布宁小说的记忆诗学特色

第六章,布宁小说的语言——印象组合,杂语纷呈。布宁是身兼小说家和诗人的双语作家,他记忆书写的语言具有诗歌、音乐、绘画的特点,使用了组合修饰语、对位性的矛盾语、暗含对话的语言、狂欢化的语言。运用生动的语言形象勾画出外部世界在主人公心灵中的投射。在作品结构上大量引用其他作家作品、笔记、格言,形成"文本中的文本(текст в тексте)",用他人语言折射主人公意向,深化了作品的杂语性和对话性。除此之外,作品中还存在阿尔谢尼耶夫本人创作的小说、笔记、诗作等等,使得《阿尔谢尼耶夫的一生》成为"元文本(метатекст)"、"关于文本的文本(текст о тексте)"。总之,记忆书写通过通感体验和互文观照的方式传达出抒情主人公"心灵史"的独特性。

第七章,结论。指出记忆书写心灵史是贯穿布宁创作的一根红线,总结出四个记忆特色,概括了记忆诗学的特征,并指出了本书的缺点和不足。

基于此,本书将布宁小说的记忆诗学作为重点,尽量详尽地展示记忆在布宁整个创作生涯中的具体反映。采用体裁、情节、结构、时空体、主人公的双重主体以及多重对话等手段、形式等诗学研究集中、系统地对布宁创作中的记忆特色进行解读,揭示布宁的创作本身已构成一个庞大的记忆体系。我们选取《阿尔谢尼耶夫的一生》为主要分析对象,是因为这是布宁的集大成之作,被大家公认,但对其他记忆诗学特征较为突出的作品也会有所涉及。我们希望能够以此为布宁的爱好者和研究者们提供新的解读方式和理解途径,启发阅读布宁的新思路。

体裁的沿革

　　布宁创作中有关记忆的书写体裁丰富,在本章里重点以《阿尔谢尼耶夫的一生》为例,探讨与体裁诗学相关的问题:体裁之争、体裁溯源。历史上围绕《阿尔谢尼耶夫的一生》的体裁有哪些争论? 布宁在自己的记忆书写中究竟继承和革新了哪些体裁因素?

第一节　体裁之争

　　布宁侨居期间创作的作品有:《米佳的爱》(1925 年)、《中暑》(1927 年)、《鸟影》(1931 年)、《阿尔谢尼耶夫的一生》(1927—1933 年)、《托尔斯泰的解脱》(1937 年)、爱情小说集《幽暗的林荫小径》(1943 年),布宁试图让过去在这些作品中复活。

　　侨居生活对布宁来说是非常悲惨的,但更多的是俄罗斯在他心中的死亡。什么是"该诅咒的日子(《 Окаянные дни 》)"? 是死亡。在布宁看来俄国无产阶级是一群不受约束、文化水平低下、无组织无纪律,但是破坏性极强的群体,对布宁而言革命就是一场暴乱,其结果是作者无法接受的。布宁深感绝望,1920 年 2 月 6 日他和妻子在慌乱中离开了祖国,作家乘坐的海轮被称为诺亚方舟。

　　从 1923 年开始,布宁几乎所有的时间都在法国南部的格拉斯度过,在这个阿尔卑斯山滨海地区,布宁对周围发生的社会矛盾冲突毫无兴趣,Т. В. 斯佳科娃这样写道:"布宁对有关法国的主题毫无兴趣,但是他又不能写关

于苏维埃的主题，因为他对此知之甚少，也不想杜撰歪曲事实。唯独只有追溯既往的个人生活。因此布宁创作了《阿尔谢尼耶夫的一生》，事实上就是'自己的一生'"①。他完全沉浸在对过去的回忆中，Γ. 库兹涅佐娃有趣地发现："他似乎沉浸于重建自己的青年时代，他常常表情木然的回答我们的问题，眼睛根本不是在看我们。一直到中午 12 点他都坐在桌旁奋笔疾书，思绪好似在某个遥远的地方萦绕……看着他，我不由得想起了那些与世隔绝的隐士和神秘主义者。"②在那段流寓异所的日子里对布宁来讲，生活即写作，写作即生活。

对布宁而言，社会的动荡让他理想中的俄罗斯只存在于记忆中。侨居海外就像一个封闭的房间，他过着离群索居的孤独生活，基本上不与法国人接触，觉得自己是他们的一个异类，虽然孤独但是却不愿与异域的诗歌接触。布宁不愿意使用法语交际。"阅读并理解自己喜爱的诗人莫泊桑的作品，但是在 30 年里不愿意学习如何灵活地使用法语表达自己。"③布宁表现个人情感是比较情绪化、印象式的，通过对外形复原传达出事件的本质，通过内心世界、情感印象、非理性的冲动、冥思来构建主人公的个性特征。

在俄罗斯针对布宁创作中记忆特色的研究中，从体裁角度的研究的比重是最大的。在 1933 年授予作家诺贝尔文学奖的事件中《阿尔谢尼耶夫的一生》起到了不可小觑的作用，紧接着这部小说很快在法国出版，随后是在欧洲其他国家发行，这部小说不仅在俄罗斯侨民评论中获得很高的评价，而且在西欧文学中的地位也很高。当时就已经有评论家把对作品中记忆的关注主要集中在能否将《阿尔谢尼耶夫的一生》的体裁定位为自传的问题上。在一些研究者看来，整部作品以布宁自己的生活经历为原型，作品中描述的事件绝大部分都与事实相符，认为应将其体裁定义为自传；另一些学者觉得，作品中的虚构成分占了一定的比重，与自传体裁有一定的距离。

---

① Сидякова Т. В. Жанровое своеобразие романа Бунина 《 Жизнь Арсеньева 》// Содержательность форм в художественной литературе. Самара，1991，С. 83.

② Кузнецова Г. Грасский дневник，Вашингтон，1967，С. 279.

③ Рымарь Н. Т. Современный западный роман：Проблема эпической и лирической формы.，Воронеж，Изд—во Воро—нежского ун—та，1978，С. 62.

倾向于将作品体裁定义为自传的研究者有：文学家 B. Ф. 霍达谢维奇 (B. Ф. Ходасевич) 主张将《阿尔谢尼耶夫的一生》称为"虚构的自传"（вымышленная автобиография）或者"虚构人物的自传"（автобиография вымышленного лица）[①]。

B. B. 扎曼斯基 (B. B. Заманская) 认为《阿尔谢尼耶夫的一生》是"存在主义的自传"（экзистенциальная автобиография）。

M. A. 库拉布赫瓦的论文《布宁小说〈阿尔谢尼耶夫的一生〉中的自传性因素和艺术虚构》指出，《阿尔谢尼耶夫的一生》是在布宁真实生活素材上加工虚构的自传性作品。

持反对意见，认为作品体裁与自传相距甚远的学者有：O. H. 米哈伊洛夫 (O. H. Михайлов) 认为这是一部"自由的抒情—哲理独白"（свободный лирико—философский монолог）[②]。他在著作中指出，我们面前不是一部个人回忆录，而是一部艺术作品，作品中的事件都被加以改造、重新加工。

认为作品虽包含了自传的因素，但又不是纯粹意义上的自传，倾向于把这部作品看作是多种体裁的综合体的学者有：

K. Г. 帕乌斯托夫斯基认为："这不是中篇小说，不是长篇小说，不是短篇小说。这是一种全新的、尚未命名的体裁。汇集了尘世间的悲伤、失望、冥思和欢愉。"[③]

Г. Б. 库尔梁茨卡娅 (Г. Б. Курляндская) 则提出这是一部"抒情—哲理散文诗"（лирико—философская поэма в прозе）[④]。

Ю. 马里采夫在《伊万·布宁》中把《阿尔谢尼耶夫的一生》定位为"反小说"（антироман）、现象学小说（феноменологический роман），主观和客观密不可分地结合在同一文本中[⑤]。在布宁创作的手稿中给"小说"一词加上了引号，说明布宁自己也不认为这是传统意义上的小说——它更像是"关于我

---

① Хадасевич В. Ф. О《Жизни Арсеньева》// Возрождение. 1933, №2942, 22 июня.

② Михайлов О. Н. Строгий талант. , М. , 1976, С. 209.

③ Паустовский К. И. А. Бунин// Бунин И. А. Повесть, М. , 1961, С. 13.

④ Курляндская Г. Б. Авторская позиция И. А. Бунина в романе《Жизнь Арсеньева》//Бунинский сборник, Орел, 1974, С. 57—58.

⑤ Мальцев Ю. В. Иван Бунин, Франкфурт—на Майне, М. , 1994, С. 305.

的生活之书"(Книга моей жизни)①。

　　文艺学家 M. C. 施坦恩(М. С. Штерн)将《阿尔谢尼耶夫的一生》定位为"杰出的哲理散文典范之作"(замечательный образец философской прозы)②。

　　Н. Е. 亚历山德罗夫娜在《布宁艺术世界中作者和主人公的世界观和哲学观》(2002)中认为,布宁创作了有哲学意义的"散文新类型",指出《阿尔谢尼耶夫的一生》是一部集艺术传记、回忆录、抒情—哲理散文、抒情日记和爱情中篇小说于一身的多体裁作品。

　　Ф. 斯捷蓬(Ф. Степун)把作品定位为哲理长诗(философская поэма)③,认为布宁创作中的记忆有很深的宗教内涵,记忆已经凌驾于死亡和时间之上,因为记忆就是对过去的恢复,就是对过去、现在、未来的综合再现,记忆是一种心灵的复苏。

　　上述这些学者对《阿尔谢尼耶夫的一生》的体裁提出了各自不同的看法,还有一些研究者则结合作品中的具体片断,更进一步具体详细地分析了为何不能将其体裁定位为纯粹传记的原因:

　　К. М. 阿纳托利耶夫娜在博士论文《布宁〈阿尔谢尼耶夫的一生〉和布尔加科夫〈白卫军〉的自传性因素和艺术虚构》中认为,《阿尔谢尼耶夫的一生》是布宁和整个俄罗斯命运的一面镜子。作品中融入了作者的生活经历和想象,它不是一篇狭隘的个人传记,而是反映了 19 世纪末 20 世纪初与布宁同时代的整个俄罗斯贵族的典型特征和命运。

　　Б. В. 阿韦林(Б. В. Аверин)在《布宁的一生和阿尔谢尼耶夫的一生:回忆诗学(поэтика воспоминания)》④中,通过对布宁创作《阿尔谢尼耶夫的一生》的初稿和最后定稿的比较,以及对《阿尔谢尼耶夫的一生》的创作历史和其他一些短篇小说的比较,认为手稿中体现的是记忆的过程,但是作者认为布宁并不想把这部作品写成纯粹的个人传记,因为作品中的人名、地名都进

---

　　① Мальцев Ю. В. Иван Бунин, Франкфурт—на Майне, М., 1994, C. 304.

　　② Штерн М. С. В поисках утраченной гармонии: Проза И. А. Бунина 1930—1940—х гг. Омск, 1997, C. 97—98.

　　③ Степун Ф. А. Иван Бунин// Встречи. М., 1998., С. 101.

　　④ Аверин Б. В. Жизнь Бунина и жизнь Арсеньева: Поэтика воспоминания. //И. А. Бунин. Pro et contra. СПб., 2001, C. 653.

行了艺术处理,甚至作品的最后一部分《丽卡》与布宁的生活原型有较大的出入。

С. Е. 弗拉基米诺夫娜在《布宁侨民时期散文中回忆和自传性叙述的诗学》(2005 年)中把布宁的创作放在整个侨民时期自传文学的大背景下进行研究,通过梳理布宁的创作思路,得出《阿尔谢尼耶夫的一生》是布宁整个创作的总结性著作,是集大成之作。他颠覆传统的文学创作形式,写一部"全新的,已经期望了很久的很久的……",福楼拜理想中的"无情节的著作"(«Книга ни о чем»)。在书中不受外部环境的影响,讲述自己在这个世界的所见、所思、所想、所爱、所恨;反映心灵历程。回忆过程在作品中是最重要的部分,常常会出现"想起"、"又想起"这样的词。在小说中回忆和虚构是交织在一起的,因为布宁不想把作品写成纯粹的个人自传,将初稿中真实的人名、地名都用虚构的来代替,以此来避免读者关注作品的真实性而忽略其思想性。由此也导致了作品的体裁至今也不能被确定,对这个问题布宁自己也说"这是一个非常复杂的问题。"

Б. Е. 米哈伊洛夫娜在论文《在俄罗斯和西欧现代主义背景下的布宁自传性元文本》(2007 年)中,在现代主义的大背景下对作品的自传性因素进行了挖掘,认为记忆在作家的整个创作过程中都发挥了不可小觑的作用。

由上可见,俄罗斯评论家虽然未能在作品的体裁定位上达成一致意见,但是基本上都不否认作品中的自传性色彩以及记忆在作品中的地位。从体裁角度为布宁创作中的记忆特色提供了有利的佐证。

国内对体裁的分析仅仅在刘贵友的《伊凡·布宁小说创作研究》(2004年)中有所涉及。

通过对中俄两国学者围绕《阿尔谢尼耶夫的一生》体裁展开的争论进行的考察,笔者赞同将其体裁定位为糅合了忏悔录、回忆录、自传等多种体裁因素的作品。布宁以这样一种全新的体裁形式来描述自己的心灵史(«история души»),而"心灵史"也是贯穿布宁整个创作的一条红线,在布宁的记忆书写中,无论篇幅大小,都贯穿始终。关于这一点将在后面的章节中加以详细阐明。下面我们通过梳理历史上俄罗斯和西欧作家的创作两条脉络,看看布宁这一全新体裁的作品在以往作家创作的基础上有哪些继承和革新?

第二节　体裁溯源

体裁在漫长岁月的发展中逐渐形成了自己的传统,有着自己的逻辑。根据体裁的某些示例甚至片段,就可以在一定程度上理解并创造性地掌握这一逻辑。体裁的每一种新的变体、每一部新的作品,总是以某些因素充实丰富这个体裁,帮助这个体裁完善自己的表现形式。了解作者创作的可能有的体裁来源,了解他是在怎样的文学体裁的氛围里进行创作的,就能够愈加全面而具体地了解艺术家的体裁渊源,愈加深入地把握他的体裁特点,愈加正确地理解他在体裁方面对传统的继承和创新的相互关系。因此,厘清《阿尔谢尼耶夫的一生》在文学体裁发展中的位置可以帮助我们更深入更准确地理解这部作品和布宁的记忆书写。

作品糅合了自《伊戈尔王子出征记》以来的俄罗斯传统与西欧传统,本书将不仅仅局限于布宁的创作,而是在俄罗斯文学乃至欧洲文学的类似体裁的历史发展长河中对《阿尔谢尼耶夫的一生》的艺术世界进行阐析。

一、欧洲的体裁传统

在欧洲传统这条线索中我们选取了圣·奥古斯丁、让—雅克·卢梭、歌德、马塞尔·普鲁斯特,指出他们对《阿尔谢尼耶夫的一生》的创作手法和布局结构上的影响。

欧洲的忏悔录传统对布宁记忆书写有着重要影响。忏悔是西方历史悠久、普遍流行的一种话语体系,最早的有中世纪圣·奥古斯丁(公元 354 年11 月 13 日—430 年 8 月 28 日)的《忏悔录》,忏悔成为该书的主要内容,整部著作是以神学为本位的。奥古斯丁的根本目的是赞美上帝,但是这种赞美是通过对自我罪恶的忏悔实现的。奥古斯丁认为上帝作为至善,是一切善的根源。上帝并没有在世间和人身上创造罪恶,罪恶的原因在于人滥用了上帝赋予人的自由意志,自愿地背离了善之本体(上帝)。人的邪恶本性使他不可能依靠自身的力量而向善,只有上帝的恩典才能使人重新获得善良意志,并最终得到拯救。在《忏悔录》中,他清楚地表明,宇宙是一个有序和谐的层级世界,一切都发源于"太一",一切又都回归到"太一",这太一就是

上帝。当宇宙万物服从于上帝的永恒法则时,世界就处于最和谐的秩序之中。美在上帝,这正是救赎灵魂过程中体悟出超越自我的生命美的理想。这一思想是基督教的要义,在基督教的发展和传播的过程中得以保存下来。布宁作为基督徒,对上帝理解的源头可以追溯到此,在自己的心灵对其理解的发展当中也有所体现。

让一雅克·卢梭(1712—1778)是 18 世纪启蒙运动最卓越的代表人物之一,对世界文明和文学的发展都产生了巨大而深远的影响。他继承了奥古斯丁对上帝的观点,认为上帝无处不在,上帝始终是公正、善良的,人类文明的异化是自己造成的,与上帝无关。卢梭晚年几乎把全部精力用于塑造自我形象,真诚地忏悔,揭露自我灵魂的不洁点,向世人展示自己的内心世界。1765 年,他迁居到瑞士的圣彼耳岛居住,这是一座孤岛,面积只有五公里,与世隔绝。在这里卢梭任由自己的思维驰骋,创作了《忏悔录》(1766—1770),书中卢梭大胆地把自己不能见人的隐私公之于众,进行了深刻的自我剖析。他承认自己在这种或那种情况下产生过一些卑劣的念头,其至有过下流的行径。他说过谎,行过骗,调戏过妇女,偷过东西。他以沉重的心情忏悔自己在一次偷窃后把罪过转嫁到女仆玛丽永的头上,造成了她的不幸,忏悔自己在关键时刻卑劣地抛弃了最需要他的朋友勒·麦特尔,忏悔自己为了混一口饭吃而背叛了自己的新教信仰,改信了天主教。在这里,作者的自我形象并不只是发射出理想的光辉,也不只是裹在意识形态的诗意里,而是呈现出了惊人的真实。在他身上,既有崇高优美,也有卑劣丑恶,既有坚强和力量,也有软弱和怯懦,既有朴实真诚,也有弄虚作假,既有精神和道德的美,也有某种市井无赖的习气。卢梭用严谨冷峻的态度细致地剖析自己,那些不加掩饰的真诚和朴素道出人性的弱点。

卢梭写《忏悔录》是经历了复杂的生活变化之后的自我确认,是他饱尝了生活的磨难之后所作的人生思考及对生活的彻悟。他从童年最早的感觉开始,一步步追索着自己心灵的轨迹,每一次有意义的感受和反应,无论巨细都加以记录、剖析、演绎,勾画出一个人的心灵历程。从一开始,他就追溯遗传禀赋和先天气质、父亲和姑母的人格熏陶、童年所接触的书籍和音乐等等,分析自己如何"养成或表现出一种既十分高傲而又非常温柔的心灵,一种优柔怯懦却又不受约束的性格,这种性格永远摇摆于软弱与勇敢、犹疑与

坚定之间,最后使我自身充满了矛盾。"类似这样细致入微的自我观照和自我剖析,书中几乎无时无处不在进行着,为我们展开了一份卢梭心灵发展的图景。卢梭追求的不是事件的真实,细节的真实,而是感情的真实。他允许自己用想象来填补记忆的空白,以重新串接感情之链。过去的历史是作为一种强烈的情感出现的,过去的事件本身也许会随着时间的流逝湮没于记忆中,但是它们的印象作为一种情感却永远留在了记忆中,才产生了更为深刻的反响。他不是单纯地讲述过去,而是从现在出发,现在的情感支配着往事的再现。《忏悔录》记录的就是卢梭立足现在审视过去,重现自己成长的一部心灵史记载。

在卢梭看来,当时的社会扭曲人性,而大自然则为人性的发展提供了无限广阔的美妙天地,被种种枷锁禁锢着的自我在大自然的怀抱中得到解放。他把大自然和诗意引入作品,他喜爱徒步旅行,因为从中可以"以主人的身份支配着整个大自然";他喜欢乡居,远离尘嚣,在静谧的自然、空寂的宇宙中抚慰自己颠沛流离的痛苦心灵。沉寂与大自然的怀抱会使人与自然沟通、融汇、感应、启迪,在构思、运思的过程中会突然蹦闪出一个念头,思想火花被激活。大自然母亲滋养了卢梭,他在淳朴的自然状态中寻求灵与肉的和谐发展。对大自然风景的描写是许多俄罗斯作家的创作特色,布宁也不例外。在本书的第三章:作品的时空体中会剖析许多大自然中的具体时空形象。

约翰·沃尔夫冈·冯·歌德(1749—1832)是一位人类文化巨人,他对世界各国的文学都有着不同程度的影响,俄国也不例外。到19世纪50年代,歌德的主要著作几乎都译成俄文,他的文学遗产是哺育一代代俄国作家成长的宝贵营养。普希金受歌德《浮士德》的影响,曾写过一个小剧本《浮士德的一幕》(1825年)。歌德对普希金的创作影响不大,因为普希金从小所受的教育决定了他更多的是受法国和英国文学的影响。尽管如此,在普希金的少数诗作中还是可以看到歌德的影子。1844年,彼得堡出版了《浮士德》新的俄译本,为此,屠格涅夫在《祖国纪事》1845年第2期上发表评论《浮士德》的长篇文章。文章肯定浮士德那种永不满足、不断追求的精神体现了人类对真理和普遍幸福的渴求,但同时又认为浮士德的一切都是从"我"出发。Л.Н.托尔斯泰从青年时代开始就一直关注和阅读歌德的作品,他在日记中

多次记述他读歌德的作品。但是由于受到阶级局限性,他指责歌德的作品与许多其他的资产阶级文艺巨匠的作品一样,不为广大人民群众所理解。这种态度是有失偏颇的。而普希金、屠格涅夫、Л. H. 托尔斯泰等人也是直接影响布宁创作的俄国作家。且歌德本人的作品也是布宁案头的必读书目,因此可以说,歌德对布宁产生了直接及间接的影响。

歌德世界观的主流是带有神秘气息的唯心主义:(1)在哲学思想上有唯心主义先验论的倾向,侈谈占梦和预感的灵验,否认世界是由物质构成,存在超自然、不可捉摸、不可解释的东西或力量;(2)宗教信仰上他信仰上帝,认为一切事物的成败取决于上帝的意旨。这些对布宁世界观也产生了一些影响,布宁是东正教徒,虔诚地信仰上帝,他的创作中也具有浓厚的宗教色彩。

《诗与真》是歌德晚年根据自己的回忆写出来的,它叙述了从幼年到26岁动身去魏玛以前的事,有忏悔成分,真实地反映了歌德复杂的创作心态。《诗与真》不同于奥古斯丁、卢梭的自传。奥古斯丁是宗教徒,他要洗涤灵魂以接近上帝;卢梭与社会矛盾重重,与多人积怨,他要声辩;歌德则不然,他不仅仅要处理好情感世界中的大小事务,而且更强烈要求接近并探索真实的世界,展示那个时代的巨变。歌德所要求的真实是对欧洲乃至世界时代和思想变化的真实反映。在追忆往日生活时,歌德常将真实和想象联姻,以想象来填补过去的缝隙。作品具有以下几个特点:(1)深刻的自我剖析和坦率的自我披沥。无论是家庭生活、社会生活,还是恋爱生活。他心里想的、背着人干的,优点也好、缺点也好,他都毫不隐讳。(2)庞杂丰富的文化影响。他的作品中承袭的文化遗产,所接受的前辈和同辈人的教养和影响是丰富而复杂的。文艺复兴运动的辉煌成果、“百科全书派”的启蒙运动。伏尔泰、费尔巴哈、狄德罗、卢梭、莱辛、斯宾诺莎、希腊神话、莎士比亚等等都对它产生了错综复杂的影响。(3)情景交融的自然风光描写。他的作品中描写了大量如画的秀丽风光,抒发怀古之幽情,特别是瑞士纪游,读起来恍如置于“世界公园”的层峦幽壑、山色湖光之间,目眩神迷,与大自然拥抱在一起。这些与布宁书写记忆时所抱着的自我审视的眼光和所蕴含的民族、人类集体记忆的特色,独具特色的自然风景描写都是对应的。

除了内容方面,作品的结构布局对后世也有着重要影响。在《诗与真》

中还附录或摘录了歌德自己创作的童话故事（七岁时口头讲的《新帕利斯》）、好几首讽刺诗和情诗（包括怀念恋人丽莉的诗），这些插入的部分使作品具有了多声性和对话性。在《阿尔谢尼耶夫的一生》中可以找到类似的手法，本书的第五章《布宁小说的语言——印象组合，杂语纷呈》将对此作具体分析。

马塞尔·普鲁斯特（1871—1922）是 20 世纪法国贡献给人类的伟大的小说家，他的《追忆逝水年华》已经成为改变人类小说历史的作品。马塞尔·普鲁斯特从小患有气喘病，有着高度敏感的神经，喜欢沉溺于想象和回想的生活状态。写作《追忆逝水年华》的时候，哮喘病情加剧，他就每天待在屋子里，门窗紧闭，从不见太阳，不呼吸新鲜空气，用了 14 年监狱式的生活回忆一生。据有关学者考证，作品与普鲁斯特的现实生活还是存在一些变化的。[①]现时的空间使人产生孤独和无助感，在对过去的记忆中才能确证自我。记忆混合着嗅觉、味觉、触觉、听觉、视觉，将那些微不足道和微妙复杂的心理与外部的景象，融汇于一炉，造就出一本书。在书里，时间和回忆似乎永远像河水那样流动着，永不停息，记忆因此得以永恒。在书中，普鲁斯特所运用的叙述手段不是一种线性的时间叙述，而是在大致线性的时间叙述当中，不断地以跳跃、回旋、补充和折返来修正了他对时间的感觉。同时，事件和人物也以不断转换角度讲述的方式，从多方位展示全貌。《追忆逝水年华》主要由回忆构成无数不连贯的、琐碎的、奇异的、转瞬即逝的片段，又由连绵的无意识回想和内心独白来完成。这部小说深深地进入到人的内心宇宙，将一个个体生命所经历的时代的全部记忆，都化作内心时间的流动来展现出来。记忆积累起往事，在绵延的每一瞬间，把作为实在创造的某种新东西同往事组织在一起。记忆不是前后相继的各个部分简单的排列，而是某种没有重复的、不可分割的过程，是自由和创造的活动。他认为精神要屈服于肉体的禁锢，受物质的制约。孤独、爱情、音乐、死亡也是普鲁斯特作品中的主要主题。马塞尔·普鲁斯特作品中时间的跳跃、回旋、折返在布宁书写记忆的时空构造中可以找到相关的痕迹。爱情、死亡等也是贯穿布宁创

---

　　① 参见郑克鲁：《普鲁斯特〈追忆似水年华〉的多声部叙事艺术》，《临沂师范学院学报》2004 年第 2 期。

作的重要主题。

审美者用各种感官去感受事物的形象、声音、气味、质感……不同门类的感受之间能够相连互通，就产生了一个独特的关系类别——"通感"。在普鲁斯特的小说里，通感不仅是一种修辞手法或一种看待和思考现实的独特眼光，它还是一条从物质通向精神的道路、一种看待世界的隐喻性思维方式。《追忆逝水年华》里，主人公马塞尔年轻时遇上一位杰出画家埃尔斯蒂尔，跟从他学到不少欣赏艺术的方法，其中最重要的一种就是眼睛的错觉，在埃尔斯蒂尔的画中，不同类别的自然景物常常混杂交错，例如画海港，画家对小城使用与海洋有关的语汇，面对大海使用与城市有关的语汇：房顶上露出桅杆，好像屋顶成了船只；海边教堂好似从水中钻出，其墙壁由白石或泡沫凝成；阳光、云雾与泡沫使大海一片雪白犹如大路或雪原，船只似乎停在旱地里……对这种画法，推崇理性的人一定会马上予以纠正，但马塞尔认为这类错觉富有无穷的魅力。画中形象与我们司空见惯的不同，因此倍加引人入胜。这种摆脱理性辖制的感觉印象的交错，正是艺术应该捕捉的。普鲁斯特有意地保持和培养自己交织混融各类感受的能力，从视觉的交错发展到各种感官相通。对他来说，耳、鼻、舌、躯体都有可能获得曼妙的感觉。尤其当视觉在审美领域长期称霸、积淀了许多固定的象征符号之后，人们的审美感觉积重难返，越来越难得到新鲜陌生的享受；而声音、气味及触觉感受较少被习惯遮蔽，反而能更真切地呈现人对事物的直觉，更能在知觉印象中保留审美情境：旷野里的空气进入贵族女子雅致的房间时，变成了某种优雅宁静的半固体。新鲜面包的温馨消融了白色冰霜的凛冽，就像村里报时的大钟，悠闲而准时，散淡而有序，即漫不经心又高瞻远瞩。空气好似一朵纤细娇美的花，沉寂中饱含营养，而且香甜诱人。这种对周围世界的通感体验为布宁所借鉴和发扬。

马塞尔·普鲁斯特的《追忆逝水年华》也深受卢梭的巨大影响。《追忆逝水年华》在回忆中向纵深开掘，它的布局分三个层次：一是感性的回忆。普鲁斯特认为，只有感性的回忆才能赋予人们认为已经消逝了的东西以某种生命力。这个阶段可称之为"感悟"。更重要的是要用理性对这种回忆进行考验和提炼。二是分析，对于这样得到的印象还要反复思考，并用文字记载下来，这也是一个再创造的过程。三为表达，通过感性的回忆使往昔复

活,又用艺术和诗意加以改造,使逝去的世界又回到眼前。一个个处于不同时空的画面和场景进入了读者的视野。小说中常常插入各种感想、议论、倒叙甚至离题的叙述,结构犹如一株枝丫交错的大树。这种叙述手法不仅革新了传统的时间观,同时也革新了传统的空间观,意识流在消解物理时间的同时也消解了物理空间的限制。它没有激动人心的情节,没有进展、高潮和结局。普鲁斯特十分厌恶为作品需要而虚构情节,他唯一感兴趣的,是人物的内心世界,是生活的真实。普鲁斯特指责对现实作浮光掠影的描写。他指出,只是可怜巴巴地给一些事物的线条和外表做些记录的文学,突兀地切断现时的我与过去、未来的一切联系,而过去的事物保持着本质、未来,它们又将促使我们去重新品味这种本质。正是这种本质才配称作艺术的艺术所应该表现的内容。普鲁斯特认为,世界呈现在每个人眼中都会得出不同的面貌,留下不同的印象,而且经过每个人头脑的熔炼,就会获得千殊万类的映像。而这些复杂的映像正是唯一生气勃勃的艺术。一位大作家不需要杜撰,他只要把存在于自己头脑中的东西转译出来。真正的艺术家要把内心的东西深挖出来,深入到真正生活的深处,达到精神生活的区域,艺术作品就能在这个区域创造出来。普鲁斯特将现实理解为经过作家头脑理解和融合的感觉和回忆,也就是经过作家头脑加工过的生活现象。这样获得的生活,普鲁斯特称之为"心理真实"。回忆、意识的细微变化和自发状态、难以表达的心理活动、思想的深层活动、通感、各种特殊的情感表现(如孤独、离别、半睡半醒)、梦幻,就是心理真实所要描写的内容。普鲁斯特通过意识流和意象的堆砌,把时间任意地加以伸张压缩,加以美化和升华,以此渲染无意识的变幻,并使之具有了现实时间所不能涵盖的内容。这符合现象学中还原与给予的概念。普鲁斯特在作品中采用了大量的隐喻。

《阿尔谢尼耶夫的一生》在主人公对自身及周围世界的感悟、诗意的语言、时空体的排列、叙述结构的设计等方面具有和以普鲁斯特《追忆似水年华》为代表的一些西欧文学作品的相承性。

二、俄罗斯的体裁传统

下面我们从俄罗斯文学代代相传的文化影响和体裁承袭两个方面来分析俄罗斯传统对布宁的记忆书写的影响。

К. И. 扎伊采夫写道:"布宁的《阿尔谢尼耶夫(的一生)》真是一部伟大的巨著啊!当读俄罗斯文学中那些最为经典的作品,例如:《贵族之家》、《战争与和平》、《神职人员》(《Соборяне》),脑海里就会产生这种想法:这样美妙的东西出现的那一瞬间是多么迷人啊!当代人能够欣赏到这样的杰作是多么幸福、多么快乐啊!实事求是地说,当我读《阿尔谢尼耶夫的一生》的时候就有这样的感觉。这种感觉是布宁从未给过的!他之前所有的创作似乎都在为这部杰作作准备,这部杰作不仅装点了俄罗斯文学,也为世界文学增辉……"[①]这段话也印证了《阿尔谢尼耶夫的一生》与整个俄罗斯文学传统是有着千丝万缕的联系的,作家书写"心灵史"有着众多重要的文化源泉。笔者认为,布宁的记忆书写不仅受到了"黄金时代"俄罗斯文学的重要影响,甚至和《伊戈尔王子出征记》也有着千丝万缕的关联。对俄罗斯文学体裁发展进程的思考为我们提供了研究布宁记忆书写的广阔视野和清晰脉络。我们把与《阿尔谢尼耶夫的一生》相关联的体裁的源头追溯到《伊戈尔王子出征记》。

《伊戈尔王子出征记》写成于 12 世纪末期,是欧洲中世纪英雄史诗中不可多得的杰作。史诗讲述的是当时在诸多公国并立纷争的背景下,为了打败入侵者波罗夫人,伊戈尔王子孤军出征,深入敌军腹地,惨遭失败,而后在上帝指引下重归故土的故事。10 世纪以前,罗斯人信奉多神教,信奉的神有善神、恶神、雷神、太阳神,雅罗斯拉夫娜所深怨的风神也是其中之一。《伊戈尔王子出征记》却透露出,诸神并不给罗斯人帮忙,真正拯救他们的是基督教的上帝:"上帝给伊戈尔公指出/那从波洛夫的土地/通向俄罗斯国土的、父亲的黄金宝座的道路"。在《伊戈尔王子出征记》中,我们还只看到了上帝对罗斯人的眷顾,尚未看到浸润于整个《圣经》的忏悔意识,这也反映了基督教传播初期的情况。到了布宁的时代,"弥赛亚"即救世主意识早已经被俄罗斯人奉为比生命更重要的东西,"只有上帝才无罪"。所以,凡人皆为罪人是理所当然,正因为有罪才需要赎罪,只有赎罪才能得救,而这对文学而言,是至关重要的。这也成为布宁书写"心灵史"的重要文化源泉。

---

① Зайцев К. И. Киевская Русь:Исторический обзор и книга для чтения, Харбин,1942,С. 201.

在伊戈尔身上体现了从瓦良格人①统治了斯拉夫广大地区后逐步形成的双重意识：他们相信自己的能力，应该而且能够像山鹰一样纵情飞翔于整个世界；但他们又得不到自然的、历史的力量的支持，而屡遭失败，处境悲惨。这种双重意识在布宁的身上则体现为：布宁一方面为自己贵族的身份和家族的历史感到自豪，另一方面却要面临贵族的败落，昔日的荣光一去不复返的困窘；一方面有着崇高的精神追求，另一方面却要应对严峻冷酷的现实。

《伊戈尔王子出征记》全诗极具形象性和音乐性："像夜莺跳跃在幻想的树枝上，像一缕游丝在云彩下飞翔"。它的出现标志着俄罗斯文学语言已经形成，但是它还是一种古体。虽然如此，这对后来俄罗斯文学"黄金时代"和"白银时代"的语言也有着不容忽视的影响。而身处"白银时代"的布宁的记忆书写自然也与之有着千丝万缕的联系。

从《伊戈尔王子出征记》到普希金，俄罗斯民族走过了五百年的漫长历程而走向了成熟。从普希金开始，俄罗斯开启了一个文化上与西欧并驾齐驱的辉煌时代。普希金主张完全摒弃陈腐的教会斯拉夫语词，对一般的教会斯拉夫语词的使用也作了限制，提倡在人民语言的基础上发展俄罗斯文学语言。他在自己的创作中大量使用民间口头词语，创造了一种清新、朴实、晓畅、优美的语言，完成了对俄罗斯文学语言的彻底改革，成为新的俄罗斯文学语言的奠基者。

别林斯基指出："普希金集中了所有在他之前的俄罗斯文学之精华；在他成为本民族的自成一家的泰斗级作家之前，他是前代诗人的崇拜者和学习者，并对他们的学识进行了融会贯通的掌握，克服了他们的缺点，发扬了长处，从而体现出他们所不具备的独具特色的美和优点。"②。从作品结构和叙事风格上，不难发现布宁对于普希金式的简洁、准确和深刻性的追求。我

---

① 俄文 Варяг。瓦良格人与东斯拉夫人是构成今日俄罗斯的两大主体民族。在俄罗斯 1000 年的历史上共产生过两个王朝："留里克"王朝（俄罗斯历史上第一个国家，公元 882—1598 年）与"罗曼诺夫"王朝，约 500 年历史的"留里克"王朝就是由瓦良格人建立，留里克、弗拉基米尔大公、伊凡雷帝这些俄罗斯历史上著名的统治者均是瓦良格人血统。

② Белинский В. Г. Эстетика и литературная критика：в 2 — х т.，т. 2，М.：Гослитиздат，1959，С. 114.

们将会耙梳这两位作家在创作上的继承关系。

普希金在俄罗斯人心目中像一坛老酒,随着时间的流逝越来越甘醇。普希金以后俄罗斯发生的巨变使多少彪炳史册的名字在瞬间消失,而普希金反而变得更加光辉耀眼。布宁时代的普希金,已经不是当年那个乘着马车疾驶在涅瓦大街上的歌者,他已升格为一尊神;普希金已经被构建为"普希金神话"。普希金常常让布宁想到曾经拥有的那些隐秘而珍贵的记忆。

如果一个人在他的少年时代有幸遭遇一场巨大的社会动荡,得以亲身体验壮怀激烈的毁灭和金子般的献身精神的闪光,这种经历能够一下子打开个体狭小的精神视野,把对狭隘个人的思考变成对全社会乃至人类、宇宙、上帝的思考。普希金13岁的时候,俄国人打败了称雄一时的拿破仑,后来又经历了民主运动的失败、十二月党人起义的失败。这些都使普希金的视野一直延伸到俄罗斯以外,兼及苦难的各色人种。几乎终生都受着沙皇和警察软禁的普希金经常生活在孤独之中。而布宁出生在1861年农奴制改革后的俄罗斯,贵族家族已然式微,经历了1905年在俄罗斯境内发生了一连串的骚乱,1917年十月革命之后布宁永远地离开祖国,始终无法摆脱孤独。布宁在有生之年游历了大半个世界,思考着全社会、全人类、宇宙和上帝的问题。类似的生活经历和孤独之感让布宁对普希金的创作有着更为深刻的理解和共鸣。普希金留存在布宁的记忆中,历久弥香。

普希金创作了大量的爱情诗篇,他在16岁的时候写了《多丽达》一诗:"我喜欢多丽达的金色的发卷,她苍白的脸和蔚蓝的眼睛。……""多丽达"并不是一个实存的女性,只是一个符号。这也影响了布宁的创作。《阿尔谢尼耶夫的一生》中的丽卡的人物原型是布宁刻骨铭心的初恋情人瓦尔瓦拉·弗拉基米洛夫娜·帕先科(Варвара Владимировна Пащенко),但是丽卡的形象与瓦尔瓦拉·帕先科的差别是较大的。布宁的妻子 B. H. 穆罗姆茨娃也指出"特别是作品的第五部与现实的差距很大……女主人公丽卡不管是从外貌还是从内心来看都不像瓦尔瓦拉·弗拉基米洛夫娜……只在丽卡刚一出场的时候很象少女时代的帕先科,但是她的外貌被美化了,身高也比实际的要高一些……他(布宁)把丽卡描述成自己理想中的女人形象……丽卡

死了,但是瓦尔瓦拉·弗拉基米洛夫娜顺利的嫁给了比比科夫（Бибиков）
……"①丽卡实际上也已经被布宁塑造成了一个符号,一个布宁心目中的理
想女性的形象。

　　虽然渴望获得那种与忠诚相联系的纯洁的爱情,但是在普希金的爱情
诗歌中最精彩的部分都是写失恋和不满足的。不是热恋的甜蜜给诗人以灵
感,而是相反,爱的求之不得和得后复失的焦虑,使诗人真正感悟到爱的形
而上的真谛。而布宁创作中的爱情大多也以悲剧结尾,最具代表性的是爱
情小说集《幽暗的林荫小径》。而丽卡在小说中的命运也是在与阿尔谢尼耶
夫分手之后溘然长逝。布宁记忆书写中的爱情悲剧色彩无疑也受到了普希
金的影响。

　　普希金从爱情和为自由斗争的事业中获得的往往是甜蜜的焦虑、沉重
的打击,而安抚他的创伤,帮助他重新站立起来的是自然——俄罗斯的大
地、森林、河流和山峦。在自然面前,作者躁动不安的心灵得以安定,笔触变
得温柔安详。普希金对自然的色彩、声音和光影都有着细腻的感受和动人
的描写:"我爱大自然凋萎时的五彩缤纷,/树林披上深红和金色的外衣,/树
荫里,气息清新,风声沙沙,/……"（《秋》节选)而对大自然景色的描写也是
布宁记忆书写的一大特色。布宁总是饱含深情地回忆起祖国的大自然。

　　E.A.巴拉丁斯基是普希金的同时代人,是普希金的挚友,普希金的死
讯就是由 E.A.巴拉丁斯基告知普希金的父亲的。他的早期作品在欢快明
朗之中含有悲观失望的情绪,普希金曾称他为"酒宴和忧愁的诗人"。普希
金中用 E.A.巴拉丁斯基的诗作《舞会》（1828 年)中的诗句"我们开了一
枪"②作为自己短篇小说《射击》的卷首语。在长篇诗体小说《叶甫盖尼·奥
涅金》中第三章第 30 节的第一句诗歌"酒宴的作者,哀伤的歌手"③就是指的
E.A.巴拉丁斯基。E.A.巴拉丁斯基 1826 年出版诗集《埃达》（副标题《芬兰
故事》),以心理描写见长,富于现实主义色彩。后期诗集《黄昏》（收入

---

①　Муромцева－Бунина В. Н. Жизнь Бунина, 1870－1906., Париж, 1958, С. 5.

②　普希金著:《普希金小说选》,刘文飞译,北京:中国文联出版社,2009 年,第 76 页。

③　普希金著:《普希金选集》（10 卷本),第 5 卷,智量译,北京:人民文学出版社,1985
年,第 114 页。

1835—1842 年间作品)则脱离现实,有浓厚的悲观情绪。普希金认为 E. A. 巴拉丁斯基是"我们同时代诗人中的杰出代表,与众不同,思想坚定而又深邃。"B. Г. 别林斯基曾说:"在与普希金同时出现的诗人中,E. A. 巴拉丁斯基无疑占有首要的地位。""E. A. 巴拉丁斯基用诗歌进行思考,他的诗句犹如春风化雨,温暖人心,沁入读者的心脾,却又镌刻在脑海里。"

布宁认为普希金和巴拉丁斯基是"我们文化的精英代表",自己创作也受到了他们很大的影响:"'有一种生活',伊弗列夫想起了巴拉丁斯基的诗句:'有一种生活,不知该称它什么? 既不是醒,也不是梦,而是介乎两者之间,正是它使人的理智与疯癫相连……'"[①]E. A. 巴拉丁斯基认为进入肉体之前的灵魂在那里是确确实实的真实存在。E. A. 巴拉丁斯基的叙事主人公的意图和《阿尔谢尼耶夫的一生》主人公的意图是一致的。E. A. 巴拉丁斯基写道"故乡的天空"(《 небо родное 》),在阿尔谢尼耶夫那里,天空则是"天父的怀抱"(《 отчее лоно 》)。E. A. 巴拉丁斯基的创作是《阿尔谢尼耶夫的一生》的影响因子之一。

从普希金开始,俄国文学出现了一个群星灿烂的时代;从普希金开始,俄国文学迈步走向世界。他是 19 世纪初俄罗斯民族最伟大的文化英雄,他在俄国文学史上具有极其重要的意义。有学者认为,普希金、莱蒙托夫、果戈理是俄罗斯文学的"幼年"(младенчество),С. Т. 阿克萨柯夫和早年的 Л. Н. 托尔斯泰是俄罗斯文学的"童年",那么布宁则是它的"少年"。这个比喻也是比较有新意的。

俄罗斯文学进入 19 世纪之后,出现了大批的自传体作品。较为著名的有:Л. Н. 托尔斯泰的《童年》《 Детство 》(1852),《少年》《 Отрочество 》(1854),《青年》《 Юность 》(1857);С. Т. 阿克萨柯夫的《家庭纪事》《 Семейная хроника 》(1856),《回忆录》[②]《 Воспоминания 》(1856),《巴格罗夫孙子的童年》(《 Детские годы Багрова—внука 》)(1858);Н. Г. 加林—米哈伊洛夫斯基的四部曲《杰玛的童年》《 Детство Тёмы 》(1892)、《中学生》《 Гимназисты 》(1893)、《大学生》《 Студенты 》(1895)、《工程师》

---

① 戴骢主编:《蒲宁文集》(5 卷本),第 5 卷,合肥:安徽文艺出版社,2005 年,第 4 页。
② 也译作《学生时代》。

《Инженеры》(1907)；А. Н. 托尔斯泰的《尼基塔的童年》(《 Детство Никиты 》)(1919—1920)；А. И. 库普宁《士官生》(《 Юнкера 》)(1928—1932)；А. М. 高尔基的《童年》(《 Детство 》)、《在人间》(《 В людях 》)、《我的大学》(《 Мои университеты 》)；И. С. 什梅廖夫的作品《天国之路》《Богомолье》(1931),《上帝的夏天》(《 Лето Господне 》)(1933—1948)。

俄罗斯文学已经逐渐将认识人的本性纳入到认识领域中,对心灵史(《 история души 》)也给予了关注。《阿尔谢尼耶夫的一生》成为体现这一特征的代表作品。而布宁则让这一传统在自己的记忆书写中得到提升,达到思考事件的新高度。《阿尔谢尼耶夫的一生》成为俄罗斯文学向发展成熟阶段迈出的新步伐。作家不是写自己的生平,而是写心灵史。作家描写的世界自成整体的,是经由心灵投射后形成的,心灵在这里是描绘的对象。纷繁万象的物的世界,一旦进入布宁的作品中,便都处于作者的观照之中,渗透了作者的精神和情调。我们将从俄罗斯文学史上选出一些具有代表性的描写心灵史各种体裁作品,以求理出一条较为清晰的体裁发展脉络。

Л. Н. 托尔斯泰的《忏悔录》(1879—1882)与奥古斯丁、卢梭的作品有很多共通之处。奥古斯丁的忏悔说明人的渺小和软弱,托尔斯泰的忏悔却表明人在不断探索的过程中精神境界不断提高,颂扬了人的力量和不断向上的精神。托尔斯泰的《忏悔录》形式上是宗教忏悔录的形式,精神气质上却与卢梭有着内在一致性,具有世俗化的特点。神性在卢梭和托尔斯泰的忏悔中逐步减弱,人性不断加强。据他自己回忆,他受到了卢梭的影响,初读卢梭的《忏悔录》,曾感动和欢喜得战栗起来,他赞赏卢梭的诚挚、坦率与真实。卢梭的忏悔精神引导他的创作,他认定了启迪众人内心醒悟、激励麻木的灵魂敏感深邃的文学目标。他在自己的《忏悔录》中主要叙述了自己思想的历程、人生体验,探讨人生的意义。特别记录了托尔斯泰一生中最重要的一次精神危机的产生、发展和解决过程。他在《忏悔录》中说,"人在生活中的任务是拯救自己的灵魂。为了拯救自己的灵魂,必须按照上帝的意志生活;而为了按照上帝的意志生活,必须禁绝一切生活享受,要劳动,服从,忍耐,宽容。"Л. Н. 托尔斯泰的《忏悔录》的结尾是开放式的,以一个梦来结束。在梦中托尔斯泰努力寻找支撑点,否则他就会坠入万丈深渊,最后他找到一个使他不坠落的支柱。他仿佛听到有个声音说:"你可要小心,要记住。"这

就是他得到的启示。在长时间的探索之后,他找到了自己人生的意义,那就是信仰。Л. Н. 托尔斯泰信仰着,真心服膺上帝,上帝在他看来,就是自然,就是爱,就是真善美。Л. Н. 托尔斯泰忏悔中基于宗教观念所产生的强烈的罪感意识,对生活意义的艰辛探索,对道德完善的追求都是卢梭所没有的。他的忏悔具有的俄罗斯民族特点还表现在忏悔自己所属阶层对人民犯下的罪,他激烈探索的结果就是与自己所属阶层的决裂。托尔斯泰的忏悔不仅是个人的认罪和反省,也是一个群体、一类人的认罪和反省。个人忏悔转向集体忏悔。它具有 18 世纪以来俄罗斯知识分子的精神特点。这种精神特点在 19 世纪、20 世纪以及后来的俄罗斯作家身上得到了继承和发扬。

《童年》、《少年》、《青年》自传体三部曲是以 Л. Н. 托尔斯泰自己的生平经历为基础进行的创作。三部曲中存在两个视角:一个是过去,即主人公当时的观感;一个是现在,即作者写作时的态度。Л. Н. 托尔斯泰紧密联系人物性格的发展来揭示心灵的运动,他关注的不是人物性格如何形成,而是它能否发展,如何发展;在性格发展的过程中,他关注的又是人物如何在精神上成长。作家让外部世界的生活现象一个接一个地逐渐进入主人公的精神领域,随着对现实世界感受范围的逐步扩大,他的内心世界逐渐丰富;生活之流和人物意识之流的重叠交叉,为揭示人的隐蔽的内心活动提供了形象化手段,将主人公对世界的观察以及认识这个世界时的全部欢乐与痛苦的感受生动地呈现在读者面前。Л. Н. 托尔斯泰把描写的重心置于业已形成的个性在各种现实关系中的复杂变化,又从来没有把这种变化局限于表现一种孤立的心理状态,突发的情绪波动,而是作为人物内心世界连续活动的一个组成部分加以描写,使这种变化以各种方式同人物精神发展的过程相联系,从而构成了人物"心灵的历史"。景物描写也是 Л. Н. 托尔斯泰作品的一大特点。Л. Н. 托尔斯泰为我们展现了大自然所蕴含的美和强大旺盛的生命力。Л. Н. 托尔斯泰怀着对大自然无比崇拜的心情描写大自然,因此往往带有一种理想主义的色彩,似乎唯有大自然才是人类值得去爱的对象,人类对大自然的任何侵犯都是一种不可饶恕的罪过。他的这些观念和思考往往能够把读者引进一种超越故事情节的更宏大、更高远的精神世界中。Л. Н. 托尔斯泰的风景描写一向都是情景交融的,是为他所描写的人、人的心情、人的处境和人的关系服务的。Л. Н. 托尔斯泰一生探究终极真理,最后

还离家出走,寻求思想的出路和灵魂的安宁。

《阿尔谢尼耶夫的一生》中同样存在 50 多岁的年老主人公和年轻主人公两个视角。在布宁构建主人公认识外部世界的"心灵史"的方法中可以发现 Л. Н. 托尔斯泰的自传体三部曲中反映出来的"心灵辩证法",Л. Н. 托尔斯泰揭示人物性格发展的过程中如何体现心灵的运动、精神的成长的写作方式留下的痕迹。《阿尔谢尼耶夫的一生》中就借阿尔谢尼耶夫之口发表了对"托尔斯泰主义"的看法。"托尔斯泰主义"是 Л. Н. 托尔斯泰在其作品中表现出的一种思想政治主张,它的主要内容表现在:主张"勿以暴力抗恶",认为人民要抛弃暴力,以爱来感化敌人,而贵族阶级要主动放弃压迫和剥削,追求道德自我完善,人类才会建立起理想的社会。Л. Н. 托尔斯泰试图在人的内心世界,在宗教中找到理想的武器,即爱和在爱的基础上产生的"道德自我完善"、"博爱"等思想。布宁所处的时代也是阶级矛盾激化、冲突爆发之时,他在探索救世之初曾经赞同托尔斯泰主义,但是随着时间的推移,他与"托尔斯泰主义"渐行渐远。

阿尔谢尼耶夫生活在一个位于僻静荒凉之地的古旧的贵族庄园,生活单调乏味。但是他的内心是丰富多姿的,敏锐地感应着外部世界的现象和事件。在俄罗斯发生的革命,破坏了贵族的权力和利益,主人公非常了解农民承受着繁重的劳动,但是对社会的无序混乱和人民的贫困持漠视态度。他在田间劳动中看到的只是诗意,欣赏播种、收割的美妙图景,陶醉于镰刀割麦时声音的迷人魅力。他仇视农民的反抗,喜欢旧宗法制下饱受奴役的农民脸上的笑容,这笑容在他看来充满了纯真。这种爱是消极的,主人公完全没有对广大劳苦大众的责任感和使命感。他的爱国主义仅仅局限于关心俄罗斯的现在和未来,关心那些他所考虑到的社会发展道路。他沉湎于俄罗斯恢宏庞大的历史画面,那些古老的建筑、庙宇都会诱发出他心中无限的诗情,哪怕在关于佩彻涅格人的只言片语中也能感触到无以言表的魅力。

阿尔谢尼耶夫在政治观点上的保守思想使他对车尔尼雪夫斯基、柯罗连科的作品持否定态度。在作品中流露出主人公对社会的不满和厌恶:"俄罗斯的持异议者、暴乱者、革命者无不脱离现实到了荒唐的地步,他们蔑视并且毫不顾及理性、国法和丑陋、呆滞、苍白的现实,〈……〉这些年轻革命者能有多少主义,他们不过是探求在轰轰烈烈的活动下过上开心的逍遥生活,

醉心于革命的集会、热烈的议论、引吭高歌和各种各样危险的秘密活动,何况还可同标致的苏波金家的千金小姐们'携手并进',陶醉于各种各样的幻想,幻想搜捕、监狱、轰动一时的审讯、同志们浩浩荡荡一齐流放去西伯利亚服苦役,发配北极圈!"①"……可我过去没有,将来也不会感到我欠人民大众的债,一分一厘的债也没欠。我不可能也绝不愿意为大众牺牲自我,绝不愿意为他们'效命',也绝不会如我父亲常说的那样在地方自治会议上玩弄党派之争……"②"梅列尼克……为人尖刻,刚愎自用——许多年后,令我惊异莫名的是,他竟成了布尔什维克的大员,当上了握有独裁大权的'粮食委员'……"③"这个群体过着离群索居的生活,不跟其他俄国人交往……对俄罗斯,他们更有自己的态度:全盘否定俄罗斯的过去和现在,寄希望于俄罗斯的未来,并为这个未来而'斗争'。……但总的来说,所有的人千篇一律的狭隘、片面、偏执,他们的信条十分简单……"④"每当他们向我讲述生活的全部意义在于'造福社会',换句话说,造福于庄稼汉或工人,我心头就恼火:什么,我必须为一个终日喝得醉貌咕咚的什么钳工或者无马的庄稼汉克里姆作出牺牲吗?何况这个克里姆还不是一个活生生的人,而是泛指的人……另外,我看到几乎每一个熟人家里的墙壁上都贴着车尔尼雪夫斯基或者别林斯基的像,就得咬紧牙关忍下来,别林斯基瘦得几近骷髅,睁着一对可怖的大眼睛,像刚从灵床上欠起身来,惊恐地望着已走到他书斋门口的一对宪兵。此外,这个圈子里还有贝科夫们、梅列尼克们……望着他们的脸,我总觉得他们不像是为某种美好的未来而工作的人,不像是最了解人民的利益,并为此而奋斗的人。"⑤"写!应该写屋顶,写套鞋,写背影,然而绝不去写什么'同专制和暴力作斗争,保卫被压迫的穷苦人,塑造鲜明的典型,描绘社

---

① 戴骢主编:《蒲宁文集》(5卷本),第5卷,合肥:安徽文艺出版社,2005年,第84页。
② 戴骢主编:《蒲宁文集》(5卷本),第5卷,合肥:安徽文艺出版社,2005年,第165页。
③ 戴骢主编:《蒲宁文集》(5卷本),第5卷,合肥:安徽文艺出版社,2005年,第173页。
④ 戴骢主编:《蒲宁文集》(5卷本),第5卷,合肥:安徽文艺出版社,2005年,第173～174页。
⑤ 戴骢主编:《蒲宁文集》(5卷本),第5卷,合肥:安徽文艺出版社,2005年,第177～178页。

会、时代及其情绪和思潮的巨幅图画'!"①

布宁借阿尔谢尼耶夫之口明确提出,"社会活动不是诗人的事。"②"绝不去写什么'同专制和暴力作斗争,保卫被压迫的穷苦人,塑造鲜明的典型,描绘社会、时代及其情绪和思潮的巨幅图画'!"③但是他也要求文学正确地反映生活,真诚不虚伪。他指责纳德松的诗作,因为"他的诗作净写些'诏苔长在池塘之上'、而'绿枝俯身在沼苔之上'之类的东西"④这些都远远地脱离了事实。主人公认为应该写自己非常熟悉的东西,有着深刻体会和感悟的东西,否则写出来的作品就会显得虚假做作、不自然。"我已经写出并发表了两篇小说,然而都是虚构的,令人乏味。一篇讲饥饿的农民,这些人我从没见过,而且也并不怜悯他们;另一篇讲破产地主,题材陈旧,且也是虚构的。"⑤由于受到思想局限性的影响,主人公不赞同写饥饿的农民和破产的地主,而是应当写"破落地主 P. 屋前那棵高大的银白色杨树,还有他书房柜子上的鹞鹰标本。……我写家道败落,只是想写出其中诗意的一面。"布宁在作品中并没有驳斥主人公的这一做法,并没有将自己的态度凌驾于主人公之上。虽然在创作之初布宁认定:"作为生活在某个特定时代的个人,不应当对社会上发生的事情抱以漠视的态度……"⑥侨居海外以后作者的观点发生了很大的转变。1926 年接受巴黎《今日》(《Сегодня》)报纸的记者采访时布宁谈到:"为什么要密切关注俄罗斯的现状?为什么要关注革命?"⑦远离祖国之后,作家一改以前的观点,认为艺术不需要体现所处时代的主流思想。这一思想集中体现在《阿尔谢尼耶夫的一生》中。

为了更好地解读《阿尔谢尼耶夫的一生》,我们必须弄清布宁创作的另一部重要作品《托尔斯泰的解脱》(《Освобождение Толстого》)与之的关联。从创作时间上来看,《阿尔谢尼耶夫的一生》创作于 1927—1929 年,《托尔斯

---

① 戴骢主编:《蒲宁文集》(5 卷本),第 5 卷,合肥:安徽文艺出版社,2005 年,第 241 页。

② 戴骢主编:《蒲宁文集》(5 卷本),第 5 卷,合肥:安徽文艺出版社,2005 年,第 213 页。

③ 戴骢主编:《蒲宁文集》(5 卷本),第 5 卷,合肥:安徽文艺出版社,2005 年,第 241 页。

④ 戴骢主编:《蒲宁文集》(5 卷本),第 5 卷,合肥:安徽文艺出版社,2005 年,第 126 页。

⑤ 戴骢主编:《蒲宁文集》(5 卷本),第 5 卷,合肥:安徽文艺出版社,2005 年,第 251 页。

⑥ Бунин И. А. Недостатки современной поэзии, 《Родина》, 1888, №28, С. 738.

⑦ Седых А. В доме у Бунина, 《Сегодня》, 1926, №19, 24 января.

泰的解脱》则在 1937 年,但是它是对更久远的过去的一种回溯。《托尔斯泰的解脱》中这样写道:"人的生活应当有两个步骤:起步(Путь Выступления)和回归(Путь Возврата)。"从这个意义上讲,《托尔斯泰的解脱》是布宁的回归,《阿尔谢尼耶夫的一生》则是布宁的起步。阿尔谢尼耶夫迷恋生活,被生活所影响和左右,而 Л. Н. 托尔斯泰则从中解脱出来。布宁将人的行为界定在这样一个范围内:开始尘世生活,而后从中解脱出来。可贵的是,布宁研究托尔斯泰的解脱并不是从狭窄的个人推论出发,而是从 Л. Н. 托尔斯泰的创作,即从俄罗斯文学史出发,使得那些常常对布宁的观点持反对意见的研究者们也心悦诚服地接受这一结论:"布宁认为托尔斯泰的出走正如死亡获得的最高意义上的解脱,这种解脱是一种彻底地从所有尘世矛盾中心灵的解脱。"①

　　И. А. 伊里因将布宁与 Л. Н. 托尔斯泰进行对比,认为这两位作者都关注与潜意识作斗争的问题。在《托尔斯泰的解脱》中布宁引用了《战争与和平》中的一个片断:"尼古拉·罗斯托夫(Николай Ростов),根本不了解那个妇女,就和 Денисовый 一起把她架到麦地里……可他就像没有犯下任何罪行和无可挽回的过错似的那样满不在乎。……在罗斯托夫采夫认识到自己犯下的劣迹之后又痛苦地忏悔:他醒来后嚎啕大哭,对自己的行为感到羞愧和悔恨。"②罗斯托夫与阿尔谢尼耶夫的行为都是一样的:无可挽回的过错、罪行、堕落,并对自己的所作所为表示懊悔。阿尔谢尼耶夫的行为完成得更加迅速、突发、动机不强。罗斯托夫的犯罪动机则更强一些。

　　Л. Н. 托尔斯泰的精神和主张已经深入布宁的内心,虽然布宁后来慢慢排斥 Л. Н. 托尔斯泰倡导和主张的类似于"托尔斯泰主义"的某些思想,但事实上 Л. Н. 托尔斯泰已经渗入了布宁生活的方方面面,这一影响也体现在布宁的记忆书写的点点滴滴、方方面面。

　　С. Т. 阿克萨柯夫的《家庭纪事》、《回忆录》、《巴格罗夫孙子的童年》三本书内容前后连贯、一脉相承、带有自传体的回忆录性质,共同描述了 18 世纪末伏尔加河畔一个旧式地主家庭将近 75 间的历史变迁,其中包括故事叙

---

① Мейлах Б. С. Уход и смерть Льва Толстого, М.: Худож. лит., 1979, С. 79.
② Бунин И. А. Собрание сочинений, в 9—х т., т. 7, М., 2009, С. 105.

述者的童年、中学和大学时代的生活。通过天真无邪的孩童的所见所闻所感,对俄罗斯自然风貌、乡村地主生活习俗、其家庭成员之间的复杂关系,农奴主的专横、残暴和农奴的善良纯朴,以及虚伪、善良与凶恶的矛盾冲突等等,都作了真切生动的描述,是一部记录当时社会百态的百科全书。Л. Н.托尔斯泰在《童年》的手稿中写道:"我非常乐意描绘童年记忆的诗意图景,兴趣盎然地观察它的发展,最主要的是我希望在自己生活的痕迹中找到某种源头,这一源头引领着我,并且我想象着,不是所有的事情都是均衡的:偶然或是必然"。三部曲主要表现的是巴格罗夫的"心灵辩证法"(диалектика души),即深入人物内心抓住思想感情的每一个细微的变化,细致地描写心理在外界影响下的嬗变过程,刻画微观世界,一丝一毫地追索出人物思想感情巨大变化或剧烈转变的全过程,洞察人的内心奥秘,把握心灵的辩证发展。特别是人物从一种思想感情向另一种常常是相反的思想感情转变的"心灵辩证法"。

旧时代现实生活中的人们的道德观念,跟儿童的天真纯洁的正义观念一旦发生接触,马上就显露出了它的虚伪和陈腐的丑恶本质。C. T.阿克萨柯夫的三部曲深刻揭露了农奴制度的罪恶,但是 C. T.阿克萨柯夫绝不是一个揭露性的作家。他在写到老巴格罗夫时,显然是怀着"家丑不可外扬"的心情而笔下留情的。因此,在描写老巴格罗夫的"坏日子"时,他只是顺便提了一下;在写库洛里索夫的暴行时,他也往往压制自己的笔,作出声明:"另外甚至还有比这更坏的暴行。"他在《家庭纪事》的结尾中所说的下面这段平心静气的话,显然是包括了老巴格罗夫,也包括了库洛里索夫的:"别了! 我的光明的或者黑暗的人物,我的好人或坏人——不如说,有光明面也有黑暗面的人,有美德也有缺德的人。你们不是大英雄,也不是大人物;你们默默无闻地走了你们的世间的道路,你们离开人世已经很久了。但是你们是普通的人……"①

C. T.阿克萨柯夫作为一个在宗法地主制度关系中长大的人,加上后来教育和环境的影响,他应该看到,那种建筑在农民强迫劳动基础上的制度以

---

① 阿克萨柯夫著:《家庭纪事》,汤真译,上海:上海译文出版社,1981 年,第 209 页。

及地主和农民之间的现存关系,是被历史判了罪的。他的作品当然首先决定于他的这种思想认识。问题是,作为本身就是一个庄园地主的典型代表人物,他对那种旧的宗法制度生活,却又往往流露出倍觉亲切的依恋不舍的情感。这种矛盾,散见在作品对各种事物的描绘和抒情的记叙中。正是由于作者这种世界观的局限性和矛盾性,他也就只能透露出可憎的地主生活和悲惨的农民命运的若干真相,而无法揭示出造成这种生活现象的社会本质和根源。

果戈理在读了《家庭纪事》的片断之后给 С. Т. 阿克萨柯夫写道:"我认为如果您描写所记得的往昔的生活和遇到的人的性格,您在晚年将会获得极大的快乐并且给孩子们许多有益的经验,我们的同胞也会更好地了解俄罗斯人。在眼下我们需要了解我们天性的真正发端的时代,这绝不是微不足道的小事和可以忽略不计的功绩。"① М. Ю. 莱蒙托夫也认为:"个人的心灵史,基本上要比整个人类的历史更独特一些,特别是如果它是一个成熟的智者对自身反躬自省的结果。"②两位著名作家都认为 С. Т. 阿克萨柯夫描写的是积淀在心灵中的所思所想。

С. Т. 阿克萨柯夫和 Л. Н. 托尔斯泰的作品在同一时期相继出版。是什么促使刚刚踏入生活和文学创作的 Л. Н. 托尔斯泰(1852 年刚 24 岁)和有着丰富的生活和文学创作经验的 С. Т. 阿克萨柯夫(1858 年已经 67 岁)都将自己的目光投向了描写人类日常生活的领域?偶然?必然?是否存在某种发展的必然规律?作者们的构思将人们的尘世生活和艺术作品联系起来,布宁承认《阿尔谢尼耶夫的一生》的写作并不具备偶然性。阿克萨柯夫表现了人在童年时的生活,Л. Н. 托尔斯泰更进一步,探寻童年生活的源头,布宁则立足于这一源头并对其加以阐发。如果我们画出俄罗斯文学中这一构思发展的逻辑示意图,就会发现 67 岁的 С. Т. 阿克萨柯夫和 24 岁的 Л. Н. 托尔斯泰关注同一主题绝非巧合。有着不同生活经验和文学道路的作家都不

---

① Гоголь Н. В. Из писем. "Что может доставить пользу душе", Москва, 2009, С. 101.

② Висковатов П. А. Михаил Юрьевич Лермонтов: жизнь и творчество, М. : Жизнь и мысль, 2004, С. 247.

约而同地关注同一创作主题,这标志了这一题材的发展成熟,而他们也成为布宁构思《阿尔谢尼耶夫的一生》的领路人。俄罗斯文学开始关注作为人的"我"并探寻"我的源头"(«начало я»)。

布宁的创作绝不是对 C. T. 阿克萨柯夫和 Л. H. 托尔斯泰的简单照搬。传统传记小说的情节,与布宁的主人公是无法协调的,因为这样的情节完全要以主人公社会的和性格的确定性以及主人公充实的生活的尽善尽美为基础。主人公的性格应同他的生活情节形成深刻的有机的统一体。在这个统一体的基础上来建构传记小说。主人公和他周围的客观世界应如一块整料雕成的那样浑然一体。可布宁的主人公却不是这样塑造的,他没有传统的生平传记式的情节。主人公可能与周围世界发生种种联系,可能参与种种事件,其范围既不受他们性格的决定和束缚,也不受他们身处的社会环境的决定和束缚。在这一点上,布宁没有追随和模仿 Л. H. 托尔斯泰和 C. T. 阿克萨柯夫。

《童年》、《在人间》、《我的大学》是 A. M. 高尔基根据自己的生活经历写成的自传体式的长篇小说,它真实而生动地记录了"我"(阿廖沙)的童年、少年、青年时代的成长历程,深刻揭露沙皇专制制度的黑暗,反映了生活在社会底层的旧俄劳动人民的凄惨生活、小市民的自私、富农的贪婪和仇恨心理,描写了俄国早期革命者、民粹派成员推翻沙皇专制统治的秘密社会活动,展现了一幅俄罗斯 19 世纪 70—80 年代的社会生活的时代历史画卷,表达了劳苦大众对自由的追求和对美好生活的热烈向往,字里行间充满着弘扬真善美、鞭挞假恶丑的爱憎观和正义感。作品中的主人公阿廖沙不仅是高尔基早年生活的写照,同时也是俄国劳动人民经过艰苦复杂的磨炼后走上新生活道路的具有概括性意义的艺术典型。

A. M. 高尔基在构思三部曲的时候有着一个直接且迫切的主题——全面而真实地考察俄罗斯国民性中的力量和弱点,特别是无情地揭露和批判俄国小市民的生活方式及其精神特征。1905 年第一次革命失败后,俄国处于最黑暗的时期。这时高尔基和许多人一样,开始冷静下来思考了许多问题:革命失败的原因、俄国社会和俄国革命的性质、俄国民族文化心态的关系、未来的革命历史前景等等。在思考、总结革命失败的经验和教训时,高尔基一方面以一种沉重的心情反思并剖析俄罗斯独特的民族文化心理的积

淀:愚昧落后、自私野蛮、目光短浅、因循守旧、明哲保身……表明了重铸民族灵魂的鲜明意向;另一方面,又着力发掘出俄罗斯人民心灵中美好的人类感情和健全的理性,表现了人们身上蕴藏的潜力、精神生活的丰富多样和他们对文明的向往,显示出俄罗斯民族精神复兴的内在心理基础。

长篇小说《克里姆·萨姆金的一生》(《Жизнь Клима Самгина》,1925—1936),副标题《四十年》,也是高尔基创作中的一部重要作品,作家在他一生的最后几年一直从事这部小说的创作。《克里姆·萨姆金的一生》共四卷,第四卷最后部分未能完成,高尔基就去世了。这部规模宏大的小说,从一定意义上说是高尔基全部创作生活的总结。这部具有史诗性质的小说用鲜明的艺术画面再现了从19世纪70年代末到1917年这个历史时期俄国广阔的社会生活。这一时期俄国社会激烈动荡,充满了尖锐的矛盾和斗争,在俄国的知识阶层引起剧烈的动荡,鞭挞和拷问他们的灵魂,促使高尔基重新认识"俄罗斯人的灵魂"。在作品中高尔基高度概括了同时代俄国资产阶级知识分子在革命过程中的生活道路,描写了一个灵魂空虚颓废的市侩知识分子克里姆·萨姆金的思想没落和心灵衰竭的过程。这部小说的结构虽然庞大,但情节并不复杂。人物间的对话、问答、争论是习以为常的叙述方式,以此表现他们的社会、政治、哲学、宗教、伦理、文学等观念。对话和争辩双方,或各抒己见,或互相指责,或互为补充,不同角色的人物在历史舞台上的表演尽在其中。在通过主人公心灵折射地反映诸多社会历史事件的过程中,高尔基广泛地运用象征、夸张、怪诞的手法来揭示人物的内心分裂,或以梦幻、潜意识、自由联想的手法来表现人物的意识流程。作品描写的重点,不是外部世界的全景性,而是主人公所感受到的社会精神生活,是他的心理、性格、灵魂的形成与发展过程,多方面表现主人公的思维模式、人生态度、情感特征、价值观念,可以说,这部作品就是克里姆·萨姆金的心灵发展史。

布宁曾与高尔基一起,作为"星期三"文学小组和知识出版社的同仁活跃于文坛,被公认为当时俄国现实主义流派的两大杰出代表。高尔基称布宁为"现代俄罗斯最杰出的语言艺术家"。《阿尔谢尼耶夫的一生》有着明显传承高尔基在自传三部曲中的反思的痕迹,是年过半百的布宁的创作体现,作品的主题直接反映在标题当中——《……一生》(与几乎同时创作的高尔

基的《克里姆·萨姆金的一生》的标题惊人相似）。对于自身起源的探讨、寻根的冲动,对生命、死亡、前记忆的思索,对"自我",人的孤独、爱等感受的认识。所有这些都吸引着主人公阿尔谢尼耶夫好奇地打量周围世界。这些正是布宁对人生问题思考的全面阐述,对哲学观和世界观的深刻剖析。1947年布宁就创作了诗歌《神曲》(« Божественная комедия »),他认为《阿尔谢尼耶夫的一生》记录的是那些"我永远记得的日子"(« Дни вечно памятные мне... »)。布宁半辈子都在海外度过,这些促使他努力地去理解到底什么是生活(« Жизнь »)。

阿尔谢尼耶夫的一生并不是布宁的一生,但是要了解作为艺术家的布宁和作为普通人的布宁是不能绕开《阿尔谢尼耶夫的一生》这部作品的。在《阿尔谢尼耶夫的一生》的艺术世界中,人的诞生就是肉体获得灵魂。阿尔谢尼耶夫在出身、情感特征、性格、人生观、世界观上都与布宁本人非常相似。与布宁生平的客观事实的不同在于作品中对阿尔谢尼耶夫的一生的描写是未完结的,这就给读者留下了想象空间,可以对阿尔谢尼耶夫的未来作出各种猜想。为帮助我们了解作为艺术家的布宁开启了一条途径。这些作家都努力向读者呈现出主人公个性形成的过程,客观地反映人与世界的关系,只是各自采用的具体手法不尽相同。与这些作品的恢宏背景相比,布宁则是在抒情对话中揭示个人的心灵流变。《阿尔谢尼耶夫的一生》以作家的世界观为基础,诗意地体现事件,透过美学的棱镜折射出世界。所有发生的事件不是超个人的,而是通过主体对环境的敏锐观察、独特的经历、丰富的内心世界来体现和反映的。叙述者并没有试图描画出客观世界的深层图景,或是将这个混乱世界排列出某种秩序,而且是将个人的主观感受放在了首要位置。

关于小说的构思 B.H. 穆罗姆茨娃—布宁娜写道:"关于《阿尔谢尼耶夫的一生》的创作我可以说的并不多,伊万·阿列克谢耶维奇几乎没提及他打算写作。他第一次对我说他想写一本关于他出生那一天的事情时他已经过了 50 岁——这一天是 1920 年 10 月 23 日,我们那时已经住在巴黎……但是那时他并没有开始写作,因为病得很严重,并且对很多事情非常忧虑。真正开始写作《阿尔谢尼耶夫的一生》已经是 1927 年夏天,在格拉斯,1923 年以

后他就一直在那儿写作。"①《阿尔谢尼耶夫的一生》事实上是追踪一个人最初日子的开始,迈出认识世界的第一步。1929 年重新刊载了短篇小说《在生活的源头》(《 У истока дней 》(1906)),但布宁随后将其标题换为《镜子》(《 Зеркало 》),又加上副标题《选自〈阿尔谢尼耶夫的一生〉的草稿》(《 Из давних набросков 《 Жизни Арсеньева 》》)②,短篇小说《镜子》(《 Зеркало 》)和《八年》(《 Восемь лет 》)(之前曾以《粮中》(《 В хлебах 》)、《奥勃洛莫夫孙子的梦》(《 Сон Обломова—внука 》)、《远方》(《 Далекое 》)等标题发表),根据作者后来的申明,事实上都是《阿尔谢尼耶夫的一生》的早期版本。由此可见,《阿尔谢尼耶夫的一生》的构思在其之前的作品中就已经存在。但是如果我们将艺术作品的诞生和人的诞生相比较可以发现在其构思中实存着另外一个开端——"心灵的开端"(《 начало души 》),这一开端以最初构思(《 празамысел 》)的形式存在于作家的个人体验和生活经历中,它也包含在宇宙、世界和俄罗斯文学的广阔天地中。

我们对体裁的梳理,绝不希冀概括无遗。对我们来说,重要的只是指出这一传统的基本脉络。需要特别强调的是,本书所关心的不是个别作家、个别作品、个别体裁、思想、形象所具有的影响,而是通过历代作家世代相传的体裁传统本身所给予的影响,而且在不同的作家身上,这一传统都独自地、别具特色地得到再现和更新,这也正是这一传统的生命之所在。

上述列出的作品基本上都是在作家们 50 岁左右创作的。布宁是一个博采众长的作家,凡是他赞赏的作家,他都将这些作家的独特之处吸收到自己的创作中。他不仅吸收俄罗斯作家的成功经验,而且吸收外国作家的优点,分辨他们之间的不同,用以丰富自己的创作。

本章小结

历史上围绕《阿尔谢尼耶夫的一生》的体裁争论可以分为三种观点:自

---

① Бунин И. А. Повести, рассказы, воспоминания, 《 Московский рабочий 》, 1961, С. 218.

② 《 Последние новости 》, Париж, 1929, №3203, 29 декабря.

传、非自传、不完全是自传(多种体裁的杂糅)。笔者认为该部作品吸收进了多种体裁,其中也包括了自传的因素。从欧洲传统中奥古斯丁、卢梭、歌德、普鲁斯特汲取营养;从《伊戈尔王子出征记》开始的古俄罗斯文学开始,对普希金、E. A.巴拉丁斯基、Л. Н.托尔斯泰、C. T.阿克萨柯夫、高尔基以来的传统进行了继承与革新,融入了个人创作的特色。应该说,布宁的记忆书写重心灵史的描绘,是多体裁因素的综合。《阿尔谢尼耶夫的一生》同时具备了忏悔录、长河式的意识流小说、自传体小说、教育成长小说、诗化散文、哲理性长诗和史诗等多种体裁形式和风格,成为后代作家学习和仿效的典范。

作品的无情节性

"情节"一词指称的是文学作品中所再现的时间链,也就是在其时空变化之中的、在彼此更迭的情景与环境之中的人物的生活。由作家所描写出来的事件(与人物一道)是作品物象世界的基础。

19 世纪的俄罗斯文学评论家 В. Г. 别林斯基提出现实主义的批评原则,主张内容与形式、思想性与艺术性应当有机统一,缺一不可,主张对作品的历史分析和美学分析应该统一起来。而到了 20 世纪,俄国形式主义学派的创始人和领袖之一 В. Б. 什克洛夫斯基则反其道而行之,认为应当把语言艺术首先看作是一种词语构造,认为研究文学作品就是研究词的内部规律性,分析作品时不必重视其思想内容。他的主要思想观点集中在"陌生化"理论中,认为文学绝对不是对生活的模仿,而是生活的变形,他曾写下"艺术总是独立于生活,在它的颜色里永远不会反映出飘扬在城堡上那面旗帜的颜色。"В. Б. 什克洛夫斯基认为俄罗斯文学并不是沿着直线前进的,"文学流派不是从父亲到儿子,而是从叔叔到侄子。"他在《高尔基和阿列克谢·托尔斯泰》一文中引用 В. В. 罗赞诺夫的话,揭示 А. П. 契诃夫、Н. С. 列斯科夫、И. С. 屠格涅夫的散文的无情节性。相比之下,Ф. М. 陀思妥耶夫斯基作品的情节性则比较强,他写于 1873—1881 的《作家日记》(《 Дневник писателя 》)是向无情节性转变的标志。因此,一流作家往往具有某些共同点,而"无情节性"也成为某些作家创作的共同特征。

可以把作家分为两类:一类作家会建造一个世界,这个世界猛地看上去非常像真实世界,而事实上它是作家的杜撰,因此在这个体系中不可能获悉

尘世的最高真理,更不可能准确地将这一真理表述出来。另一类作家是罕有的天才,堪称俄罗斯一流作家,他们创作出外观上标新立异、充斥着独特个性的作品(这些个性的视野非常宽广,能够洞悉世事,具有超强的前瞻性),但实质上作品揭示了现实世界的本质特征。这两类作家对情节结构布局的处理也各不相同,前一类重情节,后一类淡化情节。毫无疑问,布宁应当归属于第二类。

对于这两类不同的作家,他们的读者群也是不一样的。大多数读者喜好情节性强的作品,这些读者喜欢随着情节的发展来满足自己对事件的好奇心。这样第一类作家就因为其作品情节发展的跌宕起伏(如侦探小说等等)而大受欢迎。第二种类型的作家更容易被那些喜欢刨根问底的读者所接受。这一类读者比第一类读者对作品的艺术世界探究的更为深入,他们更关心在情节背后、潜藏在文本深处的隐藏意义,探寻现实生活的最高真理。这些读者对无情节性的小说更感兴趣。因为这些小说的作家细致观察尘世生活并探究支配着生活的永恒规律,寻求如何更好地领会上帝的旨意。而《圣经》(《福音书》)是探索上帝精神的经典范本,代表了一种普世价值。《圣经》被看作是有关上帝的客观描写,很多作家都以《圣经》作为典范来指导自己的创作。

以情节见长的作家都很陶醉于自己的"造物主"角色,在理解整个事件的过程中会根据自己的想象杜撰很多情节,虚构的成分越多,其真实的程度就越低。"真实性"成为区分第一类作家和第二类作家的评判标准之一。但是这种界限并不是坚不可破的,这两类作家会相互转化,甚至会转向与原来的创作截然对立的一面。

布宁是以诗歌创作开始自己的文学生涯的。在早期(19 世纪 90 年代)发表的短篇小说中,布宁描写俄国农村和农民的世界,揭示许多无家可归的人们那种苟且偷安的生活。这些短篇小说就已经呈现出情节弱化的特点,近似随笔或特写。短篇小说《安东诺夫卡苹果》(1900 年)的发表标志着布宁小说创作进入一个新阶段。这一时期(1900—1910)发表的《秋天》(1901年)、《松树》(1902 年)、《孤独》(1903 年)等一系列作品中不追求引人入胜的情节,也无意于塑造典型人物形象,而是注重于传达瞬间的主观印象,表现人物情感情绪的细微变化,具有一种音乐般的韵味。写于 1910—1917 年间

的《乡村》(1910年)、《苏霍多尔》(1912年)、《败草》(1913年)、《从旧金山来的绅士》(1915年)构成他白银时代创作的高峰。这个时期他的作品所描写的往往是生活片段、日常琐事、平凡的瞬间或偶遇,都具有一种浓郁的抒情氛围。1920年布宁迁居法国,他的《米佳的爱情》(1925年)、《叶拉京骑兵少尉案件》(1925年)和《中暑》(1927年)等中短篇小说程度不同的穿插使用了梦境、幻觉、意识流等表现手法。短篇小说集《幽暗的林荫小径》(1937—1944年)是布宁继《阿尔谢尼耶夫的一生》后创作的重要作品,在这部收有38篇爱情题材小说的集子中,作家以细节描写来揭示人物的性格,生动地传达出他们内心的隐秘。

布宁书写记忆的作品以无情节性见长。布宁引导自己的主人公从感官印象到心灵情绪,在成长过程中不断拓展和深化生活的、情绪的、心理的和艺术的经验。要从纷繁复杂、五光十色的尘世生活中求取艺术的本真,必须付出坚持不懈的努力,经过非常痛苦的去伪存真、去粗取精、由此及彼、由表及里的筛选、分析和思索的过程。布宁对记忆的阐释为他的创作特色奠定了基础。他认为:记忆极大地丰富了个性。每个人都是本氏系记忆的载体。作为一名艺术家,不同于普通人,不仅仅是丰富厚重记忆的承载者,还要将这笔丰富的财富传递给其他人。对集体记忆的记载在短篇小说《夜》《茨冈人》中都有体现,在《托尔斯泰的解脱》中有相应的阐释。艺术家是整个氏系链条上的一环,作为一个存在的个体,他身上既承载着祖祖辈辈记忆的积淀,又不断添加着新的内容。

《阿尔谢尼耶夫的一生》中通过情节、时空体、作者与主人公和对话等方面传达出作者的美学理想和思想内涵。从本章开始我们将深入布宁小说的记忆诗学剖析,侧重探讨展现主人公的心灵史的情节布局。本章重点探讨导致布宁记忆书写作品无情节性的原因是什么?无情节性是如何表现出来?

第一节　主人公自我意识的成长

通过对俄罗斯文学史上相关作品进行梳理,可以发现"无情节性"的特征在俄罗斯文学创作中源远流长。《伊戈尔王子出征记》的年代是我们研究

所涉及的作品中最为久远的,随后是 А. С. 普希金和 М. Ю. 莱蒙托夫,Ф. М. 陀思妥耶夫斯基,И. С. 屠格涅夫、Н. С. 列斯科夫、А. П. 契诃夫、С. Т. 阿克萨柯夫和 Л. Н. 托尔斯泰、然后是布宁,在这些作家那里都出现过"无情节性"的作品,尤其以《阿尔谢尼耶夫的一生》的无情节性最为突出。这群一流的俄罗斯作家都竭力最真实地反映人的心灵生活。作家们的创作并不是描绘抽象世界中的抽象人物,而是尽可能真实地反映人的心灵生活规律。

作品不是对现实的简单再现,而是按照自己的规则对过去进行排列组合,记忆按照不同个体的独有的思维进行重组,用语言来描述这个坐标体系。"笼统概括和细节化场景的配置。诸如主人公生活道路的转折关头等此类事件的细节按照传统的方式被推到作品的显要位置,而其他的一切(人物的心理状态,及其周围环境,日常生活的琐碎过程)都处于边缘的位置。"[①]《阿尔谢尼耶夫的一生》并不是对过去的客观再现,而是对被记忆改造了的过去的重塑,旧书的气味和铃兰的香气都会让他生发出丰富的情愫,任何一个短暂的印象都会引发主人公无限的遐思。进城路上看到的伐木工在阿尔谢尼耶夫眼里成了"强盗","是我一生所见到的许许多多庄稼汉中,也许是最神秘最吓人的"。他从铁栏后面的囚犯的脸上看到了"难以形容的落寞、悲伤、麻木、顺从,而同时又怀着某种强烈而又阴郁的渴望……"这些都是生活散发出的醉人气息。

布宁在自己的日记中写过想要创作一部福楼拜所期盼的"无情节之书"(《 Книга ни о чем 》)。日记的日期表明,这一天离布宁的生日很近,随后不久布宁就声明了《阿尔谢尼耶夫的一生》的构思。在这之前,即 1899 年,布宁在给捷列舍夫(Телешов)的信中写道:"让情节见鬼去吧,不要绞尽脑汁地虚构杜撰,就写所思所想……"1901 年他在给米罗留勃夫(Миролюбов)的信中写道:"我们仍然还有关于'情况'(случай)的古旧观念,让我们写'新事件'(событие)"。А. О. 亚历山德罗夫娜在《布宁文本的艺术构成规则》(2003年)里认为《阿尔谢尼耶夫的一生》中存在多条线索,反映了一系列人物的命运,通过主人公对世界的理解和思考,重构了心灵对世界的感受,但是作品

---

① ［俄］瓦·叶·哈利泽夫著:《文学学导论》,北京大学出版社,2006 年,第 333 页。

中情节被弱化,侧重于通过对短暂的、瞬间的印象的描写得到长久和永恒真理。

虽然《阿尔谢尼耶夫的一生》中事件之间的因果关系和逻辑性不强,没有引人入胜的外在故事情节,但是整个心灵成长史的内在情节发展的时间顺序基本上遵循了幼年、童年、少年、青年的发展脉络,时间跨度大约 20 年。无情节性是布宁书写记忆的基础特征,通过对《阿尔谢尼耶夫的一生》和 C. T. 阿克萨柯夫和 Л. H. 托尔斯泰作品的比较,可以发现《阿尔谢尼耶夫的一生》的无情节性更为突出。它着重表现主人公作为人、作为艺术家的自我意识在与大自然、与对上帝的信仰、与阅读经典作家作品的互动中的形成和成长。

人是在一个时代的范围内成长、发展、变化的。人必须在一定程度上适应这个世界、认识和服从现存的生活规律。世界投射在发展着的人的意识里,形成各种不同的印象和内心体验。在《阿尔谢尼耶夫的一生》的开头就写着"凡是世间事物,若不用文字载录在册,必沉入黑暗,埋入坟墓,被人遗忘;如果载录在册,便可生气勃勃地……"也就是说用文字记录下的事物可以克服死亡获得永生,创作活动就是永生。而创作的过程就是作家心灵形成的过程,也是主人公心灵形成的过程,对周围世界的理解不断深入的过程。

《阿尔谢尼耶夫的一生》的时间分期模仿 Л. H. 托尔斯泰自传体三部曲的时间分期,描述了主人公阿尔谢尼耶夫成长的四个时期:童年(第一章)、少年(第二、三章)、青年(第四章)、成年(第五章),每个时期的开始都有标志性的话语:

1. "每当我回忆幼年时代,郁悒便爬上心头。"(第一部,第二节)

2. "童年时代我同生活多少有了些联系……"(第一部,第三节)

3. "我的少年时代就这么开始了。"(第一部,第十六节)

4. "这也是我青春开始之日。"(第二部,第十五节)

在《托尔斯泰的解脱》中布宁提出这样一个观点,人并不是凌驾于自然界之上的,只是世界的一个组成部分,与周围世界有着密切的联系。侨民时期的作品中主人公与社会环境的联系退居到次要地位,而与生活中不显眼的、容易被忽视的小事有着千丝万缕的联系。《阿尔谢尼耶夫的一生》紧紧

围绕主人公的主观感受展开,表现的也是"心灵辩证法",是成年的阿尔谢尼耶夫对童年和少年时代的回望与思考。

В. В. 罗赞诺夫是布宁同时代的作家,两位作者的创作有异曲同工之妙,在很多方面有相似之处。《孤独者的断想》(《 Уединенное 》)、《落叶》(《 Опавшие листья 》)和《我们时代的启示录》(《 Апокалипсис нашего времени 》)是罗赞诺夫创作的三部曲,三部曲带有忏悔的性质,与卢梭的忏悔录有相似之处。В. В. 罗赞诺夫竭力捕捉那些转瞬即逝的思想、情感,在内容和形式上都有极大的创新。他和布宁一样对俄国发生的革命充满了仇视,但同时他也深深地爱着自己的祖国,罗赞诺夫这样说道:"爱一个顺遂的伟大祖国不是了不起的事,我们应当爱她,恰恰是在她柔弱、渺小、被贬损以至愚蠢以至有缺陷的时候。"[①]В. В. 罗赞诺夫在三部曲中对自己的心灵进行了剖析,这种对心灵的剖析也正是《阿尔谢尼耶夫的一生》的创作灵魂。В. В. 罗赞诺夫不止一次地提到叶列茨,而叶列茨正是阿尔谢尼耶夫的故乡。布宁小说是以真实生活为蓝本的。

在东正教中,世界不是靠法律而是靠神明来维持的,人只有在上帝那儿才能找到自己的本质。相应地,人真正的天性不是表现在日常生活中,而是表现在聆听上帝的过程中,表现在道德的自我完善中。主人公自我意识的成长实际上就是主人公对上帝认识的层层深入。中国民间有一种说法,认为人的诞生就是跌落在凡尘的精神获得肉体,婴幼儿是能够与神明、与灵性相通和与之交流的。这种灵异的能力会随着他们的逐步成长而渐渐消失。阿尔谢尼耶夫的感受似乎契合这一点,刚刚降临到世上的主人公躺在空荡荡的宽广的院场的草地上仰望碧空时,竟然有一种似曾相识的熟悉感,"苍穹的深邃和莽野的广袤,告诉我除了这天地之外还有天地,唤起了我对某种我还未拥有的东西的幻想和企求"[②]上帝不仅存在于天空,还存在于田野,存在于自然界。而与"天空"相对的浩瀚无边的"海洋"则成为上帝在尘世的代表,"冬天是无涯无际的白雪的海洋,而夏天是庄稼、青草和野花的海洋……

---

① Розанов В. В. Религия и культура：Сборник статей, Париж：ИМКА – Пресс, 1979，С. 83

② 戴骢主编:《蒲宁文集》(5 卷本),第 3 卷,合肥:安徽文艺出版社,2005 年,第 20 页。

笼罩着原野的是永恒的沉寂,是莽原谜一般的缄默……"①主人公认为旱獭和云雀这些大自然的精灵是上帝在尘世间的代言。他们感觉不到"神秘的灵性"是因为它们正是这种神秘灵性的载体。所有只有人的心灵才会"总是在他周围世界中幻觉有灵性存在",但是他也在努力理解周围的世界,随着这种认识的不断深入,他和上帝也越来越远。唯有当主人公一人独处的时候,才会短暂忘却尘世生活,忘却"狗、马、羊、牛,有雇工、车夫、管家、厨娘、喂牲口的、保姆、母亲、父亲、两个念中学的哥哥和一个还睡在摇篮里的妹妹奥利娅……"②才能接近母体、天空、上帝。在《阿尔谢尼耶夫的一生》的艺术世界中,主人公只有在孤独时才能短暂地忘却尘世生活,重新感受到自己是上天的一部分,在尘世中感受到上帝的存在并聆听他的教诲。

基督教传入之前,斯拉夫人信奉的多神教已经达到了相当发达的程度。俄罗斯文化中有着浓厚的多神教和东正教氛围,这对俄罗斯文学也有着深刻的影响。阿尔谢尼耶夫是主人公的姓,阿列克谢(Алексей)是主人公的名,这个名字在基督教中是一位神的名字,这位神一生都致力于领悟上帝的旨意。阿尔谢尼耶夫一生追求的也同样是这个目标。"生活在自然界中,斯拉夫人认为他们的灵魂是与自然相通的,并且把具体的物质当作神灵的载体,空气、火都和天体星辰有着紧密地联系,人类正是在这样的环境中繁衍生息"。社会、文学、人的成长有很多相似之处。年幼的时候通过自然来聆听上帝的教诲,随着人的成长,则与上帝渐离渐远。

布宁在远离俄罗斯的思想孤独中继续保持自己的东正教信仰,这与他本人的宗教信仰有关,也与基督教伦理道德观、善恶观、审美观对作家心灵及其创作的影响和渗透有关。布宁承认上帝的存在并认为上帝主宰着世界。他写道:"啊,我已经感到了这个世界的壮丽神性和上帝的存在,上帝主宰着世界,并且以一种完美的物质性力量创造了世界。"③布宁是基督徒,他不但相信上帝,而且相信上帝能够为人类创造出一个理想的世界。他感谢创世主给了他机会,让他看到人在尘世生活中更多的苦难,侮辱和不幸。布

---

① 戴骢主编:《蒲宁文集》(5卷本),第 5 卷,合肥:安徽文艺出版社,2005 年,第 3 页。
② 戴骢主编:《蒲宁文集》(5卷本),第 5 卷,合肥:安徽文艺出版社,2005 年,第 4 页。
③ Бунин И. А. Собрание сочинений: в 9 т. Т. 8, М., 2009, С. 18.

宁认为:"上帝是无穷的一切,人意识到自己是其中的一个部分。真正存在的只有上帝,人只是上帝的一种物质、时间和空间的表现。"①

布宁在《我的生命之书》(《Книга моей жизни》)的草稿中这样写道:"我的诞生并不是我生命的起点,我的起点隐没在从母亲受孕到我呱呱坠地这段黑暗之中,隐没在我的父亲、母亲、祖父、曾祖父、祖先这些先辈身上,或许他们和我一样,只是以某种另外的模样出现……"②。这是先验性的前记忆,这是留存在人类历史中的人类情感在布宁记忆书写中的体现。作为最后一位贵族写手,拥有贵族身份的自豪感和优越感流露在作品当中,布宁借阿尔谢尼耶夫之口在开篇就明确地表达了这种骄傲之情:"我们的远祖信奉'众生之父要走血缘纯洁、血嗣不断之道'的教海,俾使生命得以不死、'不断',从固有一死的父母传至固有一死的子孙。远祖们笃信阿耆尼要他们恪守血统及门第的纯洁和延续,不使其受到'玷污',也就是说不让这条'道'中断。每传一代,新一代的血液必须更纯洁,更亲近众生唯一之父。"③作者认为自己的贵族血脉使得族人在不断延续传承的过程中可以越来越接近上帝,这就使自己的一生笼上了一层神秘的色彩,作品也染上了玄幻的意韵。

阿尔谢尼耶夫是一粒尘埃,灵敏地感受着在尘世的孤独。在童年时期就感受到悲伤、忧愁、找不到出路的消极情感,他与周围的人格格不入。对阿尔谢尼耶夫来说幼年就是心灵与周围世界的相互作用,而周围世界就是大自然,即周围世界在年幼的心灵里主要是大自然留下的印象。心灵与大自然相互作用的结果帮助主人公悟道。对"一只陷身麦穗丛中的棕红色小甲虫","我怀着恻隐之心解救了它,惊奇地打量着它:这是怎么回事儿,这只棕红色的小甲虫姓甚名谁,家住哪里,飞往何处,为什么要飞,它在想什么,有什么感想?"④小甲虫促使"我怀着恻隐之心"感受世界,"小甲虫腾空而起,心满意足地轻松地发出嗡嗡的声响,永远离我而去,消失在空中,把一股我

---

① Бунин И. А. *Собрание сочинений*: в 9 т. Т. 9, М., 2009, С. 24.
② Мальцев Ю. *Иван Бунин*. , М.: Посев, 1994, С. 8.
③ 戴骢主编:《蒲宁文集》(5 卷本),第 5 卷,合肥:安徽文艺出版社,2005 年,第 2 页。
④ 戴骢主编:《蒲宁文集》(5 卷本),第 5 卷,合肥:安徽文艺出版社,2005 年,第 4~5页。

还从未体味过的离愁留在我心头……"①心灵世界与自然界接触竟然生出一股"离愁"。这种离愁并不仅仅是源于与小甲虫的分离,而是与某种隐秘世界联系的中断。小甲虫的片断促使主人公认识自己心灵意识的觉醒。

"匪夷所思的是印入我记忆的第一件事竟然是不足道的小事。那时一间浴满秋阳的大屋,由大屋南窗望见冷晖正映照着缓坡……"②这是主人公阿尔谢尼耶夫第一次和周围世界接触所获得的印象。这一印象是外部世界在心灵的投射:"而一颗对生活还浑然无知、胆怯、脆弱、什么都陌生的心灵却在这样一个世界里憧憬着生活。"③生活发轫于心灵的苏醒。与周围世界接触的是主人公的心灵,还未经历任何世事沧桑,充满了对生活的幻想和愿景:"广漠的莽原,孤零零一座座庄园枯立其间……冬天是无涯无际的白雪的海洋,而夏天是庄稼、青草和野花的海洋……笼罩着原野的是永恒的沉寂,是莽原谜一般的缄默……"④为什么这一切让心灵感到的是忧伤和郁悒,而不是喜悦和快乐呢?心灵与周围的一切显得格格不入,"留在我记忆中的为什么只是我独自一个人的那些时刻?"⑤在孑然一身的时候心灵在天地间自由的遨游,"这不,夏日的一个黄昏,夕阳已落到屋后,落到果园后面,空荡荡的宽广的院场内暮色四合,而我(世上完完全全只有我孑然一身)躺在院场的渐渐变冷的草地上,仰望深邃无底的碧空,像是在谛视某人一双美丽得无以复加的亲切的双眸,像是在凝望天父的怀抱。"⑥天空在幼小的心灵里投射成"亲切的双眸"、"天父的怀抱"。心灵在天空遨游会是怎样的情形:"有片白云在极高极高的地方浮游……嚯,这催人泪下的美!要是我能驾着这朵浮云,在这吓人的高度上,遨游于广袤无垠的天际,离居住在着高峭的苍穹中的上帝和白翼天使们仅咫尺之遥,那有多好呀!"⑦对世界还懵懂无知的心灵竟然已经意识到上帝的存在了!这种意识并不是在尘世中禅悟的结

<hr>

① 戴骢主编:《蒲宁文集》(5卷本),第5卷,合肥:安徽文艺出版社,2005年,第5页。
② 戴骢主编:《蒲宁文集》(5卷本),第5卷,合肥:安徽文艺出版社,2005年,第3页。
③ 戴骢主编:《蒲宁文集》(5卷本),第5卷,合肥:安徽文艺出版社,2005年,第3页。
④ 戴骢主编:《蒲宁文集》(5卷本),第5卷,合肥:安徽文艺出版社,2005年,第3页。
⑤ 戴骢主编:《蒲宁文集》(5卷本),第5卷,合肥:安徽文艺出版社,2005年,第4页。
⑥ 戴骢主编:《蒲宁文集》(5卷本),第5卷,合肥:安徽文艺出版社,2005年,第4页。
⑦ 戴骢主编:《蒲宁文集》(5卷本),第5卷,合肥:安徽文艺出版社,2005年,第4页。

果,它在心灵进入肉体的时候就已经具备了,世间生活只是心灵的一部分。俄罗斯思想家 И. А. 伊里因认为正是在这一刻,主人公的心灵对周围世界的感知开始苏醒,这也影响了主人公成年后的行为处世方式,这种诗意的陶醉和主人公与生俱来的对周围世界的感悟是分不开的。

"童年时代我同生活多少有了些联系"①,作品艺术世界的结构从这一节开始变复杂。主人公的心灵不仅仅只受到上帝的感召,物品、人类、知识逐步浸入到他的世界当中。这种心灵与周围世界的相互作用和这种作用产生的结果成为构建艺术世界的基础。

主人公平生第一次旅行是被父母亲带去心向往之的被称之为城市的地方,开始了解一些物品。黑鞋油"黑黑的、硬硬的,发出暗淡的光,有一股好闻的酒精味",小皮靴的"靴筒上镶有红色的上等山羊皮边条","有弹性的柔韧的"小皮鞭"鞭把上安有哨子",这一切都让"我"兴奋快活。这是心灵第一次对自然界以外的世界的反应。注意力不仅仅集中在物品的实用性上,还在于物品本身的色彩、气味所体现的艺术美学特征。

"人们就这样渐渐进入我的生活,成为我生活不可分割的一部分。"②"我幼儿时代的孤独感就这样渐次消失。……我当时已经知道,已经懂得我在世上并不孤独,并非孑然一身"③在《阿尔谢尼耶夫的一生》的艺术世界中,只有孤独时才能感受到上帝,同他交流,物品和自然都不会对这产生影响。

但是人的世界让主人公逐渐"察觉到和感觉到自己",主人公的内心世界形成。对父亲、母亲、哥哥、妹妹、保姆都形成了自己的印象。"我"对父亲"不但怀有好感,而且还会时时涌起一股柔情,我喜欢他,他彪悍的仪表、喜怒无常的豪爽性格都投合我那时已经形成的好恶感"。"两个哥哥的年龄都比我大得多,他俩已有自己的天地"。"我怀着无限的温情爱着总是笑眯眯的蓝眼睛的娜嘉,…我不知不觉地把我的一切玩耍和游戏、欢乐和悲伤同她

---

①　戴骢主编:《蒲宁文集》(5 卷本),第 5 卷,合肥:安徽文艺出版社,2005 年,第 5 页。
②　戴骢主编:《蒲宁文集》(5 卷本),第 5 卷,合肥:安徽文艺出版社,2005 年,第 10 页。
③　戴骢主编:《蒲宁文集》(5 卷本),第 5 卷,合肥:安徽文艺出版社,2005 年,第 10 页。

分享;而有时我把我最隐秘的幻想和心思告诉黑眼睛的奥利娅"①。"对我来说,母亲跟其他人全然不同,她是同我本身的存在不可分割的,我在察觉到和感觉到自己的同时,大概就已经察觉到和感觉到她了……"②母亲的形象在《阿尔谢尼耶夫的一生》中占有特殊的地位。对父亲"我不但觉察到了,还感觉到了",但是母亲留给主人公最深刻的印象却是:"难道长眠在故乡某地,长眠在破败了的俄罗斯县城公墓的树丛下边,长眠在荒坟里那个没有眼珠的骷髅、那堆枯骨果真是她吗?"③母亲是极虔诚的基督徒,恪守戒律,笃信上帝,是在尘世中人的世界里与上帝最接近的。

母亲的形象对于阿尔谢尼耶夫理解上帝起着至关重要的作用。在所有人的形象中母亲是最接近于上帝的。"我不止一次看到母亲一个人留在大厅里,跪倒在圣体灯、十字架和圣像前,悲痛欲绝的作着祈祷……"④母亲是幼年阿尔谢尼耶夫最亲密的人,主人公对宗教活动的最初印象来自于对母亲的模仿。娜佳夭折之后,"母亲日日夜夜狂热的祈祷。保姆给我指出了相同的避难法。"⑤母亲不仅开启了阿尔谢尼耶夫的尘世生活,还给他指明了灵魂拯救的道路,她是肉体生活和精神生活开启的源头——尘世生活的引领(诞生),获得救赎的方法(信仰)。母亲送给阿尔谢尼耶夫的圣像一直伴随着他的成长。在俄罗斯信徒的心目中,圣像不但是耶稣、圣母及圣人的物化象征,而且本身具有魔力和神秘功能,它反映出俄罗斯人终生不灭的宗教热情。"每座教堂的墙壁上,每个人的家中,无论沙皇的宫殿还是农民的小屋,都供有夺目的圣像。人们时常认为这些圣像会带来奇迹:全俄罗斯最崇拜的弗拉基米尔圣母像,据说曾在俄罗斯三次为不同的外敌所侵略时,保护了莫斯科,使这座名城免遭毁灭的厄运。"⑥在俄罗斯,每个循规蹈矩的基督徒都有一位守护天使或守护圣徒。他对着守护神祈祷,表白心愿,遇到危险时

---

① 戴骢主编:《蒲宁文集》(5卷本),第5卷,合肥:安徽文艺出版社,2005年,第8～9页。

② 戴骢主编:《蒲宁文集》(5卷本),第5卷,合肥:安徽文艺出版社,2005年,第9页。

③ 戴骢主编:《蒲宁文集》(5卷本),第5卷,合肥:安徽文艺出版社,2005年,第10页。

④ 戴骢主编:《蒲宁文集》(5卷本),第5卷,合肥:安徽文艺出版社,2005年,第24页。

⑤ 戴骢主编:《蒲宁文集》(5卷本),第5卷,合肥:安徽文艺出版社,2005年,第42页。

⑥ [美]华莱士著:《俄罗斯的兴起》,叶苍译,纽约:时代公司,1979年,第103页。

祈求保护。在他看来,那不只是彩色木像,而确确实实是神的化身。

作品中主人公对父亲的感情是比较丰富的,并在不断地变化,但是总体上来看是褒大于贬。父亲出场的形象就是极其正面的:"他身体健壮,精力充沛,无忧无虑,爱发脾气,但同时又特别容易消气,为人宽厚大度,容不得用心险恶的人和心胸狭窄的人。"①主人公对父亲也有过不满:"我当时已经知道我们家败落了,知道父亲在克里米亚战争中'糟蹋了'一笔巨款,他住在唐波夫市时又输掉了一笔巨款,也知道他是个从不思前顾后的败家子。"②主人公认为从父亲那儿他继承了很多优良的品质:"我在中学的最后一年,不知怎么,一下子成长壮大了。我想,此前在我身上占优势的是母亲的禀性,而现在是父亲的了:他旺盛的生命力,对环境的抵御力,重感情,不达目的誓不罢休的下意识的坚韧性以及任性,在我身上得到了迅速的发展。"③主人公也羡慕父亲:"我有时想父亲的青年时代与我的青年时代有天壤之别! 凡是当时像他这样的贵胄子弟所拥有的一切,包括名利,他无不应有尽有。……有时我是多么想望自己能穿着得漂漂亮亮,光彩照人。可是我出门做客时,只能借哥哥格奥尔基那件灰不溜丢的旧上衣穿,当年他就是穿着这件上衣被押往哈尔科夫监狱的。我穿这么一件上衣到别人家做客,羞愧像箭一样刺痛我的心。"④虽然对父亲的态度经历了起起伏伏的变化,但在作品的结尾,主人公对父亲的总结性评价是非常高的:"每当想起父亲,我就悔恨不迭,恨自己对他尊重和爱戴不够。……他生于一个特殊年代、特殊门第,禀赋多才多艺,为人随和,聪颖,机敏,却一事无成,实在不可思议。他性情直率而深沉,憨厚而内秀,头脑冷静,气质浪漫。"⑤

随着对周围物品和人群的认识不断深入,主人公眼中的自然界被蒙上了越来越多的尘世的色彩,但始终具有象征性。"我已经发现世上除盛夏之

---

①　戴骢主编:《蒲宁文集》(5卷本),第5卷,合肥:安徽文艺出版社,2005年,第8页。

②　戴骢主编:《蒲宁文集》(5卷本),第5卷,合肥:安徽文艺出版社,2005年,第21页。

③　戴骢主编:《蒲宁文集》(5卷本),第5卷,合肥:安徽文艺出版社,2005年,第96页。

④　戴骢主编:《蒲宁文集》(5卷本),第5卷,合肥:安徽文艺出版社,2005年,第121~122页。

⑤　戴骢主编:《蒲宁文集》(5卷本),第5卷,合肥:安徽文艺出版社,2005年,第295页。

外,还有秋天、冬天和春天。"①"我们眼前的世界越来越宽阔了,但仍然是植物和动物而不是人类,不是人的生活更吸引我们的注意。……每个地方有每个地方的魅力!"②心灵带着强烈的好奇心体验着自然界:"炎热的中午时分,朵朵白云浮游在碧空中,阵风拂来,时而温暖可人,时而烫得灼人,带来炎阳的暑热,晒得滚烫的庄稼跟青草浓郁的芳香。……在谷仓下面,我们俩还发现了色如洒金黑丝绒的大雄蜂的许多巢穴"③这些就是主人公所理解的自然,心灵已经分不清它何时是尘世客观存在的自然何时又是上帝的象征。"噢,其时其刻我感悟了世界的无与伦比的辉煌,感悟了以如此完美、如此强有力的物质创造了并主宰着这个世界的上帝的无与伦比的辉煌!"④自然界仍然是上帝的象征,只是孩童的心灵并不是将其作为知识(сознание)来掌握,而是依据感性(чувство)。这不仅仅是《阿尔谢尼耶夫的一生》中自然界的特色,也是布宁其他作品艺术世界的特色,是他整个创作体系的特征。俄罗斯思想家 Е. П. 伊里因就曾经这样评价过自然界在布宁创作中的地位和特色:"布宁的艺术是随心而作……布宁信奉直觉(инстинкт)的自由……他描写最多的当数自然的美景,让读者感到非得去亲身体验一下才好。"⑤我们在对《阿尔谢尼耶夫的一生》进行解读时也确实体会到这一点。他认为布宁身上更多的是直觉,而不是上帝。对自然界的最初感觉仅仅是直觉。如果说在幼年的时候还能感知到上帝的话,到童年时就已经完全忘了它的存在。随着心灵的成长,对上帝又有了进一步新的认识。

随后阿尔谢尼耶夫的心灵对上帝的感应则是通过宗教意识活动进行的,"我至今记得那回去罗日杰斯特沃村望弥撒的事。……教堂里人头攒动,由于拥挤,由于烛光融融,由于阳光照满拱顶,只觉得教堂内热气腾腾,弥漫着强烈的气味。我一踏进教堂就暗暗感到自豪,因为我们一家站在众

---

① 戴骢主编:《蒲宁文集》(5卷本),第5卷,合肥:安徽文艺出版社,2005年,第10页。
② 戴骢主编:《蒲宁文集》(5卷本),第5卷,合肥:安徽文艺出版社,2005年,第14~15页。
③ 戴骢主编:《蒲宁文集》(5卷本),第5卷,合肥:安徽文艺出版社,2005年,第12页。
④ 戴骢主编:《蒲宁文集》(5卷本),第5卷,合肥:安徽文艺出版社,2005年,第14页。
⑤ Ильин Е. П. Психология творчества, креативности, одаренности, Лидер, 2010, С. 36.

人之前,优美、熟练、虔诚地做着祈祷。弥撒完毕后,神父又首先让我们家吻带有一股铜腥味的十字架,并且讨好地向我们鞠躬。"①并且逐渐与死亡联系在一起。

随着主人公的成长,逐步由心灵与自然界的相互作用扩展为到整个内心世界与外在世界的相互作用。但是心灵和自然依然分别处于内心世界与外在世界的核心地位。外在世界在心灵中点点滴滴的投射的积累形成了内心世界。而随着主人公的成长,内心世界越来越丰富,越来越复杂,越来越多的外在世界也就在他的眼前开启。

阿尔谢尼耶夫外形特征的变化伴随着他内心世界的成长,成长过程也是人的性格的形成,命运的形成。命运的形成与主人公的成长融合在一起。

主人公意识生活始于对自身生理存在的察觉,第一次注意到自己的外形是大约7岁的时候在镜子里看到的:身材匀称、清瘦、高大的男孩,脸上的表情生动,"我至今记得,有一天我跑进母亲的卧室,蓦地里,在卧室内一面不大的窗间壁镜中看到了我自己,有一瞬间,我愣住了:只见一个身材匀称、清瘦、高大的男孩,正诧异地甚至带着几分惊恐地望着我……不消说得,在此以前,我也曾在镜子中见到过自己的模样,可是从未记住过,也从未留意过。为什么这一回却留意了呢?显然,因为我发现,甚至是带着几分惊恐地发现了我身上的变化,这变化始于某一时刻……一言以蔽之,我发现自己不是孩子了,我模模糊糊感觉到生活中已开始了某种转折,这一转折凶多吉少……事实果真如此。"②这种转折始于心灵突然意识到作为自己躯壳的身体和这一躯壳的独有特性。换句话说主人公已经意识到自己的独特性。随后已经是三年级的中学生,"我的身材已跟中等身材的成人相差无几,我与他们不同的仅仅是我的体态还像个少年,瘦削、匀称、脸上没有长出胡子,而且容光焕发。"③到了四年级的时候,"面颊上长出了金黄的茸毛,眼睛更亮更蓝

①　戴骢主编:《蒲宁文集》(5卷本),第5卷,合肥:安徽文艺出版社,2005年,第19~20页。

②　戴骢主编:《蒲宁文集》(5卷本),第5卷,合肥:安徽文艺出版社,2005年,第25~26页。

③　戴骢主编:《蒲宁文集》(5卷本),第5卷,合肥:安徽文艺出版社,2005年,第79页。

了，脸上的线条也更加清晰，仿佛抹上了一层淡淡的、黝黑的、健美的颜色。"①进入青年时期以后，主人公觉得"浑身上下充满青春活力，体魄与心灵均属强壮，脸蛋也不难看，身材高大，行动自如、果断，走路健步如飞，而且既勇敢又机灵……"②成长的过程也是主人公个性形成的过程。只是之前关注更多的是心灵的发展，而事实上与心灵一起成长的还有显在的个性。

Л. Н. 托尔斯泰在作品《童年》中也描写了主人公对自己形象的反应："'我终于也有了镶着饰带的裤子，真正的礼服裤子!'我沉思着，得意忘形了，从四面打量自己的腿，虽然新衣服很紧，穿着很不灵便，但我却不对任何人讲这一点，反而说它非常舒适，如果说这身衣服还有什么毛病，那就是它稍微肥了一点。接着我在穿衣镜前站了好久，梳我那涂了很多生发油的头发;但是无论怎么努力，我也梳不平头顶上那缕翘起的头发。我刚要试试看它听不听话，不再用梳子往下压，它马上就竖起来，向四面翘，这给我的脸添上一幅滑稽相。……我想象，一个像我这样长着大鼻子、厚嘴唇和灰色小眼睛的人，在世界上是得不到幸福的;我请求上帝创造奇迹，使我变成美男子，我情愿牺牲我现有的一切和将来可能有的一切，来换取一张好看的面孔。"③。这段主人公对镜子中自己形象的描写在作品的最后一次出版中被Л. Н. 托尔斯泰删去。而《阿尔谢尼耶夫的一生》中对主人公的外貌描写则始终存在于布宁的所有创作手稿中。这段描写作为主人公成长中的关键事件予以了交待，这是主人公个性开始形成的重要转捩点。

在自我认识之前主人公不是生活在现实生活中，而是在被自己主观想象改造了的虚拟世界中。此后他的个性发展逐渐被局限于尘世生活。"这年八月我戴上了蓝色制帽。帽圈上别着一枚银质徽章。谁都可以直呼其名的阿廖沙已不复存在，如今成了阿尔谢尼耶夫·阿列克谢，某男子中学一年级学生。"④人对个性的认同都需要在一定社会和群体中进行，唯有在共性中个性才得以显现。在阿尔谢尼耶夫进城去中学的路上，阿尔谢尼耶夫首次

---

① 戴骢主编:《蒲宁文集》(5卷本)，第5卷，合肥:安徽文艺出版社，2005年，第97页。
② 戴骢主编:《蒲宁文集》(5卷本)，第5卷，合肥:安徽文艺出版社，2005年，第120页。
③ 《列夫·托尔斯泰文集》(17卷本)，第1卷，北京:人民文学出版社，2000年，第59、66页。
④ 戴骢主编:《蒲宁文集》(5卷本)，第5卷，合肥:安徽文艺出版社，2005年，第44页。

感到了自己与俄罗斯的关联,"毫无疑问,正是在这天傍晚,我第一次意识到我是俄罗斯人,我生活在俄罗斯,而不只是生活在某省某县的卡缅卡庄,我感受到俄罗斯的过去和现在,感受到她野蛮可怕,然而毕竟是令人心醉的特点,感受到我同她的血缘关系……"①阿尔谢尼耶夫已经从仅仅与自然的亲密接触转向对个性认识的发展。对俄罗斯民族的体悟在《阿尔谢尼耶夫的一生》的艺术世界中占有非常重要的地位。

在《托尔斯泰的解脱中》,布宁引用了 Л. Н. 托尔斯泰的这样一段话:心灵是不灭的、永生的,但是当个体消亡之后,心灵离开肉体躯壳继续存在,但此时的心灵不再具有个体所具有的个性特征。托尔斯泰试图将所有的个性融合为共性,消除个性。而阿尔谢尼耶夫反其道而行之,在镜子中看到自己的形象而意识到独特个性,并要求把自己的个性从共性中凸显出来。也就是说,正是个性将我的心灵与其他的心灵区别开来。对世界了解得越不充分,就越觉得世上的事情很多都只可意会却无法言传。所以"我模模糊糊感觉到生活中已开始了某种转折,这一转折凶多吉少……事实果真如此。"随即到来的是无法挣脱的尘世生活的苦恼和折磨。这也是布宁对个性心灵发展的态度和看法。

妹妹娜佳的死的情节是紧随主人公在镜子中看到自己的形象和生了一场大病之后的。心灵对上帝的理解始终伴随在主人公对自我身份认定的左右。"娜佳的夭折是我出生后第一次亲眼目睹的死亡,她的死使我丧失了生的信念,尽管我刚刚尝到生的滋味。我恍然大悟,我也是要死的……我那受了惊吓……的心灵便渴求上帝庇佑我、拯救我"②主人公得出这样一个逻辑,既然上帝创造的世界里有死亡,那么若要摆脱死亡就必须求助于上帝。之前谢尼卡的死还没有让主人公产生这种想法,因为那时他尚不知道死亡为何物,不了解它。一旦了解之后便受了惊吓。为了摆脱死亡,孩童的阿尔谢尼耶夫做出了幼稚的举动,"我强烈的期望有朝一日能侧身于苦难圣徒之列,于是我偷偷潜入空屋,按照苦修教徒光身穿的粗毛服的样式,把一根根

---

① 戴骢主编:《蒲宁文集》(5卷本),第5卷,合肥:安徽文艺出版社,2005年,第55页。
② 戴骢主编:《蒲宁文集》(5卷本),第5卷,合肥:安徽文艺出版社,2005年,第42页。

短绳缚在身上,接连许多小时跪在地上祈祷,每天只喝白水,只吃黑面包……"①这种行为已经是对上帝的信仰,他已经把最初的孩童时代的对上帝虔诚的信仰与自己的宗教行为结合起来。

一般而言,宗教行为主要和教堂联系在一起。俄罗斯人最初对东正教的兴趣主要是为拜占庭东正教的教堂装饰和豪华的礼仪所吸引和折服。俄罗斯本土化之后的东正教的崇拜仪式,像基督的降生、死和复活,都是用西方见所未见的虔诚来纪念的。教堂本身不仅被认为是名誉上的"上帝之家",而且被认为是上帝的实际住所。教堂也是有象征意义的,象征着互不融合的心灵之间进行交往,在阿尔谢尼耶夫的眼中,教堂就是一个狂欢的场所,聚集到这里的既有犯了罪过的人,又有严守教规的人;既有不思悔改的人又有忏悔者;既有受到惩罚的人,又有得到拯救的人;出生时在教堂接受洗礼,离世时在教堂举行葬礼。

祈祷仪式举行时没有乐器,所有音乐都来自嗓音,也没有椅子,所有的人都站着,有时要站好几个小时。这是为了表示崇敬,也是为了怀念基督在十字架上受到的苦。对已经是中学生的青年阿尔谢尼耶夫来说,参加教堂的弥撒庆典活动在他的生活中占据了很重要的位置。"离大教堂越近,钟声就越是洪亮、浑厚、庄重。……教堂内人山人海,圣像壁从顶到脚都嵌满黄金,神父的圣衣金光灿灿,难以胜数的蜡烛融融燃烧"②这对少年的阿尔谢尼耶夫来说已经是一项任务,即便"这一切对于一个少年的心来说,确是难以承担的。没完没了的词藻华丽的祈祷,没完没了的诵经、摇炉散香、圣器的抬进抬出,衣着或神气或俏丽的唱诗班的声若雷霆的男低音和甜美发颤的女中音,以及从四面八方朝你压过来的大人又热又壮实的身躯、束着银腰带的像野猪一样又肥又大的胴体,使你不由得头晕眼花……"③作品中的描写并不是纯粹客观的,而是心灵对宗教仪式的主观感受,而孤独的状态提供了与上帝交流的可能。

---

① 戴骢主编:《蒲宁文集》(5卷本),第5卷,合肥:安徽文艺出版社,2005年,第43页。

② 戴骢主编:《蒲宁文集》(5卷本),第5卷,合肥:安徽文艺出版社,2005年,第66~67页。

③ 戴骢主编:《蒲宁文集》(5卷本),第5卷,合肥:安徽文艺出版社,2005年,第67页。

故乡叶列茨留在布宁的记忆中的形象折射在作品中。主人公是一个贵族少爷，他的社会地位是要比城市小市民的地位更高的，但是因为寄宿在这些人家里，所以这些人对过惯了自由自在的庄园生活的主人公指手画脚，这对他来说无疑是一种束缚和压迫。这些城市小市民在布宁的笔下化作一个个具体的形象，一部分被作家美化，另一部分则被丑化。比如主人公中学时期寄宿、搭伙的小市民罗斯托夫采夫一家的生活条件是比较差的，而且罗斯托夫采夫"为人寡言、古板、方正，对人对己都恪守规矩，他常说这些规矩'不是我们这些愚夫愚妇，而是列祖列宗'为我们能过上体面的家庭生活和社会生活而定下的，必须永远遵守。"但是罗斯托夫采夫的谈话中却经常流露出自豪感。虽然主人公对这种艰苦的寄人篱下的生活是非常不满意的，他仍对以罗斯托夫采夫为代表的小市民的生活给出比较正面的评价，但更多的是从俄罗斯民族的高度来谈的。"他引以为豪的是什么？不消说得，他引以为豪的是我们，罗斯托夫采夫们，乃是俄罗斯人，真正的俄罗斯人，我们绝不随波逐流，过着俭朴的、从表面上看来是清苦的生活，这是真正的俄罗斯生活，没有也不可能比这更美好的生活了，因为清苦仅仅是从表面上看，从实质上看却是富有的，这是亘古以来俄罗斯精神的必然产物，而俄罗斯呢？又较之世界上所有国家更为富裕、强盛、虔诚、光荣。"[①]

事实上像罗斯托夫采夫那样的县城的买卖人是有很多缺点的，有些甚至是非常严重的人格缺陷，"他们往往只是口头上说得漂亮，其实不是在做买卖，而是在抢劫，'不但扒活人的皮，还扒死人的皮'，缺斤短两，以次充好，一个个都是最黑心的骗子，不知廉耻，昧着良心招摇撞骗、赌咒发誓，过着肮脏粗鄙的生活，互相瞧不起，互相嫉妒、猜疑、攻讦，巴不得对方倒霉，在城里见到走来逛去的男女白痴、疯子、残疾人，总要残忍卑鄙地戏弄他们，对待庄户人极度蔑视，像恶魔一般胆大包天地、狡狯地、幸灾乐祸地'愚弄'庄户人。"[②]但是在作者的笔下他们的优点最终还是胜过缺点，"不过话要说回来，这些人身上还是不乏可取之处的"。

主人公敏锐地感到自己与县城人群的格格不入。"这些人都是成年人，

---

① 戴骢主编：《蒲宁文集》(5卷本)，第5卷，合肥：安徽文艺出版社，2005年，第60页。
② 戴骢主编：《蒲宁文集》(5卷本)，第5卷，合肥：安徽文艺出版社，2005年，第63页。

都有自己的事业,自己的话题,自己习惯的生活方式——他们可不是涉世不深的孤独、忧郁的中学生。"但是作为一名中学生,学校的老师在主人公眼里"都是毫无才情的平庸之辈,其中有几个怪物……还有两三个名副其实的疯子……"除了在三年级和校长发生严重的争吵,为此主人公差点儿被学校开除之外,没有描写与任何级任老师的关系,由此可以看出主人公与老师之间的关系是非常淡薄的。与一同寄宿在罗斯托夫采夫家的同龄人格列波奇卡也没有建立深厚的友谊。被同班同学邀请加入所谓的"贵族学子联谊小组",以便不再跟"阿尔希波夫和扎马赛洛夫之流搅和在一起",也就是不与小商人阶层为伍,但是在阿尔谢尼耶夫看来,最终"幸好"没有融入这个圈子。

这样,主人公就处于一个社会真空地带。对他重要的事件都折射到了他的心灵上。主人公大部分时间都陶醉于小城的文化底蕴,带着一定的审美趣味、宗教痴迷和诗意的眼光去追溯小城的历史,他感到与世界的某种联系,任何一项新发现对他而言都是个人生活领域向未知空间的扩张。愁闷的俄罗斯小县城生活使主人公在想象的世界里遨游,他总是感到自己与过去的某种奇妙的联系,感到"世间的一切都会过去,也都会重来,周而复始,循环不已。……我不由得又想到,即使在佩彻涅格人时代,这条河也是这样逶迤而去。"①城市中的任何一个地名都会激发主人公去探究它的历史渊源,"过了小河汊再往前走就到了黑镇、良马地,到了良马地所在的峭壁,峭壁下边是千百年来滚滚不息地向顿河下游地区流去的那条河。当年有个年轻的鞑靼公爵曾坠入此河而死"。②

主人公对整个中学生活都是比较笼统的介绍,"九月的一个傍晚,我出去逛街——他们不敢像对格列波奇卡那样揪住我耳朵,逼我做功课。……一到国定假日,大教堂便举行隆重的弥撒。我们在学校大院内集合前去。出发前,我们的大尉检查了每个人的每一颗纽扣。……天冷下来了。深秋

---

① 戴骢主编:《蒲宁文集》(5卷本),第5卷,合肥:安徽文艺出版社,2005年,第92页。
② 戴骢主编:《蒲宁文集》(5卷本),第5卷,合肥:安徽文艺出版社,2005年,第69页。

的白昼是短促的,铅灰色的,宁静的"。① 时间则显得比较离散,随后时间的节奏马上变得紧凑起来,选取了中学时代父亲去看望自己、哥哥被捕具有典型性的事件加以详细描写。

主人公认为,生活并不总是一成不变的,一些重要事件会影响人们对生活的理解。某些按照社会标准看来是无用的或者不可理喻的事件在主人公那里却是至关重要的,例如在中学阶段,主人公"书读得相当潇洒:只有我喜欢的课程,我才认真学习,其余的敷衍了事,但凭我的天赋也很快就掌握了,除了我非常讨厌的课程,……我们所学的课程有四分之三对我们毫无用处,没有在我们心中留下一丝痕迹"②这种行为用一般的标准来衡量绝对是虚度年华,但是主人公却认为这是天性使然。主人公对周围世界的认识一半来自天性,一半来自后天的习得。

独自一人在异乡的孤独,好比天上的灵魂在尘世的孤独,这种孤独感在主人公与父母分离之后立刻袭上心头:"父母一走,县城的日子就变样了,天天像过大斋节。"使阿尔谢尼耶夫全身心地投入到理解上帝的活动中去。"他俩不知为什么往往拣星期六走,大概因为那天晚上我得去学校附近一条小巷里的举荣圣架教堂做彻夜祈祷吧。"③发生的所有事情都是为了把主人公对世界的认识提高到一个新的高度。在举荣圣架教堂阿尔谢尼耶夫的内心世界发生了隐秘的转变。教堂的一切都帮助主人公更好地去理解和认识上帝。"这一切使我何等激动啊!虽说我还是个黄口小儿,乳臭未干,可是要知道我对这一切的感情是与生俱来的,加上我近年来已不知多少次体验了弥撒开始前那种紧张的寂静和迫切的期待,不知多少次聆听了这些颂词和紧随其后将其淹没的'阿门'声,因此这一切仿佛已成了我心灵的一部分,如今我的心灵以能预知彻夜弥撒的每一个祷字,对每一个祷字我都双倍的赞同,双倍的拥护,我这种悟性是从娘胎里带来的。……我着了魔似的沉浸于整个弥撒之中。"④内心发生的变化让阿尔谢尼耶夫不仅仅理解弥撒的外

---

① 戴骢主编:《蒲宁文集》(5卷本),第5卷,合肥:安徽文艺出版社,2005年,第65～68页。

② 戴骢主编:《蒲宁文集》(5卷本),第5卷,合肥:安徽文艺出版社,2005年,第64页。

③ 戴骢主编:《蒲宁文集》(5卷本),第5卷,合肥:安徽文艺出版社,2005年,第74页。

④ 戴骢主编:《蒲宁文集》(5卷本),第5卷,合肥:安徽文艺出版社,2005年,第75页。

部形式，还有它的内部本质，不仅仅是单纯的本质，还有本质所具有的诗意。在那个小教堂里切切实实臣服于上帝，"是的，我关于哥特式大教堂，关于管风琴所讲的那些话是言过其实的。在这些大教堂里，我从来没像在被陋巷漆黑的夜色所笼罩的举荣圣架教堂内那么动情，那么泗泪纵横。我送走父母，踏进小教堂，真正觉得自己置身于天父的居所"。①

"天父的居所"（«отчая обитель»）与幼年的阿尔谢尼耶夫觉得自己躺在"天父的怀抱"（«отчее лоно»）遥相呼应——这是心灵在尘世找到的新的载体。此时对上帝的信仰已经成为主人公个性的一部分。这里阿尔谢尼耶夫对生活的迷恋沿着一条与托尔斯泰"没有城市、没有祖国、没有世界"（нет ни града，ни отечества，ни мира）的最高理想背道而驰的道路向前发展。上帝从一开始的超凡脱俗演变成存在于尘世间基督教中的上帝形象。追寻上帝对阿尔谢尼耶夫而言并不只是为了摆脱恐惧，而是为了心灵获得彻底的拯救。"神父哼读着光明祷，表达我们痛苦地意识到我辈凡夫俗子的软弱无能，表达我们永走上帝指引的道路。"②

"我什么时候开始信仰上帝、知道上帝并且感受到上帝的呢？我想是在我知道死亡的时候。哎，想不到死亡竟会同上帝联系在一起。"③随着进一步成长主人公对死亡的理解也不断深入：在大斋节前夕"我知道，有时甚至已惊恐地意识到，世上人人都难逃一死。"④"并非谢尼卡使我懂得了死亡为何物。早在他死之前，我就已经知道，并且在某种程度上感觉到了死亡。然而谢尼卡使我平生第一次通过实例感知了死亡，感知了死亡的真实性，感知死亡终于降到我们头上了。那天我第一次认识到死亡有时候会像乌云遮住太阳那样，把世界遮蔽，突然间，我们的一切'事物'失去了价值，我们对它们的兴趣丧失殆尽，我们对它们的法定的拥有权不复存在，它们已毫无意义，一切都蒙上了忧伤和虚幻。"⑤

---

① 戴骢主编：《蒲宁文集》（5卷本），第5卷，合肥：安徽文艺出版社，2005年，第76页。
② 戴骢主编：《蒲宁文集》（5卷本），第5卷，合肥：安徽文艺出版社，2005年，第75页。
③ 戴骢主编：《蒲宁文集》（5卷本），第5卷，合肥：安徽文艺出版社，2005年，第22页。
④ 戴骢主编：《蒲宁文集》（5卷本），第5卷，合肥：安徽文艺出版社，2005年，第23页。
⑤ 戴骢主编：《蒲宁文集》（5卷本），第5卷，合肥：安徽文艺出版社，2005年，第24～25页。

阿尔谢尼耶夫是一个脑子里充满想象的艺术家,有着不同于常人的极其惊人的想象力:"我在孩提时代同维谢尔基村的任何一个野孩子并无多大区别,可是怎么仅凭了书本上的一些插图,以及那个疯疯癫癫的流浪汉抽着马合烟讲的那些个故事,就能真切地体会到这些古城堡内当初的生活,如此准确地想象出古城堡的景象?"[1]他依据事实虚构出的作品足以到乱真的程度。真正伟大的诗人心中拥有对和谐的构想,这构想生发出诗人的愁郁。艺术就是展现"我"心中的冲动、希冀、渴盼等所思所想。被俄罗斯广袤的大自然、俄罗斯人民艰难的命运诱引出来的艺术家的心灵的痛苦。书写记忆就是为了寻找真、善、美、生命的和谐。对艺术家而言最大的痛苦莫过于无法表达出生活的千分之一。阿尔谢尼耶夫艺术创作的渴求是借助于富有节奏感的叙述来实现的。这种节奏将混乱状况编排的井井有条。艺术家的直觉帮助他深入到最隐秘的人类情感,精准地把握现实与虚构、幻想。还是孩童的时候,阿尔谢尼耶夫就对普希金为《鲁斯兰与柳德米拉》写的序诗有着自己独到的见解:"都是痴人说梦,一派胡言。……但是……妙就妙在痴人说梦,妙在是荒诞的、杜撰的,而不是合乎情理、真实的;有力就有力在有这么一个痴痴癫癫的,喝醉了的,终日纵酒的'博学的'人,在写诗的人身上施展妖术……"[2]布宁描画出主人公创作历程的不同时刻,将他有意识的创作和无意识的创作编织在一起。这些创作活动有时是因为恍然大悟、有时是因为突发灵感。

"和同缪斯胆怯的笨手笨脚的然而却难以忘怀的初次相会"主人公将自己的创作激情与春日里开花的树相比拟,创作本能的苏醒,正如春日里万木吐绿。在大自然欣欣向荣的景象里主人公也在悄然发生着变化。日益显明的自我意识、日趋成熟的情感因为生活中发生的某个偶然事件被唤醒或是被激发出来。

个性在主人公的意识中占据突出位置。对个性的理解是理解与人的心灵世界相对应的复杂的外部世界的有效途径之一。"有一年春天一个寒风凛冽、愁云密布的日子,突然出现在我家院场内的那个穿斜襟外衣的人,又

---

[1] 戴骢主编:《蒲宁文集》(5卷本),第5卷,合肥:安徽文艺出版社,2005年,第32页。

[2] 戴骢主编:《蒲宁文集》(5卷本),第5卷,合肥:安徽文艺出版社,2005年,第35页。

到我们家来了。"①家庭教师巴斯卡科夫是阿尔谢尼耶夫青年时代的引路人，他实施的启蒙教育极大地引导了主人公去认识自然界，这时对自然的感官已经完全是尘世化的结果。

巴斯卡科夫的教育推动了主人公心灵世界的极大发展，这种发展并不是知识上的增加，而是对天性中某些显在或潜在因素的激发："我天生极度敏感……而巴斯卡科夫则大大推动了这种敏感的发展。作为通常意义上的育人子弟的教师来说，他是很不够格的。……很快教会了我读书写字。至于下一步学什么，他心中无数，再说他也没多大兴趣去考虑。……所以他对我的重大影响不是在学业上，而是在其他方面。"②他让主人公关注的并不是物品和现象的有用性，而是它们的美学价值，色彩的变化。"不过，世上的一切有哪一件不是盲目的，有哪一件清楚自己何以要存在，这一点我已有所感悟。"③《阿尔谢尼耶夫的一生》的艺术世界就是描写心灵的发展、个性的形成。学习绘画对主人公日后的写作有着极大的影响："他画水彩画，并把我俘虏了过去，我强烈地渴望成为一名画家。我一看到颜料盒子就浑身战栗，自早到晚在纸上涂画，我一连好几个小时站在那里，眺望着大热天里在绿荫如盖的树冠上方，在骄阳的对面，空中所呈现出的那种渐渐向淡紫色转化的美不胜收的湛蓝的颜色……从此我终生对天空和地面的色彩怀着最深厚的感情，领悟了它们真正神学的内涵和作用。"④在这里天地都融合在上帝创造的美景中。绘画帮助主人公能够观察到生活中的各种色彩以及色彩之间的细微差别，并使用恰当的词语将这些差别表达出来，在本书的第五章分析话语特色中会给出大量的具体的例证。

阿尔谢尼耶夫逐渐成长为一名艺术家，文学在他所学知识中占了很大比重，文学教给主人公的不只是时间的有用性，更多的是它的美，但是文学也会教主人公思考生活。"果戈理的《旧式地主》和《可怕的复仇》给了我非同寻常的强烈印象。是叫人永志难忘的杰作！这两篇小说在我童年时代即

① 戴骢主编：《蒲宁文集》(5卷本)，第5卷，合肥：安徽文艺出版社，2005年，第26页。
② 戴骢主编：《蒲宁文集》(5卷本)，第5卷，合肥：安徽文艺出版社，2005年，第27页。
③ 戴骢主编：《蒲宁文集》(5卷本)，第5卷，合肥：安徽文艺出版社，2005年，第30页。
④ 戴骢主编：《蒲宁文集》(5卷本)，第5卷，合肥：安徽文艺出版社，2005年，第29页。

已长驻我心,直到今日犹余音袅袅,回荡耳际,也同样是,套用果戈理的说法,'构成我生命'的重要内容。……《可怕的复仇》唤醒了我心灵中的崇高感情,这种感情一旦播入一个人的心田便永驻其中,不复离去,这种感情便是视有仇必报为最神圣的规律性,视善最终战胜恶为最神圣的必然性,对恶贯满盈予以严惩时毫不留情。这种感情无疑是对上帝的渴慕和信奉。"[①]对人类文明的逐渐了解让阿尔谢尼耶夫打破时空的界限在历史中自由穿梭。从中世纪欧洲的骑士到非洲的炎热,世界慢慢开始在年幼的阿尔谢尼耶夫眼前展开,关于祖国的观念尚未形成。主人公对遥远过去有着与生俱来的强烈的向往和归属感。主人公用来学习阅读和书写的《堂吉诃德》的俄译本,书中的插图和巴斯卡科夫讲的骑士时代的故事让主人公觉得自己属于那个骑士时代。"我想,我一度也曾属于这个世界。"[②]看到《土地与人》中描绘沙漠图景的彩色插图,主人公的整个身心似乎都感觉到了干燥的炎热和烈日,对整个人类的集体记忆激发了阿尔谢尼耶夫作为艺术家的潜质。

迈入少年时代,主人公就已经完完全全过着一种个性生活。在此期间主人公生了一场大病,这是主人公认识世界过程中的一件重大事件。在《托尔斯泰的解脱中》有这样一段关于疾病的描写:"时间在患病时彻底消失……这是时间消亡的时刻。"阿尔谢尼耶夫患病期间的不同的幻影之间迅速切换,"我觉得整个身心处于虚脱状态,人的五种感觉:视觉、味觉、听觉、嗅觉、触觉统统奇怪地发生了变化;我突然失去了生的欲望,也就是说,不愿动,不愿喝,不愿吃,没有欢乐也没有忧伤"[③]。心灵此时的状态又回到了刚刚诞生之时的状态。幼年时的心灵对生并没有明确的认识。而疾病使主人公像是"去了阴曹地府一趟……(无疑这就是人概念中的地狱之灾)"。在主人公年幼才刚开始对周围的世界有所认识的时候就已经和死亡有过一次擦身而过的经历:"有一回我跟奥利娅因吃了许多天仙子而中了毒,大人用现挤的牛奶灌我们,才把我俩救活,那时我们只觉得脑袋古怪的文嗡嗡作响,可是心灵和肉体不但希望,而且觉得完全有可能腾空而起,随心所欲的飞往

---

① 戴骢主编:《蒲宁文集》(5卷本),第5卷,合肥:安徽文艺出版社,2005年,第35页。
② 戴骢主编:《蒲宁文集》(5卷本),第5卷,合肥:安徽文艺出版社,2005年,第32页。
③ 戴骢主编:《蒲宁文集》(5卷本),第5卷,合肥:安徽文艺出版社,2005年,第40页。

任何地方……"①而这次进入少年时代的第一场大病让我"接连几天都像死了一样昏睡不醒,有时乱梦颠倒,有时幻影缠身,而且绝大部分幻影都是狰狞的,荒诞地重叠在一起的,它们仿佛把世上所有肉体的苦楚都集于我身,这种苦楚又随着我的崩溃,随着我疯狂的自我搏斗而在谵语和高烧中消失(无疑这就是人概念中的地狱之灾)。"② 这次疾病是心灵对尘世生活的一次可怕但有预见的梦魇,在这里提到"地狱"绝非偶然。对于灵魂而言死亡并不是结束,而是向上帝的接近。在无邪的童年阶段就与死亡来了一次近距离接触。对已经处于少年时期的主人公而言,转向尘世生活已经成了一件快乐的事儿,心灵已经越来越熟悉大地,天空对他而言反而显得日趋未知和神秘。"后来,我由阴曹地府回到人间,回到平平常常的可爱和熟悉的尘世时,我的心灵久久地充盈着超脱尘世的明亮、宁静和感动!"③回归使得肉体中的心灵继续体验尘世间的生活。

布宁写道:"对托尔斯泰而言,在他的智慧已达最高境界之时,已经不存在城市、祖国,甚至于世界(мир);有的只是上帝,是'解脱'、出世、向上帝的回归,重新和上帝融合。"④尘世生活只是和上帝的短暂分离,灵魂获得肉身躯壳作为载体。出生就是灵魂获得肉身,死亡就是灵魂脱离肉身。关于灵魂不灭的思想以不同的变体出现在《托尔斯泰的解脱》中,并且贯穿布宁晚年的多部作品。比如:"世间没有别人,只有我和上帝。"(诗作《夜》)⑤布宁在不断思考托尔斯泰及其创作的同时,也在思考着俄罗斯文学及其历史。

哥哥被捕,叛徒死亡——这些都发生在阿尔谢尼耶夫的少年时代。这也是主人公了解上帝和形成对上帝的信仰的关键时期。我们可以画出这样一个逻辑结构,从幼年时主人公在《可怕的复仇》中获得对上帝及其浅显的理解到亲身经历了上帝对恶的惩罚,心灵对上帝的认识与对自己肉身存在的确认同步进行。向青年阶段的发展使阿尔谢尼耶夫的个性意识逐步形成。"一冬下来,我显然发生了变化。首先是我的身体开始发育了。所有少

---

① 戴骢主编:《蒲宁文集》(5卷本),第5卷,合肥:安徽文艺出版社,2005年,第12页。
② 戴骢主编:《蒲宁文集》(5卷本),第5卷,合肥:安徽文艺出版社,2005年,第40页。
③ 戴骢主编:《蒲宁文集》(5卷本),第5卷,合肥:安徽文艺出版社,2005年,第41页。
④ Бунин И. А. Собрание сочинений, в 9—х т., т.7, М., 2009, С. 7.
⑤ 戴骢主编:《蒲宁文集》(5卷本),第1卷,合肥:安徽文艺出版社,2005年,第244页。

年人一到发育期,面颊上突然之间会长出茸毛,手和脚会越来越粗。"①发育的不只是肉体,还有心灵的成长,"此前在我身上占优势的是母亲的秉性,而现在是父亲的了"②母亲代表上帝,父亲代表尘世生活。找寻上帝阶段的结束是尘世生活的开始。那对"'日常生活中一切感受'的巨大而美好的新奇感、清新感和欢乐感;那不论何时何地对年轻的心灵来说都是神秘的山谷,那波光粼粼的幽静的湖畔和同缪斯胆怯的笨手笨脚的然而却难以忘怀的初次相会——我都拥有过。"③青年时代的阿尔谢尼耶夫已经形成了自己看待周围世界的观点和评价。"青春对每个人来说都是美好的,对我来说尤为美好。因为我有一些特别的禀赋。譬如,我目力之好,可以看到七重天上昴星团的全部七颗星星;听力之佳,可以在夜里听到旷野上旱獭的吱吱声;嗅觉之灵,可以闻到铃兰的幽香和古籍的书卷气,并为之心醉神迷……"④这一时期心灵与周围世界的相互作用主要通过主人公的感受体现出来。在少年时代出现端倪的个性也在青年时代获得了进一步发展。对爱情和死亡的认识占据了青年时代的主导地位,上帝退居其次。因为这是主人公了解尘世生活的重要时期。

作品引发读者思考的不是主人公理性思考的结果,而是感性直觉。而揭开这些问题谜底的关键就是记忆。在勾画阿尔谢尼耶夫与先辈经典作家的联系时会反复强调记忆的作用。尤其是普希金对主人公的创作产生着方方面面的影响。"他在我心底培育了多少感情呀!而且这些感情,与我自身的感情,与所有我生于其间,并借以为生的一切,终日相伴,须臾不分!"⑤影响阿尔谢尼耶夫的还有果戈理:"在我的心中一切很快就改变了,就像我用力踩下踏板,事情就完全变换了一种形式。"⑥《阿尔谢尼耶夫的一生》不同于布宁早期的小说,不再关注社会问题,而侧重于观察生活中的色彩风物的景

---

①　戴骢主编:《蒲宁文集》(5卷本),第5卷,合肥:安徽文艺出版社,2005年,第96～97页。

②　戴骢主编:《蒲宁文集》(5卷本),第5卷,合肥:安徽文艺出版社,2005年,第96页。

③　戴骢主编:《蒲宁文集》(5卷本),第5卷,合肥:安徽文艺出版社,2005年,第94页。

④　戴骢主编:《蒲宁文集》(5卷本),第5卷,合肥:安徽文艺出版社,2005年,第93页。

⑤　戴骢主编:《蒲宁文集》(5卷本),第5卷,合肥:安徽文艺出版社,2005年,第130页。

⑥　Современные записки[Журнал],Париж:Издательство 《Современные записки》,1928,№35,C. 17.

物等细节特征,侧重于内心体验。布宁和契诃夫的内心世界是比较相像的,果戈理《苦恼》(《Скучная история》,1889)的主人公坚信:创作的首要因素是个人的自由。布宁认为,契诃夫在文学中最看重的是"自由而无私的艺术",这不仅仅是创作的来源,也是作家独立创作思考的基础。因此追求自由和无私成为布宁创作的主要的风向标:"艺术家的目的不是为某项任务辩护,而是深入地反映生活的本质……这种艺术直觉比那些因为发表或出版了作品而举行的庆祝活动要重要得多。"布宁怀着无比的勇气打破那些原先被认可的旧秩序,也正是这一创作信仰成就了他自己,在被授予诺贝尔文学奖的时候他说:"这世界上应该有一些完全独立的区域……有一些牢不可破的东西将我们联合起来:信仰与心灵的自由……对作家来说这一点是尤为重要的,对他而言这应该成为信条和真理。"[①]当然,布宁塑造的主人公阿尔谢尼耶夫对社会问题也并不是完全隔岸观火、持冷淡漠视的态度,只不过他更关注类似于存在哪些影响创作的重要因素的问题。

作品《阿尔谢尼耶夫的一生》并没有讲述阿尔谢尼耶夫完整的一生,讲述到青年时代就戛然而止了,开放式的结尾留给读者广阔的想象空间。从第四章第20节"俄罗斯,奥廖尔,春天……而如今是法国,南方,地中海的冬日……我同他久已流寓异国。"我们可以得知整部作品都是主人公阿尔谢尼耶夫在侨居期间回忆并讲述自己的过去,这一经历和作者是一致的。远离祖国、流寓异乡使心灵找不到皈依之所,强烈的记忆色彩弥漫在作品字里行间、力透纸背。

第二节　主人公自我意识的呈现

《阿尔谢尼耶夫的一生》的情节性不强,书写记忆的重要特征之一就是重内心体验。而作为艺术家的布宁的内心体验的很大一部分就是对大自然、宇宙天体、对围绕个人的生活世界的感知和体验,并通过下列形象来呈现主人公的自我意识。

---

① Сливицкая О. В. 《Повышенное чувство жизни》: Мир Ивана Бунина, Москва, 2004, C. 16.

76

一、上帝与死亡

布宁书写记忆的特色之一就是上帝与死亡往往联系在一起。东正教很重视内在的精神体验,这鲜明地体现在俄罗斯民族对上帝、耶稣和圣徒的认识之中。在俄罗斯民间思想中,上帝是至善至美的道德化身。俄罗斯人看重的并不是上帝高高在上的神圣地位,而是他代表的终极道德。俄罗斯人出于对完美道德追求的虔诚,用上帝的训诫来约束自己的行为和思想。"接近上帝"是俄罗斯民族永远的内在精神追求之一。耶稣基督作为上帝拯救世界的使者,是上帝的道德理念在尘世的实践者。基督的降世、救世、受难和复活为信徒提供了思想行为指导。对大多数俄罗斯人来说,基督是仁爱和苦难的象征,他经常和穷人、苦难者在一起,为人们指出精神拯救之路。基督的救世和受难为他们指明了方向,一切信仰上帝者皆可得到救赎。他们应该在尘世中实践基督精神。基督的受难是复活的前提。

"人对死亡的态度是各不相同的。有的人一辈子都生活在死亡的阴影下,自小就对死极度敏感……我就属于这一类人。"①主人公这种敏感与上帝的形象是联系在一起的,其本身也构成了一个复杂的世界。作品中对死亡的首次描写是与母亲的形象联系在一起的。是长眠在破败了的俄罗斯县城公墓的树丛下边的荒坟里那个没有眼珠的骷髅。这时阿尔谢尼耶夫已经对死亡有了朦胧的感觉,这些都是他在尘世里获得的感受,剩下的就交由上帝,"我的道路高出你们的道路,我的思想高出你们的思想。"随后童年阶段谢尼卡的坠马而死让主人公从身边发生的事件中感受到了死亡,但是对死亡还不能完全理解,充满了疑惑,"谢尼卡摔死后在做什么事?他现在什么模样?为什么他偏偏要挑那天晚上死?"②娜佳的夭亡时主人公已是少年,这次事件更具体,对他的冲击更强烈。"我恍然大悟,我也是要死的,而且每一分钟都有可能遭到娜佳所遭到的横祸。"③

在圣经中,死亡通常是悲喜的结合,悲是因为死意味着肉体的消亡,喜

---

① 戴骢主编:《蒲宁文集》(5卷本),第5卷,合肥:安徽文艺出版社,2005年,第22页。
② 戴骢主编:《蒲宁文集》(5卷本),第5卷,合肥:安徽文艺出版社,2005年,第25页。
③ 戴骢主编:《蒲宁文集》(5卷本),第5卷,合肥:安徽文艺出版社,2005年,第42页。

是因为这意味着复活的开始。围绕对上帝的理解,主人公的人生道路在爱情与死亡中反复穿越。作品结构从宏观上看,第一章中是外婆和娜佳的死,第二章以皮萨列夫的死亡结尾,第三章以皮萨列夫的死亡开头,第四章中是卡巴尔达母马的倒毙、某个显赫要人的死和骠骑兵的死,第五章中描述了丽卡的死。死亡在阿尔谢尼耶夫的成长轨迹中跳跃出现,作品的各个部分也因此相互呼应。虽然始终有死亡的阴影笼罩,但是丝毫没有减弱生活本身的魅力。正是因为死亡的存在,帮助主人公更加深刻的理解生。从微观上看,主要有四件具有代表性的事件:妹妹娜佳的死首次让主人公认真地关注死亡,随后皮萨列夫的死让主人公思索死亡与永生的关系,骠骑兵的死隐喻主人公与祖国的永远分离,挚爱丽卡的死是借助爱情和记忆中灵与肉的结合超越死亡,最终获得永生。

"节日终于到来——从礼拜六到礼拜天的夜里,世界发生了奇异的转折,基督击败了死亡,战胜了死亡。……以为从今往后再无忧伤的容身之地了。其实即使在此刻,在复活节,忧伤仍在徘徊。"[①]谢尼卡的死是和主人公对复活节的认识联系在一起的,是和节日联系在一起的。娜佳也是在节日期间夭亡的:"全家人正在开开心心忙着过节,突然娜佳病倒了"。作品中对死去的外婆周围环境的描写色彩对比也非常强烈,"那是春光明媚的五月,母亲坐在洞开的窗户下,穿着一件黑色的连衫裙,显得消瘦、苍白。蓦地里,有个不相识的庄稼汉由谷仓那边驰来,朝母亲快活地喊叫着什么。母亲睁大眼睛,仿佛也是挺高兴的轻轻叫喊了一声,举起手掌拍了窗台一下……"[②]在这段环境描写中,不仅母亲很"高兴",而且正值万物复苏的春天。环境和事件形成反差巨大的鲜明对比。

值得注意的是母亲获悉此事时正坐在窗边。在俄罗斯文化中房子是一个封闭的空间,窗户是连接它与外部世界的媒介。外婆去世的消息是从外面传来的,从外部世界传来。如果把存在于尘世间的诸如房子的事物当作封闭的空间,那么死亡的讯息则是从上帝那里传来的。

---

① 戴骢主编:《蒲宁文集》(5卷本),第5卷,合肥:安徽文艺出版社,2005年,第23~24页。

② 戴骢主编:《蒲宁文集》(5卷本),第5卷,合肥:安徽文艺出版社,2005年,第42页。

从幼年就开始断断续续接触到的所有关于死亡的事件让青年时代的阿尔谢尼耶夫对死亡有了一个基本的认识。皮萨列夫的死让青年的主人公看问题的方式有了很大的转变,由以前单纯看表面现象变为透过表面看本质。这个事件对主人公理解死亡有着决定性的影响。皮萨列夫死在复活节期间的第一天早晨,复活节是亡灵复活的节日,象征永生,但是在这一天却发生了死亡的事件。在事件的安排上就表现出对严肃性的颠覆、对恐惧的颠覆,呈现出狂欢化的特点。在作品中死亡与永生从一开始就结合在一起:"我什么时候开始信仰上帝……我想是在我知道<u>死亡</u>的同时。唉,想不到<u>死亡</u>竟会同<u>上帝</u>联系在一起。然而同上帝联系在一起的还有<u>永生</u>。"①复活节就是战胜死亡的节日,"<u>基督击败了死亡,战胜了死亡。</u>""<u>宅子依然分为阴阳两界</u>,一边是<u>死亡</u>,是大厅和灵柩,一边则是其余的房间,房门一律紧闭,与大厅<u>生死阻隔</u>,我们在阳间乱哄哄地活着,迫不及待地等着早点结束这乱哄哄的丧事。"②这里用"＿"标出了矛盾的结合、不相称事物的糅合以及他们所具有的象征意义。"<u>整整一天我都好像宿醒未醒,始终处于一种紧张的状态</u>:又是祭祷……而<u>在那边某个地方,一群来自四面八方的还不懂事的孩子在天真活泼地玩着游戏。</u>"③在祭祷仪式的旁边出现一群天真活泼的孩子,使这段描写贯穿了一种强烈的亲昵而又不敬的态度,整段描写具有狂欢体的俯就特征。

关于皮萨列夫死亡的消息也是从外面传进屋子里的。主人公竭力理解死亡的本质。"有时我还会想:他现在在何方?近况如何?他将长驻其间的永恒的生活是什么样的?<u>然而这些得不到回答的问题不再使我感到惊恐和狐疑,反使我感到某种安慰:他在哪里——看来只有上帝知道,而上帝我虽不理解他,却必须信奉他,以便使我得以幸福地生活。</u>"④这里"＿"标出的部分表明生死这对矛盾在上帝那里达到了一种和谐,主人公的内心世界在对世界的理解上也显示为和谐,这种和谐的获得是在上帝成为主人公尘世生

---

① 戴骢主编:《蒲宁文集》(5卷本),第5卷,合肥:安徽文艺出版社,2005年,第22页。
② 戴骢主编:《蒲宁文集》(5卷本),第5卷,合肥:安徽文艺出版社,2005年,第111页。
③ 戴骢主编:《蒲宁文集》(5卷本),第5卷,合肥:安徽文艺出版社,2005年,第109页。
④ 戴骢主编:《蒲宁文集》(5卷本),第5卷,合肥:安徽文艺出版社,2005年,第125页。

活的有机组成部分之后发生的。

死亡就像遮蔽太阳的乌云。太阳与上帝是直接相连的（在《圣经》中太阳就是上帝的直接标志），日食是对太阳的遮蔽。尘世的生活则可被称之为"肉体的吞噬"（телесное затмение），也就是说尘世的生活就是将灵魂装进肉体的躯壳内，这对心灵而言就是被吞噬，被遮蔽，被消亡。换句话说，生即死。明确这一比较关系对我们更好地解读、研究作品是非常重要的。布宁写道："托尔斯泰不止一次地明确谈到'生即死'。"① 阿尔谢尼耶夫与布宁在这一点上是一致的："生命正如大地上的悄然无声的一座坟。"阿尔谢尼耶夫看到死亡正如"乌云蔽日，天狗吞日。"在布宁看来，托尔斯泰不断地趋近于上帝，趋近于灵魂的永生，对他而言尘世的生活时间是有限的，灵魂跌落在尘世被遮蔽的时间是暂时的。而阿尔谢尼耶夫离上帝则越来越远，永生的灵魂跌进俗尘的肉体凡胎，主人公年幼时就已经认识到紧随肉体消亡而来的是永生。

灵魂在《阿尔谢尼耶夫的一生》和《托尔斯泰的解脱》两部作品中完成了一个轮回。阿尔谢尼耶夫的道路是一条逐渐远离上帝进入尘世的道路，托尔斯泰的道路则是一个在尘世中有着自己具体坐标的肉体经由死亡而归于上帝与永生的道路。

> 耶稣讲过一个关于富人的寓言：富人把搜刮来的财富放在自己的粮仓中并叫上自己的朋友一起欣赏；这个狂妄无知的人，他哪知道主就在那天晚上召回了他的灵魂？托尔斯泰指出那些不知死亡为何物的人就像这个富人总是表现得愚昧张狂；如果他们对死亡有明确认识的话，他们就会甘愿放弃生命，去寻找那些死亡所不能摧毁的意义。②（《托尔斯泰的解脱》）

布宁认为，托尔斯泰引用这个寓言故事就是想说明确实存在某种东西，它不会随着死亡而消逝，反而会获得永生。因此托尔斯泰竭力想在自己肉体消亡之前找到这种永恒的所在。在《阿尔谢尼耶夫的一生》中是如何找寻着这一永生不灭的事物的呢？无独有偶，在陀思妥耶夫斯基的《卡拉马佐夫

---

① Бунин И. А. Собрание сочинений, в 9—х т., т. 7, М., 2009, C. 103.
② Бунин И. А. Собрание сочинений, в 9—х т., т. 7, М., 2009, C. 122.

兄弟》中对这个圣经故事作了这样一个注解："落入土中的小麦种子如果不死,那存在的就只有它一粒;如果它牺牲自己(变成种子),就会结出许多麦粒来。"[①]布宁在《托尔斯泰的解脱》里写道:"所有这些舍斯托夫(Шестов)在有关陀思妥耶夫斯基的文章里都写到了……但是我读它们的时候,想的却是托尔斯泰。"

青年时期与死亡的接触产生了不同于幼年和少年时期对死亡的看法和态度,激发主人公在对爱的渴求中产生了对生的渴求。爱则直接脱胎于死亡。爱情在《阿尔谢尼耶夫的一生》中也并不是突然出现的,幼年和少年时期在阿尔谢尼耶夫的心中就产生了对爱朦胧的感受。

> 有一回,也是在这样一个中午,我看到哥哥尼古拉……从田间回来。跟他同车的是诺沃谢尔基村的一个叫萨什卡的姑娘。我早就听到下人们议论他俩,虽然我对他们的议论还懵懵懂懂不怎么明白,可不知为什么这事却深深印入我心。此刻见到他俩同坐一辆大车,不由得暗暗高兴,深觉他俩美丽、年轻、幸福。[②]

> 但是偶尔也会想起萨什卡,有一回……我对她产生了一种特别甜蜜而又苦恼的感情:这是人所有感情中最难以言喻的那种感情的第一次闪光。[③]

这些对爱的外部的、视觉的感受让他对人类的这种情感萌发了最初的理解。而在青年的阿尔谢尼耶夫心中首次对爱情有了明确的感触:

> 罗斯托夫采夫突然在主林荫道上停下来,原来他同一个在女友的簇拥下朝我们迎面走来的标致的小姐撞了个满怀,他脸涨得通红,开玩笑地"啪"的一声磕了下鞋后跟,朝小姐敬了个礼,赔不是,小姐莞尔一笑,笑得那么真诚,那么开心,她的脸蛋顿时在那顶别出心裁的帽子下大放光彩。贝壳状的舞台前有个小广场,广场上有个大花坛,花坛中央有个大喷泉,喷泉用它喷出来的清凉的水雾湿润着花朵,我永远忘不了这水雾的清新和凉意,永远忘不了挂着水珠的花卉的醉人的芳香。后

---

① Достоевский Ф. М. Братья Карамазовы, т. 3, С—Петербург, С. 357.
② 戴骢主编:《蒲宁文集》(5卷本),第5卷,合肥:安徽文艺出版社,2005年,第19页。
③ 戴骢主编:《蒲宁文集》(5卷本),第5卷,合肥:安徽文艺出版社,2005年,第31页。

来我得知,这种花卉就叫做"烟草"。我之所以忘不了,因为着芳香是同我当时萌生的倾慕之情融合在一起的,在这次邂逅之后,我平生第一次足足有好几天陷入了甜蜜的痛苦之中。①

第一次对爱情的独立感受在"甜蜜的痛苦"中产生了。在青年时期的第一次重病让主人公的心灵跨过死亡接近上帝。而爱情所带来的"甜蜜的痛苦"则是另一番感受。因此作品中死亡与爱这对矛盾的感受是结合在"痛苦"②之中的。因此阿尔谢尼耶夫所指的并不是具体的疾病所带来的痛苦,而是众多这些类似的感受帮助主人公接近上帝。

除了死亡,产生"甜蜜的痛苦"的爱情也是心灵接近上帝的媒介。这位让主人公明确感受到爱情冲击的县城小姐与其说是一个真实的存在,不如说是一个象征。主人公对她是一种精神上的向往,想往她的美好的形象,而非肉体上的向往。

东正教是俄罗斯的主流宗教派别,东正教自认为是最接近上帝的"正教",信仰上帝创造了人类和整个世界,认为祈祷是认识神与真理的唯一途径。为此,教会制定了严格的教规,规定了庄严隆重的宗教仪式,并以其繁琐、肃穆华丽而著称。在俄罗斯国家历史发展进程中,东正教精神与俄罗斯民族精神不断融合,成为民族意识统一和民族性格形成的平台。东正教反对教会生活的现代化,在祈祷时坚持使用教会斯拉夫语,这种封闭性在一定程度上也影响到了俄罗斯人的性格,例如重视直觉,反对理性思辨传统。这些特征在布宁身上都有所体现。

东正教认为上帝是唯一没有原罪的神,每一个人都在亚当和夏娃的罪中继承了原罪。赎罪和拯救要依靠自我苦修,天主的恩典是人们重生和得救的唯一希望。在俄罗斯人看来,由于人人皆有原罪,人身是罪恶的,是与精神上的人(人的神性)对立的;贫穷和苦难可以使人得到救赎,恢复人身上的神性。没有经过苦难洗礼的灵魂是不能进入天堂的。在他们那里,苦难获得了宗教上的神圣意义,贫穷和苦难不是一种现实生活的无可奈何的选

---

① 戴骢主编:《蒲宁文集》(5卷本),第5卷,合肥:安徽文艺出版社,2005年,第67~68页。

②

择,而是精神上的内在需要,是接近上帝以实现自我灵魂救赎的机缘。

在作品的一开始五十多岁的主人公就提出了关于人生的界限问题——人的生命的开始和结束。倘若人不知道自己是要死的,这是幸福还是不幸呢?"如果不是与生俱来,且也不知死为何物,我还能像过去和现在这般热爱生活吗?"①阿尔谢尼耶夫对社会问题不感兴趣,而且他的世界观中有泛神论的倾向。记忆的宗教色彩在作品中主要表现为与上帝的联系。对上帝的信仰是主人公生活的一部分,并且在阿尔谢尼耶夫的幼年时期上帝就已经成为某种客观的精神现实,直接参与到生活中来并且影响着这一过程。

上帝帮助:"我对待考试的态度也因此而和过去截然不同。我成天埋头背诵,对自己如此孜孜不倦、如此井井有条深为满意。……我每晚要到三四点钟才睡,天一亮又一骨碌爬起来……虔诚地向上帝祈祷,深信上帝一定会助我通过考试,哪怕考的是古斯拉夫语的动词简单过去完成时。"②

上帝拯救:"从这天起,我苦难的日子开始了。名副其实的癫狂将我心灵和肉体的力量吞噬一空。……出乎意料,上帝来救我了。"③

上帝奖励:"为了拯救哥哥,保佑哥哥,我母亲在这一天向上帝立誓终生斋戒,她一生严格遵守这个誓言,直至去世。于是上帝不但宽恕了她,而且还褒奖了她,一年后,我哥哥就出狱了。"④

上帝惩罚:阿尔谢尼耶夫的哥哥因为邻居家的管家告密而遭逮捕。"真是恶有恶报,就在宪兵来巴图林诺村抓走哥哥的那天早晨,那个管家被果园里一棵訇然倒下的大树活活砸死了,而这棵树是他关照砍的。当时我想象他怎样作茧自缚的场面一直留在我的脑海里:一座古老的大果园……一棵参天而立的百年古槐……庄稼汉,挥动寒光闪闪的利斧,越来越深的砍入由于年深日久而硬如磐石的粗大的树身,那个管家则双手插在口袋里,仰望着空中抖动的树冠。也许此时他正得意地感到自己是何等机敏,设下陷阱,将

---

①　戴骢主编:《蒲宁文集》(5卷本),第5卷,合肥:安徽文艺出版社,2005年,第1～2页。
②　戴骢主编:《蒲宁文集》(5卷本),第5卷,合肥:安徽文艺出版社,2005年,第97页。
③　戴骢主编:《蒲宁文集》(5卷本),第5卷,合肥:安徽文艺出版社,2005年,第149～150页。
④　戴骢主编:《蒲宁文集》(5卷本),第5卷,合肥:安徽文艺出版社,2005年,第93页。

那名社会主义者逮个正着吧。不料就在这一瞬间,古槭突然发出嘎嘎的声音,树梢猛地俯冲直下,越来越迅速,越来越沉重,越来越可怕的擦过四周树木的枝丫,朝他砸将下来……"①

在最后一个片断里虽然没有明确地出现"上帝"的字眼,但是整幅图景在阿尔谢尼耶夫看来正应验了《可怕的复仇》里所描写的那种感情:"这种感情便是视有仇必报为最神圣的规律性,视善最终战胜恶为最神圣的必然性,对恶贯满盈予以严惩时毫不留情。这种感情无疑是对上帝的渴慕和信奉。"②更何况自然就是上帝在尘世间的化身。"屋后的果园……依旧美丽如画,留着许许多多百年的椴树、槭树、意大利银白杨、白桦和菩提……这座废园由于这种寂寥落寞的氛围及其神祗般的逍遥自在,益发显得美不胜收。"③这个庄园是阿尔谢尼耶夫母亲的产业,让人不得不怀疑告密者的死就是上帝对他的惩戒。"后来我又多次去过这个庄园",它对阿尔谢尼耶夫有着特殊的意义,引发主人公无限的遐思。"无论天空还是老树,时时刻刻都有自己的神态、形貌、心灵、思虑……我久久地徘徊在树下……席地而坐,思忖着园中的万木……我的心神仿佛已远离我的躯壳,怀着忧思和美好的睿智从天外俯瞰尘世,以洞烛人间'万象'! 每回我流连于这座废园时都不由得会想起那个被古槭压死、与古槭同归于尽的不幸的人……"④阿尔谢尼耶夫在成年之后能够清楚的洞悉自然界中的上帝,对上帝的信仰使少年时期的主人公不仅对亲人的不幸感到痛苦,对敌人的不测也怀有同情。这种在幼年的主人公心中播下的信仰不仅没有随着时间的流逝而消失,反而越来越深入更深层的意识,成为他生命不可或缺的一部分。这样,阿尔谢尼耶夫不只是一个"普通的信徒"(« просто верующий человек »)(布宁在研究托尔斯泰的解脱时使用了这个词),上帝已经成为阿尔谢尼耶夫生命的有机组成。

宗教色彩常常被教堂的钟声衬托出来,主人公第一次对钟声的印象是第一次进城时,"在我头顶上,整个世界响彻着震耳欲聋的奇妙的乐声。这

---

① 戴骢主编:《蒲宁文集》(5卷本),第5卷,合肥:安徽文艺出版社,2005年,第86页。
② 戴骢主编:《蒲宁文集》(5卷本),第5卷,合肥:安徽文艺出版社,2005年,第37页。
③ 戴骢主编:《蒲宁文集》(5卷本),第5卷,合肥:安徽文艺出版社,2005年,第87页。
④ 戴骢主编:《蒲宁文集》(5卷本),第5卷,合肥:安徽文艺出版社,2005年,第87页。

是大天使米哈伊尔钟楼在叩钟。"①这些点滴的印象汇集成为小城市深厚的哲学艺术文化综合。布宁的世界观中始终存在着对死亡的敬畏,因此他也一直尝试用各种方法来克服。远离俄罗斯、远离故乡让作家的宗教情怀更加浓烈。作品中对叶列茨教堂里的祈祷仪式加以描写,诸如参加晚祷仪式等具体的宗教活动都被赋予了全人类的、哲学的含义。

二、白嘴鸦形象

白嘴鸦也是自然的一分子,自然是上帝在尘世的象征,从这个意义上讲白嘴鸦也是上帝在尘世的象征。白嘴鸦在作品中的首次亮相就不是在天空飞翔的形象:"我突然看见一只乌黑硕大的鸟,撑开一只耷拉着的翅膀,侧着身子,在草地上笨拙、慌张地朝谷仓那边跳去。"②白嘴鸦已经被尘世化了,而主人公的心灵也经历了一个尘世化的过程。在阿尔谢尼耶夫早年杀戮白嘴鸦的片断中,"当我冲到那只白嘴鸦跟前时,它突然不再跳动,亮得古怪的眼睛里露出恐惧的神色,它把身子避向一边,紧紧贴着地面,高高抬起张大了的利喙,作龇牙咧嘴状,恶狠狠的发出嘶哑的吱吱声,决心同我搏斗,显然不是想求生,而是要拼死……"③白嘴鸦显出恐惧的神色。但是事实上白嘴鸦应该是另一个形象,它是天上的鸟儿,它如此的贴近天空,贴近上帝。但是在作品中它却被赋予了另一个形象,在白嘴鸦(грач)和主人公(герой)这一对关系中白嘴鸦代表野性、不开化,而在本能(Инстинкт)与心灵(Дух)这对关系中本能则代表野性和不开化。白嘴鸦是"一只乌黑硕大的鸟",乌黑常与夜、死亡联系在一起。主人公杀死了白嘴鸦也象征着他力图战胜死亡。在《丽卡》这一章中当阿尔谢尼耶夫再一次和丽卡交欢的时候感到:"她捧起我的头,于是我又感觉到了我所熟悉的她的甜蜜的嘴唇,我俩的心幸福的揪紧了,似乎停止了跳动。我一跃而起,反锁上门,用两只冰凉的手拉上被风吹得胀鼓鼓的白色窗帘——风在窗外摇撼着由于春天的到来而颜色发乌的

---

① 戴骢主编:《蒲宁文集》(5卷本),第5卷,合肥:安徽文艺出版社,2005年,第6页。
② 戴骢主编:《蒲宁文集》(5卷本),第5卷,合肥:安徽文艺出版社,2005年,第29页。
③ 戴骢主编:《蒲宁文集》(5卷本),第5卷,合肥:安徽文艺出版社,2005年,第29~30页。

树,树上有只白嘴鸦象喝醉酒似的来回折腾,惊恐地大喊大叫……"①这段话可以帮助我们理解本能在作品中的体现。"心幸福的揪紧"(《Смертельное замирание наших серец》)——死亡(Смерть)、"冰凉的手"。

在比较完整地讲述关于皮萨列夫的死亡的片断中主人公感到生命从皮萨列夫身上离开正如热量从人的身体上离开那样,正如大地进入黑暗,变冷。但是在这个片断中有个很重要的场景:

> 燕雀啁啾鸣唱,金合欢树开心地绽出叶芽,呈现出柔美的鹅黄色,泥土、嫩草的气息甜蜜而又痛楚地抚慰着我的心灵。远处,春日橄榄绿的氤氲同还是光秃秃的柳丝融成了朦朦胧胧的一片,白嘴鸦在那边的洼地上、老白桦树上,单调地、神气活现地呱呱叫着,却又没有破坏果园似水的恬静……②

白嘴鸦是常常出现在墓地的一种鸟儿,在俄罗斯的民间习俗和文学作品常常用它象征死亡。这里出现了白嘴鸦的形象,不过白嘴鸦并不是在这里的果园,而是"在那边",是在我处的这个世界之外的所在,并且是在"洼地上",而暮霭、黑夜都是"自下而上越来越浓重"。白嘴鸦的呱呱叫声并"没有破坏果园似水的恬静"象征虽然死亡的阴影无处不在,可并没有太大地影响到充满欢愉的春天的气息。白嘴鸦的出现仍然给欢快色彩的画面笼上一层黯淡的阴影:"在这永恒的可爱的漫无目的的生活中,却无处不潜伏着死亡、死亡!"在一片春意盎然的景色中出现白嘴鸦的叫声,象征着死亡就掺杂在生的世界里。

《阿尔谢尼耶夫的一生》中诸如白嘴鸦等物象都有自己的象征意义,比如在皮萨列夫下葬的日子安亨竟然穿了一件新裙子。"新裙子"在这里象征着新的开始、新的生活。关于这一点有人作出过评价。弗拉季斯拉夫·霍达谢维奇(Владислав Ходасевич)闻讯布宁被授予了诺贝尔文学奖,说了这样一番话:"布宁是一个绝对典型的反象征主义者,即便在他的诗歌的创作中象征主义的表现也是很有限的。"布宁获得诺贝尔文学奖30年以后,A.特瓦尔多夫斯基(Александр Твардовский)在为布宁作品集所作的序言中写

---

① 戴骢主编:《蒲宁文集》(5卷本),第5卷,合肥:安徽文艺出版社,2005年,第262页。
② 戴骢主编:《蒲宁文集》(5卷本),第5卷,合肥:安徽文艺出版社,2005年,第108页。

道："他与同时代著名诗人的诗歌创作特征相距甚远,为此他整整一生都对其进行猛烈抨击……在俄罗斯诗歌的发展进程中……象征主义者的贡献是毋庸置疑的……布宁没能成为他们中间的一员,他的贡献在于在诗歌创作中准确精当地继承了古典传统。"这两位诗人兼评论家对布宁创作的评价殊途同归。

"在所有的可见之中存在着不可见的因素,虽然这些因素并非那么真实。"布宁自己说的这句话非常准确地定位了自然景物具有象征性。布宁运用象征物来表现"不可见的因素"。这就是布宁区别于同时代象征主义者的特征。白嘴鸦的出现在主人理解外部世界的过程中多多少少总会给心灵蒙上一层黯淡的色调,是帮助我们理解主人公心灵史的一个重要形象。

三、宇宙天体形象

宇宙天体在《阿尔谢尼耶夫的一生》中是连接尘世凡俗的心灵与天国之间的信使,正因为这样,当仰望天空的时候,肉体躯壳中的心灵才会有悲喜的情绪,正如在"天父的怀抱"中那样。

自然界中的太阳、月亮、星星等意象常常与其他的自然现象相伴出现:

> 每当朝暾初上,果园里刚一响起鸟鸣,父亲就醒了。他以为大家一定跟他同时醒来,便无所顾忌地大声咳嗽,大声叫唤:"拿茶炊来!"于是我们也都醒了。见到早晨阳光明媚……①

> 在这样的夜晚,父亲不睡在屋内,而是睡在院子里,睡在窗下的大车上;……把窗玻璃映得金光闪闪的月华覆满我父亲全身,我想,月光一定照得他暖洋洋的……②

天空与太阳常常与父亲的形象联系在一起。而大地唤起的则是母亲的形象:

> 如今在遥远的故乡只留下她孤零零一个人,整个世界永远也不会

---

① 戴骢主编:《蒲宁文集》(5卷本),第5卷,合肥:安徽文艺出版社,2005年,第17页。

② 戴骢主编:《蒲宁文集》(5卷本),第5卷,合肥:安徽文艺出版社,2005年,第21页。

顾及她了。愿她安息泉下,愿她亲爱的名字永受赞美。①

于是,对我们具有永恒的诱惑力的土地,脉脉含情而又执拗地把我拥入它的充满母爱的怀里……②

在印欧神话描画的宇宙中,父亲—天,母亲—地是一一对应的。雨滴成为穿梭于天地之间的使者,赋予万物生机。

我至今记得有一天,太阳把青草和院子里的洗衣石槽暴晒得越来越烫,空气越来越沉重,天色越来越阴暗,阴云聚集得越来越缓慢、越来越浓密,终于满天乌云中闪过一道深红色的强光,随即在乌云最深邃、回声最响的高处滚过一阵隆隆之声,紧接着雷电大作,震撼天地,霹雳一个接一个炸落,威力越来越大,气势越来越磅礴,越来越壮观……噢,其时其刻我感悟了世界的无与伦比的辉煌,感悟了以如此完美、如此强有力的物质创造了并主宰着这个世界的上帝的无与伦比的辉煌!后来天昏地暗,闪电大作,狂风四起,暴雨夹着噼啪作响的冰雹劈头盖脑倾泻而下,万物惊恐万状,瑟缩发颤……③

降雨对阿尔谢尼耶夫而言已经不仅仅是一种自然现象,而是天地之间的联姻,是在传递着上帝的某种旨意。

《阿尔谢尼耶夫的一生》的内容饱含了深刻的哲理性,宇宙的深邃、天空的无垠、太阳的神威、星辰世界的奥秘,这些都成为作家哲理思考的载体。在作品中经常会出现神秘的星星、谜一样的月亮、天空和太阳等形象。

占据首要地位的是太阳的形象。太阳的象征意义是非常广阔的。对童年时期的阿尔谢尼耶夫来说太阳象征着生活的欢乐,太阳经常会伴随着许多令人欢快的风景描写:"匪夷所思的是印入我记忆的第一件事竟然是不足道的小事。那时一间浴满秋阳的大屋,由大屋南窗望见冷晖正映照着缓坡……"④以此作为主人公叙述的开端,太阳让主人公的生命充满灵性,开启了

---

① 戴骢主编:《蒲宁文集》(5卷本),第5卷,合肥:安徽文艺出版社,2005年,第9~10页。

② 戴骢主编:《蒲宁文集》(5卷本),第5卷,合肥:安徽文艺出版社,2005年,第44页。

③ 戴骢主编:《蒲宁文集》(5卷本),第5卷,合肥:安徽文艺出版社,2005年,第13~14页。

④ 戴骢主编:《蒲宁文集》(5卷本),第5卷,合肥:安徽文艺出版社,2005年,第3页。

他的心灵世界。明亮闪耀的太阳伴随主人公的乡间生活、第一次随父母进城、中学生活的第一天，照亮了他的内心世界。迈入少年时代的主人公经历了外婆与妹妹娜佳的死亡、哥哥被捕、与家人分离等一系列的事件，生活的色彩开始暗淡起来，太阳也被荫蔽：“天公偏偏不作美，终日阴霾密布……”、“而到了早晨，空中就挂着两个模模糊糊的像镜子一样的太阳，不祥地发着光”、“旭日升高了，不时从秋云后边露出脸来俯视下界；可耀眼的阳光并不暖人”、“果园内猎猎的秋风和秋阳的残照”。在与丽卡深爱阶段常常有和煦阳光的照耀，在丽卡离开的日子里，太阳出现的频率锐减。作为太阳对立面出现的形象是阴影、乌云。阿廖沙惧怕乌云，特别是当乌云蔽日的时候。他从小就害怕“黑屋、阁楼、深夜，害怕鬼、幽灵，换句话说，害怕一到夜里就回阳间游荡的‘亡人’。”[1]在夜间阿尔谢尼耶夫常常会思索关于生和死的问题，“在大斋节前夕……所有的人好像都预感到永别在即，都在寻思或担心今夜会不会是我们在尘世的最后一夜。”[2]太阳的暗淡也常常与不幸或死亡联系在一起，“太阳已经西沉，天色由昏暗而至全黑……大家更是缄口不语了，因为谢尼卡和马都死了……”[3]夜总是被黑暗所主宰，主人公总是将夜和忧伤联系起来，也正是如此，他极力反感丽卡参加化装舞会，因为丽卡要穿件“又黑、又轻、又长的……”丽卡去世后主人公在梦里见到她“美丽的容貌有所衰退，然而风致依旧。她瘦了，身上穿着类似丧服的衣衫。”

月亮总是神秘而诱人的，它给夜间带来光明。“这阵子夜夜月光如华，我时常在子夜醒来，那是甚至夜莺也停止啼唱了。……果园右方，洁净空明的苍穹中高悬着一轮满月……我一边朝前走，一边回眸望着月亮，只见她宛若一面镜子，熠熠生辉……”[4]月亮并不代表寒冷和神秘的死寂，相反，象征着温暖和亲切。作品中充满了各种大自然的意象：夜莺的歌唱、青蛙的啼鸣、六月里茉莉和玫瑰的芬芳、餐桌上的草莓、池边的柳树、修长的柳叶的香

---

① 戴骢主编：《蒲宁文集》(5 卷本)，第 5 卷，合肥：安徽文艺出版社，2005 年，第 22 页。
② 戴骢主编：《蒲宁文集》(5 卷本)，第 5 卷，合肥：安徽文艺出版社，2005 年，第 23 页。
③ 戴骢主编：《蒲宁文集》(5 卷本)，第 5 卷，合肥：安徽文艺出版社，2005 年，第 22 页。
④ 戴骢主编：《蒲宁文集》(5 卷本)，第 5 卷，合肥：安徽文艺出版社，2005 年，第 123～124 页。

味和苦涩、暖和的池水以及浮游其中被太阳晒得暖烘烘的水藻等等。月亮常常与孤单联系在一起,就像月亮虽被星星环绕,主人公虽然身处人群中,却感到孤单,"一轮惨白忧伤的秋月高高的挂在庄园空荡荡的场院上空,秋月是那样的忧伤,充满了那种由忧伤和孤寂合成的超凡脱俗的魅力……然而我当时已经知道,已经懂得我在世上并不孤独,并非孑然一身……人们就这样渐渐进入我的生活,成为我生活不可分割的一部分。"①在孤独的时刻往往引发主人公思索、激发了他的创作欲望:

> 我每回来到阳台,一次又一次为夜色的美丽感到惊愕,感到不可思议,甚至忧伤:怎么会有如此的美色,对此美色我们该做些什么?②

> 我久久地徘徊在树下,目不转睛地仰望着千姿百态的树冠、枝丫、枝叶,竭力想洞悉并且永远记住它们的形象,我踱至果园下边宽敞的斜坡上,席地而坐,思忖着园中的万木……③

星星是又一个发光的宇宙天体。在作品的开头星星就进入幼年阿廖沙的视野中:

> 夜晚,当窗外的果园被黑沉沉的神秘的夜色所笼罩,我躲在昏暗的卧室里的童床上时,一颗岑寂的星星从高空隔着窗子久久地俯视着我……它对我有什么索求? 它在无言地跟我讲些什么,召唤我去何方,要提醒我什么事?"④

到了童年时期,"回到家里,我睡在自己床上,快活得心花怒放,因为床边放着我的新靴子,枕头底下藏着我的小皮鞭。那颗与我心心相印的星星,从高空透过窗子,对我说:这下一切都好了!世界上再没有更好的了,也不需要更好的了!"⑤星星象征着心灵的平和、宁静和欢愉。童年的时候,哥哥傍晚时分会带我一起去散步,"在一个奇妙的亮月夜……在皎月浮游的高空,稀稀朗朗闪烁着几颗蓝色的星星,两个哥哥说,那是我们人类不知道的

---

① 戴骢主编:《蒲宁文集》(5卷本),第5卷,合肥:安徽文艺出版社,2005年,第10页。

② 戴骢主编:《蒲宁文集》(5卷本),第5卷,合肥:安徽文艺出版社,2005年,第123页。

③ 戴骢主编:《蒲宁文集》(5卷本),第5卷,合肥:安徽文艺出版社,2005年,第87页。

④ 戴骢主编:《蒲宁文集》(5卷本),第5卷,合肥:安徽文艺出版社,2005年,第5页。

⑤ 戴骢主编:《蒲宁文集》(5卷本),第5卷,合肥:安徽文艺出版社,2005年,第6~7页。

世界,也许这些世界是美丽和幸福的,迟早有一天,我们人类可能登上这些星座……"[①]

除了太阳、月亮、星星这些具体的形象之外,还有广袤的天空的形象。常常与大地、海洋、深渊的意象共同出现。

古斯拉夫多神教作为一个原始宗教体系具有多神教的特征,其核心是对自然力量的崇拜。公元 988 年,基辅罗斯大公弗拉基米尔将拜占庭的东方正教引入基辅罗斯,命令所有的基辅罗斯人跳入第聂伯河中进行基督教的洗礼,这就是历史上著名的"罗斯受洗"。但是在人们的观念中仍然没有放弃对多神教神祇的崇拜,在人们的意识和生活中,旧的多神教成为新的东正教不可分割的部分。俄罗斯自己的神话体系的形成,只是相对于希腊、印度、埃及等神话而言比较简单而已。受洗的罗斯人仍然崇拜和祭祀风神、太阳神、雷神、火神、畜神以及山妖、夜叉和吸血鬼等。《阿尔谢尼耶夫的一生》中出现的几乎所有形象都获得了神话象征意义。自然现象(光明、阴暗、雪、雨、雷、风、云、乌云)、基督教(庙宇、蜡烛、圣像、各种宗教仪式)、在日常生活和宇宙间的各种时间(昼夜、年、星期、年龄),向阳处、植物和动物、食物、房子等等存在于天地宇宙中的各种存在。围绕父亲—天、母亲—地为中心,作品中还存在各种维度、各种坐标体系,它们建立起了相互影响的纵向结构,形成一系列镜像反映,使各种形象都能够找到相似的表现、某些与之一致的神话等价物。

阿尔谢尼耶夫不信任理性逻辑看待世界的方法,而更偏重于感性直觉。记忆是本能的高级形式,赋予个体创作的天赋。阿尔谢尼耶夫创作的全部材料都来源于过去,布宁认为:"刚刚发生的事情还不足以形成记忆,它们还没有被加工改造,创作需要的是那些对已经逝去很久的事件的记忆。"[②]作品中描述的世界是世界在作者脑海中的投射。"那个神话般美妙的夜晚,尽管时隔多年,我至今历历在目!脑海里仍浮现出当年我如何驱车奔驰在巴图林诺村和瓦西列夫斯基村之间的雪原上。……一切都在飞奔,都在赶路,同

---

① 戴骢主编:《蒲宁文集》(5 卷本),第 5 卷,合肥:安徽文艺出版社,2005 年,第 21 页。
② Бунин И. А. Записи// Новый журнал, №82, С. 121.

时却又像一动不动地停在那里等候。"①作品材料的选择不是根据情节和年代,仅凭感觉,记录下那些未被遗忘的。只有那些能够在记忆中保存下来的才是重要的。传统的传记将事件按照其重要性划分出不同等级:首要的、次要的、重要的、不重要的,在布宁的作品中则没有显明的等级,事件都处于同等地位,不管是家族的谱系,还是沙沙作响的小甲虫坚硬的翅鞘,抑或是初恋,抑或是黑黑的、硬硬的、发出暗淡的光的黑鞋油,这些在作品中都有着同等重要性。对中学学习的具体经历一笔带过,而对自己对文学和画画的酷爱则浓墨重彩地加以渲染。对事件的选择完全不是理性思考的结果,而是感性的产物。

本章小结

本章重点从情节布局角度研究主人公心灵发展史,情节淡化,事件之间的因果联系不紧密,而且不是按照事件发生的时间先后顺序来排列的,而是按照回忆的逻辑。所回忆之事用通常的标准来衡量也并不一定都是非常重要的事,而是一些不相连贯的感情和思想的激流,是对过去"紊乱的"回忆和对未来迷茫的猜测的激流。主人公自我意识的成长经历了我(я)→人(человек)逐步深入的过程;并通过上帝与死亡、大自然、宇宙天体等形象来呈现主人公自我意识。由此可见,布宁书写记忆重内心体验,重心灵史的展示,导致了作品的无情节性。

---

① 戴骢主编:《蒲宁文集》(5 卷本),第 5 卷,合肥:安徽文艺出版社,2005 年,第 217 页。

第四章

作品的时空体

　　文学在对时间与空间的把握上具有独特性。莱辛曾经就此而写道：在文学作品的核心——是行动，也就是在时间中流逝的过程，因为话语具有时间的长度。空间概念也总是会进入文学之中。与雕塑和绘画所固有的那些特质不同，空间概念在文学中并没有直接的、可以被感觉到的确确凿凿的真实性、材料上的瓷实性和直观性，它们是间接的、凭借联想而被感知接受的。

　　在文学中描绘的时间观念与空间观念，会构成某种统一体，那种继 M. M. 巴赫金之后通常称之为时空体的统一体。Л. H. 托尔斯泰的作品中过去、现在、未来不同的时间层面之间的界限比较清晰，偶尔会互相穿插交错。叙述者具有双重身份，在讲述童年和青年时代的经历的时候，叙述时间上采用了历史现在时。而布宁则采用了全新的时间描述手段。他的历史感很弱，时间对他而言是停滞的，过去、现在以及对未来的投射汇成一股秩序"混乱"的洪流，不同的时间片层穿插交错，各种印象纷乱复杂。

　　时间和空间无论在情节本身还是在各个形象中，都融合为一个不可分割的整体。自然的时间和人类生活的时间在文学作品中进入了最紧密的相互作用和相互渗透之中。我们在此借用巴赫金对时空体的定义："在文学中的艺术时空体里，空间和时间标志融合在一个被认识了的具体的整体中。时间在这里浓缩、凝聚，变成艺术上可见的东西；空间则趋向紧张，被卷入时间、情节、历史的运动之中。时间的标志要展现在空间里，而空间则要通过时间来理解和衡量。这种不同系列的交叉和不同标志的融合，正是艺术时

空体的特征所在。"①

在《阿尔谢尼耶夫的一生》中既有开放的空间形式:广漠的莽原,无涯无际的白雪的海洋,庄稼、青草和野花的海洋,无涯无际的莽原,莽莽原野,草原伸向无涯,无涯无垠的、平坦得浑如打谷场的草原,广袤无垠的茫茫草原阴沉沉地一直伸展至天陲,深邃的穹苍,广阔的夜空,蔚蓝广阔的天幕、一条深不见底的黑森森的山涧蜿蜒而行;又有封闭的空间形式:庄园、教堂、大屋、果园、院子、谷仓、牲畜棚、干燥棚、马厩、车棚、古堡、农舍、校舍、火车。窗户、门成为被分割的一个个封闭空间的代表象征物,是沟通交流的中介物,是小说的空间。作品中的事件都是在这些地方展开的。在这些空间载体中,人们做出决定、获得新生或招致灭亡。作品中的所有景物虽然在时空中的位置各不相同,但是都处于平等地位,没有等级高下之分。随着主人公的成长,他始终感觉到未知世界对他的召唤,充满游历的激情。他从卡缅卡到巴图林诺和瓦希里耶夫村,从巴图林诺到叶列茨、奥廖尔、斯摩棱斯克、波洛茨克、维切布斯克、小俄罗斯、彼得堡、莫斯科,从俄罗斯到法国。带领主人公走向远方的有:俄罗斯驿道古风盎然的诗情画意,无人知晓的小路。小小的火车头神气活现,打(火车头)大脑袋的烟囱里冒出一股股浓烟,烧红了烟囱令人通体舒泰的热气,飞滚的轱辘(火车轮),安逸温暖的车厢,火车向着不可知的地方飞驰。虽然主人公是一个游荡者,在游历了众多地方之后,在作品的结尾他又回到了巴图林诺——游历开始的地方,自己的故乡。

主人公常常在真实世界与虚构的想象中自由穿梭。在本章中我们将会考察布宁小说的时空体特征。在揭示心灵流变的过程中时空体扮演了什么角色?出现了哪些具体的时空形象?不同的时空层面之间是通过什么方式如何相互转换的?这些是否形成了布宁记忆书写的独特性?

第一节　时空体形象剖析

《阿尔谢尼耶夫的一生》的时空体建构有其内在逻辑,它的空间并不是

---

① [苏]巴赫金:《巴赫金全集》(7卷本),第3卷,石家庄:河北教育出版社,2009年,第269~270页。

混乱的,而是从中心向四周扩散。处于中心位置的是主人公出生和成长的地方——巴图林诺、叶列茨、奥廖尔,然后逐步向外延伸:

> ……可我对这个奥廖尔几乎一无所知,单就这个城市的火车站来说,就令人目迷五色了,这是个何等巨大的铁路枢纽站呀,其轨迹贯通整个俄罗斯,北通莫斯科和彼得堡,南达库尔斯克、哈尔科夫,更主要的是可以直抵那个塞瓦斯托波尔……我父亲的秦春年华似乎永远留在那儿了……①

童年和青年时代与东方联系在一起,东方——"霞光"、"满天的红焰"、"空气清新、亮丽得出奇"②南方与俄罗斯的历史联系在一起,常常被明亮的阳光照耀着,往往与父亲一天、"天父的怀抱"联系在一起。

> 我梦想中的世界是罗斯南方春色撩人的广阔天地,这片天地以其古老的历史和当今的现实愈来愈使我沉迷其间而无从自拔。当今的现实是一个幅员辽阔、资源富饶的地区,其田野、草原、田庄、村落、德涅伯河、基辅、坚强而又温和的人民是何等的美呀!他们日常生活中的每一个细节都说明他们是爱美的、爱整洁的。他们是真正的斯拉夫人、多瑙河人、喀尔巴阡山人的后裔。而在古代,那里是佩彻涅格人和波洛伏奇人的摇篮,曾有过两个斯维亚托波尔克和两个伊戈尔——仅这些名字就令我神往了。③

> 许多年后,我对柯斯特罗马、苏兹达尔、乌格里奇、大罗斯托夫的感情才在我心中苏醒……北部是彼得堡,阴霾的极地,寂寥的苍白的天空,人们置身于它的黑暗、复杂和凶险的宏伟之中。

在横轴上空间向东南西北四个方向伸展,纵轴上分为天、地、阴间三个层次。

在布宁的记忆书写中代表时空的形象都具有各自的象征意义:房子——封闭的空间形象,阿尔谢尼耶夫的房间位于宅第的屋角上,处在一个比较边缘的位置,面对果园的两扇拉窗早已朽烂。主人公便是在这样一间

---

① 戴骢主编:《蒲宁文集》(5卷本),第5卷,合肥:安徽文艺出版社,2005年,第169页。

② 戴骢主编:《蒲宁文集》(5卷本),第5卷,合肥:安徽文艺出版社,2005年,第181页。

③ 戴骢主编:《蒲宁文集》(5卷本),第5卷,合肥:安徽文艺出版社,2005年,第187页。

败屋里做着种种幻想。原野——开敞的空间的形象,门槛、窗户、门——连接封闭空间与开敞空间的媒介。门在作品中还是隔开生与死的形象,在皮萨列夫的葬礼期间,门的形象多次出现:"我做了最大的努力,才把脚从床上放下,打开书斋门,蹑手蹑脚地跑过黑洞洞的走廊,把耳朵贴在漏出烛光的大厅的门上……"①大地让他感受到的是空间的无边无际,道路引领他探求未知的世界。天空让他感受到宇宙的无限广阔、上帝、永恒。这些物象在各个时期的俄罗斯文学中都有着丰富的内涵。例如,Н. В. 果戈理《旧式地主》中的房子和 Ф. М. 陀思妥耶夫斯基《被侮辱与被损害的》中状如棺材的房子形象,还有 Н. В. 果戈理的《塔拉斯·布尔巴》和 А. П. 契诃夫的同名小说中的荒原形象等。在 И. С. 屠格涅夫晚年创作的《门槛》中门槛象征着一种间隔、一种阻碍、一种困难。在他的整部《散文诗》中还有一系列的象征形象。比如,老妇人象征命运,大山象征永恒,长翅膀的女人象征青春和灵感,蔷薇花象征爱情等等。经典文学作品中具有代表性的重要场景在现当代作家的作品中也获得了新的诠释。因此,在布宁的记忆书写中房子的形象与封闭空间联系在一起并非巧合。

在布宁晚年(1952 年)的一首诗《夜》(《 Ночь 》)中有这样两句诗:月下没有别人/只有我和上帝(Никого в подлунной нет/Только я да Бог),夜、我、上帝三者统一。可以看出,作家坚持不懈直至晚年都在努力探求和理解上帝。Т. П. 格里戈利耶娃认为布宁的艺术思想符合东方宗教中的轮回思想,结束是一个新的起点、新的开端。不管是大自然中的冬去春来,还是人生的死亡与新的诞生,都形成一个回环状的结构。

一、庄园形象

在布宁的记忆书写的时空体建构中,庄园形象屡屡出现。它所产生的背景伴随着"庄园神话"的兴衰。"庄园神话"(усадебный миф)经历了长期的文化和思维意识的演进过程,它有自己的历史渊源。经历了从欧洲田园诗的传统和留存于俄罗斯文化传统中的旧宗法制、俄罗斯农业乌托邦

---

① 戴骢主编:《蒲宁文集》(5 卷本),第 5 卷,合肥:安徽文艺出版社,2005 年,第 110 页。

(аграрная утопия)的结晶向"庄园神话"的繁盛与衰退的不断发展。在 19 世纪初期,与社会发展相适应,俄罗斯文学进入"黄金时代","庄园神话"也日益盛行,与其相关的人们的心理状态也开始转变。Домников С. Д. 认为:"这一时期对祖国的认识被革新。旧说把祖国看作专制国家的观念化作故乡、居所、自然的美景等隐秘的形象,寻求理解人的内心世界与外部环境的关系。研究者们认为:'庄园乌托邦已经演变成文学中的俄罗斯庄园神话。'"[①]19 世纪最后 30 年,"庄园神话"出现危机,因此它改变形式,转变决定它未来结构的语义,"庄园神话"逐步让位于更具生命力的形式。这个过程在俄罗斯文学中不止一次地被写到(И. А. 冈察洛夫、А. Н. 奥斯特洛夫斯基、И. С. 屠格涅夫),最具代表性的作品是 А. П. 契诃夫的《樱桃园》(«Вишневый сад »,1903—1904)。《樱桃园》展示了地主贵族的没落和被新兴资产阶级取代的历史过程。樱桃园伐木的斧声伴随着"新生活你好!"的欢呼声,表现了毅然同过去告别和向往幸福未来的乐观情绪。然而由于契诃夫的思想的局限性,所以他笔下的新人不知道如何创建崭新生活,他们渴望的"新生活"始终只是一种朦胧的憧憬。"樱桃园"已经被赋予了象征意义,是对未来的美好愿景。俄侨文学成为保存被击碎了的俄罗斯庄园神话的最后一块处女地。由此而产生了一种很奇特但是又非常典型的现象:庄园消失得越快,"庄园神话"的意义留存得越坚固越久远。

庄园形象与庄园、房屋、树木等有着密切的联系,它们往往是俄罗斯的象征。在布宁的作品中常常集中在三个象征物上:花园、房屋、树木。因此带花园的房屋往往成为具有象征性的综合体,在《阿尔谢尼耶夫的一生》中成为充斥着一系列具有象征意象的统一主题与时空,主人公在其中有着独特的感受。在巴图林诺的庄园中生长着珍贵的松树,对阿尔谢尼耶夫来说这是祖辈们的容身之处:

　　巴图林诺庄园美不胜收,尤其是在这年冬天。院场大门口耸立着两根石柱,积雪好似乱琼翠玉铺满了院场,雪橇滑过积雪刻下了一道道撬辙,一派静谧无声、阳光普照的景象。厨房里飘出的阵阵甜津津的油

　　① Домников С. Д. Мать—земля и Царь—город. Россия как традиционное общество. , М. : Алетейа, 2002, С. 571—572.

烟味散溢于寒冷砭骨的空中,一行行足迹由厨房通至<u>正屋</u>和由<u>下房</u>通至厨房、<u>马厩</u>及场院周围的<u>杂用房</u>,给人以一种无以名状的居家安适的感觉……到处都静悄悄的,闪亮着雪光,屋顶上厚厚的积雪洁白无瑕。打正屋的两旁可以望见果园,果园内乌黑而又稍稍泛红的枝丫由于深埋在冬雪中,显得矮了许多。<u>正屋屋顶</u>陡峭的坡水后边,在两缕宁静的袅袅升往云霄的炊烟之间,我家那棵<u>百年古杉</u>将它墨绿的树冠直插<u>碧空</u>,就像雪山的巅峰……被太阳照得暖烘烘的<u>门廊</u>的<u>山墙</u>上,停着几只像修女般的乌鸦,平日它们总是呱呱聒噪,但此刻却十分安静,舒适的眯着眼睛;嵌有细小的方框的<u>窗扉</u>被炫目欢快的阳光和像宝石般寒气森森的雪光照得眯缝起眼睛,亲切地注视着<u>户外</u>……"[①]

这里"__"部分指示出有关庄园空间信息的词和词组。具有象征性的"百年古杉"具有基本的语义意义,类似于在许多神话中出现的"天树"(мировой древ),是支撑整个世界的纵轴。它位于天、地、阴间三个层面的中间层。天是上帝和神仙的居所,阴间则是亡灵和恶魔游荡之地。

作为世界的纵轴,在传统文化中树象征宇宙中井井有条的秩序。布宁选择的常青树中的云杉有着丰富的神话谱系,特别是在基督教文化中。云杉通常被认为是代表死亡的树种,随后西方文化中云杉被赋予了"诞生"的含义。因此云杉具有双重性且具有互为矛盾的意义:一方面它与阴间、亡灵等联系在一起,经常在葬礼上出现,另一方面又与"诞生"联系在一起。与树一起出现的常常还有房屋,它们的出现通常保障了空间结构的稳定。"庄园神话"并不只是庄园的被毁、房屋的坍塌,其中融合了 И. С. 屠格涅夫、契诃夫开启的文学传统。布宁写道:"俄罗斯的作家们怀着多么深情的爱去描写那些被人们遗忘的角落、废弃的花园。正是这些俄罗斯心灵让这些荒凉、偏僻和没落显得多么的可爱和令人愉快!"[②]布宁与老一辈的侨民作家们见证了"庄园神话"由盛而衰到最后消亡的过程。

---

① 戴骢主编:《蒲宁文集》(5卷本),第5卷,合肥:安徽文艺出版社,2005年,第101~102页。

② И. А. Бунин и мировой литературный процесс: Материалы международной научной конференции, посвященной 130—летию со дня рождения писателя, Орел, 2000, С. 7.

庄园形象在记忆书写中是一道独特的风景。

二、道路形象

布宁在《阿尔谢尼耶夫的一生》中八次提到了穿行在修道院和城堡之间的向西的道路：(1)"我们的归途笔直朝西，正对西坠的落日。"[①](2)"最后公路终于穿行在古城堡和古修道院之间了。"[②](3)"那条通往城外的古城堡和修道院的长街笔直如箭，尘土飞扬，洒满稍纵即逝的炫目的夕照。"[③](4)"然后，离开修道院，沿着长街回城……"[④](5)"我送父母到修道院和城堡。那条穿过这两座古建筑的公路已上了冻，硬如石头……"[⑤](6)"瞧，那座黄不棱登的监狱，……此刻监狱的铁窗正面向太阳，纹丝不动地望着公路对面的修道院……"[⑥](7)"在县城，在空荡荡的木板广场，在庄严肃穆的修道院，在修道院的高墙、基地的林木、鎏金的教堂圆顶，在一望无际的平坦的草原，在那条穿越这片草原向北方澄碧的天陲伸展而去的公路上方，有好几片硕大美丽的紫罗兰色云朵浮游于淡蓝色的明净的天……"[⑦](8)"我……偶尔也去谢普纳亚广场散步，从那里再踱至修道院后面的空地，那儿有个很大的公墓。公墓的围墙建于古代。"[⑧]在道路上的某个时间和空间点上，一切阶层、身份、信仰、民族、年龄的代表在这里交错相遇。它也是一个可以进行狂欢的场所。在道路上，被社会等级和遥远空间分隔的人可能偶然相遇到一起。在道路上，任何人物都能形成相反的对照，不同的命运会相遇一处相互交织。在道路上，人们的命运和生活的空间系列和时间系列，带着复杂而具体的社会性隔阂，不同一般地结合起来，社会隔阂性在这里得到了克服。这里时间仿佛注入了空间，并在空间上流动(形成道路)，由此道路才出现如此丰富的比喻

---

① 戴骢主编：《蒲宁文集》(5卷本)，第5卷，合肥：安徽文艺出版社，2005年，第7页。
② 戴骢主编：《蒲宁文集》(5卷本)，第5卷，合肥：安徽文艺出版社，2005年，第57页。
③ 戴骢主编：《蒲宁文集》(5卷本)，第5卷，合肥：安徽文艺出版社，2005年，第66页。
④ 戴骢主编：《蒲宁文集》(5卷本)，第5卷，合肥：安徽文艺出版社，2005年，第69页。
⑤ 戴骢主编：《蒲宁文集》(5卷本)，第5卷，合肥：安徽文艺出版社，2005年，第89页。
⑥ 戴骢主编：《蒲宁文集》(5卷本)，第5卷，合肥：安徽文艺出版社，2005年，第91页。
⑦ 戴骢主编：《蒲宁文集》(5卷本)，第5卷，合肥：安徽文艺出版社，2005年，第91页。
⑧ 戴骢主编：《蒲宁文集》(5卷本)，第5卷，合肥：安徽文艺出版社，2005年，第215页。

意义：“归途”、“长街”、“公路”等等。

从城里返家，主人公看到"一幢大得出奇也沉闷得出奇的黄房子……房子上密密麻麻都是窗户，而且每扇窗户上都装有铁栏杆，四堵砖砌的高墙把房子围得密不透风，开在围墙上的大门锁得严严实实……"①这个景象在作品中后来被多次提到。监狱和囚牢为主人公的心灵开启了尘世生活的实质。尘世生活的象征物那时还不被作者所了解。进城熟悉物品世界是发生在对人的了解之后的。年幼的心在自然界和对上帝的感知中想象着这个世界。有着无数街道和房子的城市是什么？这就是人们创造的世界。

主人公从一出世就生活在人们创造的世界当中。如果说城市是人们创造世界的集中体现，那么监狱又有什么含义呢？监狱位于城市的入口处，可主人公出城的时候才注意到它。这是一个封闭的空间，进城和出城都从它旁边经过，它里面是什么样子？出城的主人公首先看到的是："只见前方远远地呈现出了我所熟悉的那个世界：无涯无际的莽原的那种乡野的质朴和自由自在。我们的归途笔直朝西，正对西坠的落日。"②请注意"自由自在"这个词，与之相对的是"被役使"。在田野中感到的是自由自在，在城市中感受到的则是不自由、被役使。田野正是自然世界，是上帝在尘世的象征。城市则是尘世生活的象征，进城——远离上帝，出城——回归上帝。出城的主人公正对着西坠的落日，黑夜即将来临，黑夜象征死亡，而死亡也正是向上帝的回归。作品中描写的城市在现实中的原型是叶列茨，它在 18 世纪曾经被重新规划，它的建筑设计师 A. 克瓦索夫（A. Квасовый），它是严格依照古典主义的标准建立的，所有的街道都是东西走向。向西正是指向罗马的方向。主人公对进城时的所见不复记忆并不是巧合。

我们进城时都见到了些什么，我已不复记忆，然而进城后第二天早晨的情境却至今历历在目！我发现身下是一条深渊，是由两排我从未见到过的危楼巨厦堆砌成的峡谷，太阳、玻璃、招牌的闪光耀得我目迷五色，而在我头顶上，整个世界响彻着震耳欲聋的奇妙的乐声。③

---

① 戴骢主编：《蒲宁文集》（5 卷本），第 5 卷，合肥：安徽文艺出版社，2005 年，第 7 页。
② 戴骢主编：《蒲宁文集》（5 卷本），第 5 卷，合肥：安徽文艺出版社，2005 年，第 7 页。
③ 戴骢主编：《蒲宁文集》（5 卷本），第 5 卷，合肥：安徽文艺出版社，2005 年，第 6 页。

一派多么喜庆的气氛！主人公出城的时候看到栏杆后面的囚犯脸上的"表情混合着难以形容的落寂、悲伤、麻木、顺从，同时又怀着某种强烈而又阴郁的渴望……"①这段描写引发读者无限的遐思。

在作品的第二章中，主人公不止一次地描写监狱，在监狱旁边往往会有修道院，监狱和修道院中往往有一条通向落日的道路，暗示被囚禁在尘世的灵魂趋向上帝的话就会获得自由。修道院的墙将尘世及其中的诱惑隔离在外，在这里意指人们在死亡之前通向上帝的途径。监狱象征没有信仰的尘世生活，这种生活是肉体对心灵的遮蔽。修道院则是指处在尘世生活中的心灵的完全自由，不过绝大多数人都无法达到。平常人走的是位于修道院和监狱之间的那条路。第二章中的阿尔谢尼耶夫已经处于自己的青年时代，在这一章中"监狱、修道院、道路"三个形象共同出现的次数有 8 次。根据《福音书》记载，耶稣受难之时，和他一起被钉在十字架上的还有两暴徒，钉在他右边的那个死前在忏悔，钉在他左边的那个则嘲笑耶稣。我们从城市往外看，看到的是一条通向落日的路。作品中道路的右边是修道院，左边则是监狱，修道院是忏悔的地方，监狱则被用来惩治暴徒。因此在监狱和修道院的布局上作者也是极具深意的。

在《托尔斯泰的解脱》中有这么一段关于城市的描写："天主不可能不知道，这世上有疾病、苦难、衰老、死亡。为什么他在出城的时候面对所见之景如此震撼呢？"布宁设此问，随后又回答说："因为他亲眼所见的就像天地混沌未开时那般，天地万物都绞合在一起。"②这里出城的行为和城市本身的形象的象征意义都很明确。疾病、死亡不仅仅存在于城市之中，而存在于尘世间的每个角落。城市是一个闭合的空间，这个空间是整个尘世生活的一个模型。往往只有智者才能洞悉到世界的天地初开之前的混沌状态。这样才能让我们对世界进行理解的客观性效果显露出来。

三、城市形象

《阿尔谢尼耶夫的一生》中有两种描写城市的方法：一种是对城市进行

---

① 戴骢主编：《蒲宁文集》(5 卷本)，第 5 卷，合肥：安徽文艺出版社，2005 年，第 7 页。

② Бунин И. А. *Собрание сочинений*, в 10—х т., т. 9, М., 2009, C. 124.

详细描写,并不直接给出其名;另一种是直接或者间接地给出其名字,简略勾画其轮廓。城市形象在作品中的首次出现是这样的:

> 在我称之为祖国的国家里,有不少与我栖身地相似的城市,这些城市一度曾欣欣向荣,可现在已经衰败、贫穷,居民过着平庸低微的生活。尽管如此,每个城市中都屹立着一座十字军骑士时代的灰色塔楼和宏伟的教堂,尤其主宰着——并非虚有其名的——这座城市的生活,教堂无价的正门天长地久地护卫着圣像,十字架上的公鸡直插云霄,它是上帝的喉舌,召唤人们走向天国。①

有研究者考证,这一描写非常像是法国的城市阿姆布斯(Амбуаз)。既然在作品的一开始作者说自己出生在"俄罗斯腹地的乡间",那么为什么又要将其描写成法国小城的景象呢? 这是记忆中出现的差错还是作者的故意安排? 笔者认为,这种对地理空间位置的故意模糊反映的是时空的交错和迅速切换。布宁对城市的描写常常同"感知、理解上帝"的主题相联系,常会提到耶稣。例如"十字架上的公鸡"就是一个非常具有代表性的宗教形象。

阿尔谢尼耶夫出生在沃罗涅日(Воронеж),但是对自己幼年时代的记忆非常有限,他的童年时代是在"穷乡僻壤"中长大。这是在自己的暮年回忆自己的人生,只能依稀记起第一次进城的景象:"在这几桩事中,居于首位的是我平生第一次旅行,这次旅行同我此后许许多多次旅行相比,路途最遥远,经历也最不寻常。父母亲要去我心向往之的叫做城市的地方,把我也带去。"②整个第 3 节两页半的篇幅都与这次进城有关,通过一些细节描写给出了主人公对叶列茨的最初印象。小说第一章中就描写了超过十个城市和国家的形象。第二章一开头描写了阿尔谢尼耶夫上中学的县城,这个县城是以叶列茨作为原型的。从编年史上最早关于这座城市的记载开始算起,叶列茨在 1996 年就已经有 850 年历史了:

> 这个县城以其悠久的历史而自豪,它有充分的理由自豪;它是俄罗斯最古老的城市之一,位于伟大的黑土原野之中。这片办草原处于那条战火频仍的地带,曩昔"野蛮陌生的土地"曾经穿越这条地带向纵深

---

① 戴骢主编:《蒲宁文集》(5 卷本),第 5 卷,合肥:安徽文艺出版社,2005 年,第 3 页。
② 戴骢主编:《蒲宁文集》(5 卷本),第 5 卷,合肥:安徽文艺出版社,2005 年,第 5 页。

伸展开去,而在苏兹达里公国和梁赞公国的年代里,它属于俄罗斯最重要的堡垒之列。据编年史讲,这些堡垒最先呼吸到时时压在俄罗斯头上的阴森可怖的亚细亚乌云所刮来的风暴、尘土和寒气;最先看到亚细亚乌云纵火焚毁城乡村镇的狰狞火光;最先告诉莫斯科大祸将临;最先为保卫莫斯科而陈尸沙场。①

在第二章中阿尔谢尼耶夫描写了很多中学生活的场景。不仅复现了叶列茨的地形,还努力地思考自己的命运和俄罗斯的命运。有一个场景在第二章中反复出现:"进关后,公路傍着古老的亡乡向前行去,然后经过一片大的望不到边的沼泽,沼泽污秽不堪,有个十分下流的名字。最后公路终于穿行在古城堡和古修道院之间了。"②

城市的富裕程度也是比较符合叶列茨的现实情况的:"我们这个县城由于财源广进、人口众多而十分繁荣。它本来就够富裕了,终年同莫斯科、伏尔加、里加、列维尔等地做买卖,现在这个季节就更富了……"③作品中也出现了许多叶列茨的真实地名:亡乡、黑镇、河东、良马地。作品中阿尔谢尼耶夫有十多次回忆度过自己童年和青年时代的城市,但是只有两次使用叶列茨:"我们家的近邻阿尔菲罗夫的儿子好端端地在彼得堡军医学院学习,忽然失踪了,满彼得堡都找不到他,不久他却出现在叶列茨近郊的水力磨坊内,当了装卸工,一身下等人打扮。"④"再说,托博尔斯克有哪一点比叶列茨和沃罗涅日差?"⑤作品中提到的城市多达 60 多个,但是其中有几个是具有典型性的代表,例如:Иерусалим—— это небесный Град. 格拉斯位于法国的阿尔巴(Альпа)地区:"我步出家门,来到梯形花园里棕榈树下那片铺满砾石的小小的广场,由那里眺望,碧空下阳光灿烂的山谷、海洋和山岭尽收眼底。"⑥还有小俄罗斯城市哈尔科夫:"整个城市掩映在郁郁葱葱的花园中,在一处

---

① 戴骢主编:《蒲宁文集》(5 卷本),第 5 卷,合肥:安徽文艺出版社,2005 年,第 57 页。
② 戴骢主编:《蒲宁文集》(5 卷本),第 5 卷,合肥:安徽文艺出版社,2005 年,第 57 页。
③ 戴骢主编:《蒲宁文集》(5 卷本),第 5 卷,合肥:安徽文艺出版社,2005 年,第 65 页。
④ 戴骢主编:《蒲宁文集》(5 卷本),第 5 卷,合肥:安徽文艺出版社,2005 年,第 82 页。
⑤ 戴骢主编:《蒲宁文集》(5 卷本),第 5 卷,合肥:安徽文艺出版社,2005 年,第 90 页。
⑥ 戴骢主编:《蒲宁文集》(5 卷本),第 5 卷,合肥:安徽文艺出版社,2005 年,第 194 页。

山岩上有座盖特曼大教堂。从这个山岩上可以眺望东南两边。"①

四、小俄罗斯形象

对民族历史的关注是 19 世纪末 20 世纪初作家们的创作一大特色,对于布宁这样一个对各种文化、不同民族的民族特征感触非常敏锐的作家来说,尤为突出。乌克兰的形象,也就是布宁作品中称作"小俄罗斯"的形象也大量出现在他的作品中。对乌克兰的描写通常笼罩着温暖祥和的气氛。乌克兰的美景、小俄罗斯的庄园、乌克兰弹唱抒情诗的欢快、民族生活的鲜明特征、亲切可爱的乌克兰语音语调都充斥在布宁的创作中。《阿尔谢尼耶夫的一生》第四章和第五章描写了主人公在乌克兰的那段岁月,这两章贯穿着主人公浪漫的情绪,年轻的、激情澎湃的阿尔谢尼耶夫离开家乡,来到一个全新的环境中,用他自己的话来说,"见识了那么多事物,……感触良多,有耳目一新之感。"那段日子充满了活力、充斥着各种各样的新鲜的印象。在去乌克兰的路上作者就已经感到非常欢愉,甚至是火车对他而言也显得非常新奇,"机车是美国造的,马力和速度都大得吓人……车窗都挂有毛呢窗帘,从蓝色的丝绸灯罩下面泻出半明半暗的灯光,温暖舒适,好像富宅一般,置身于这样的车厢里过夜(而且还是去南方),我觉得是人生一大乐事……"②兴奋异常的、极端敏感的主人公很快就迷恋上了这片全新的土地,生性就对空气和光线最细微的差别极其敏感的阿尔谢尼耶夫一到哈尔科夫,首先就对哈尔科夫空气和光线惊异不止:"柔和的空气以及比我们家乡要亮得多的光线。"光线在对乌克兰的细节描写中占据首位,将所有关于乌克兰的材料串联起来。在东斯拉夫的民俗传统中太阳总是与正面、美好的形象联系在一起,这在其他民族的神话中也多是如此,布宁沿袭了这一传统。在描写主人公心灵状态的时候,作者引入了这些元素,使作品的结构更加复杂。不仅仅描述乌克兰的具体时空,还涉及乌克兰的民族学、生活节奏、日常举止等方面。

在《阿尔谢尼耶夫的一生》中乌克兰被笼上了一层神秘的色彩,对其大

---

① 戴骢主编:《蒲宁文集》(5 卷本),第 5 卷,合肥:安徽文艺出版社,2005 年,第 264 页。
② 戴骢主编:《蒲宁文集》(5 卷本),第 5 卷,合肥:安徽文艺出版社,2005 年,第 169 页。

自然的描写色彩鲜明,有着浓郁的传统的浪漫主义色调,在我们的面前展开了一个诗意的、美丽的世界。乌克兰是一个国土面积虽不大但是非常富饶的国家:"杨树是那么高大粗壮,令我俩叹为观止。正值五月天,常有雷暴和骤雨,一到这种时候,杨树厚实的叶子就绿得发亮,而且散溢出树枝的清香!这里春天绚丽多彩,夏天炎热,秋天清朗悠长,冬天温和,吹着湿风……"①布宁通过对杨树、花园、太阳等意象的重复,口头文学中关于乌克兰形象的描写从不同层面传递出日常生活的诗意美。乌克兰口头文学在作品中与主人公的声音相互呼应,词汇和成语也互相映衬,使得作品艺术形式中融合了各种元素。乌克兰民谣"嗨,山上那个女人在割麦……"②让布宁感受到了充满浪漫主义和神秘色彩的乌克兰古老而又似英雄史诗般的过去的魅力。民谣讲述的是由英雄多罗申科和萨盖达奇内带领的一支哥萨克队伍经过山谷,对此布宁塑造的抒情主人公阿尔谢尼耶夫怀着"忧伤而又甜蜜的渴慕"③(грустно и сладко чему—то завидовал),这种心情显得矛盾又复杂。但在这种渴慕中依然透露出阿尔谢尼耶夫对乌克兰的迷恋:"小俄罗斯已经没有历史了,它的历史早已彻底告终。它有的只是往事,只是歌颂往事的歌谣和传说,那似乎是一种超时空的东西,令我心醉。"④阿尔谢尼耶夫对乌克兰的态度通过文中引用果戈理的作品来传递,"你是古罗斯的根基"⑤这个古老神秘的民族孕育出大小俄罗斯。这是基辅罗斯独有的历史哲学,其中将理性的、历史的、哲学的和非理性的、艺术的、本能的元素结合起来,这些充满诗意的名字唤醒了以壮美著称的古俄罗斯的形象。阿尔谢尼耶夫在乌克兰不仅获得了许多新印象,结识了新朋友,还经历了最刻骨铭心的一次爱情,其光芒让人目眩。也是在小俄罗斯城市阿尔谢尼耶夫和丽卡度过了一段最为幸福美好的时光。在乌克兰的日常生活虽然也常常忙乱,但是却充满了命运的馈赠,在探求未知事物过程中亦会收获的意外的惊喜。乌克兰自然景色中

① 戴骢主编:《蒲宁文集》(5卷本),第5卷,合肥:安徽文艺出版社,2005年,第264页。
② 戴骢主编:《蒲宁文集》(5卷本),第5卷,合肥:安徽文艺出版社,2005年,第265页。
③ Иван Бунин, Окаянные дни, Москва, 2007, С. 460.
④ 戴骢主编:《蒲宁文集》(5卷本),第5卷,合肥:安徽文艺出版社,2005年,第269页。
⑤ 戴骢主编:《蒲宁文集》(5卷本),第5卷,合肥:安徽文艺出版社,2005年,第169页。

的一个细节都让他感到和谐、幸福和美。这段岁月充斥着各种情感、阳光、幸福、喜悦和生活强有力的脉动。在奥廖尔时期对丽卡占有欲极强、时常醋意大发的爱情在小俄罗斯城市已经变得平缓而柔和。

仅仅有家庭的温暖、幸福、爱情对阿尔谢尼耶夫是远远不够的,他天性就是个浪游者,向往旅行,向往自由自在、海阔天空,寻求新鲜事物。阿尔谢尼耶夫是感性的,常常神游天外,沉湎于漫无边际的遐思之中,这些都注定了日后与丽卡的矛盾冲突与分离。作品中情与景相交融,丽卡出走之前对小俄罗斯景物的描写都是在春天、夏天和阳光明媚的冬天,阳光让空气中溢满幸福,丽卡就像一缕阳光,照耀着主人公的生活。丽卡留下字条出走的季节是萧寂的秋天,无法摆脱的睹物思人的孤独感和归属感的丧失让阿尔谢尼耶夫最终离开了这座经历过幸福美好时光的小俄罗斯城。乌克兰时光是阿尔谢尼耶夫的心灵成长过程中重要一页,让主人公的生命长河更加宽广。

第二节　时空体层面切换

作品的时空体建构凸显了主人公的成长。成长是一条单行道,是变化着的生活条件和事件、活动以及工作等的总和。作品的时空沿着两条线展开,一条线是认识主人公生存的外部世界;另一条线是认识心灵世界,认识自身。这两条线是相互联系、相互作用的。从第一章第二节开始,主人公就开始察觉到自己所处的时间和空间,代表纵轴的形象有天空、树、深渊;横轴上的形象有大地、道路、田野、草原。

书写记忆的时间是以破坏正常的时间范畴为特色的。例如,需要几年的事情在一瞬间完成,或者相反,数年时光恍忽而逝。时间常常在过去、现在、未来之间相互转化,时间流向在历时、共时、逆时之间相互转化。第四章第20节中作者写道:"俄罗斯,奥廖尔,春天……而如今是法国,南方,地中海的冬日……"两个场景迅速切换。正如有的研究者所指出:"艺术空间在

时间体系中找到自己的坐标,记忆的图景得以展开。"[1]

下面我们将分析《阿尔谢尼耶夫的一生》是通过哪些具体的手段或方式来实现多个时空层面间的切换的?

一、动词时态的使用

时间的结构与作品主题的展开紧密相关。在作品第四章的结尾,在奥廖尔看到极为显赫的要人的出丧专列上的骠骑兵和多年以后参加这位骠骑兵的丧葬仪式两个场景之间相互转化,时间跨度有二十多年。

Неужели это солнце, что так ослепительно блещет сейчас, это то же самое солнце, что светило нам с ним некогда?

难道就是这个太阳,当年也曾照耀过我们?

"当下、目前(сейчас)"既是指记录下这个场景的时刻,也是指跨越 20 年的与骠骑兵的两次相遇的场景的重合和再现。三个时间层合为一体。借助太阳这个形象,将"当下"与"当年"联系起来。

Вот вспоминаю, как вспомнил однажды лет через двадцать после той ночи.

二十年后,有一天我在比萨拉比亚的滨海别墅中又回忆起了那个夜晚。[2]

这是回忆中的回忆,第一层是作者写作时的回忆,第二层是二十年后在别墅中的回忆。第二层是第一层的基础。

А еще помню я много серых и жестких зимних дней, много темных и грязных оттепелей, когда становится особенно тягостна русская уездная жизнь, когда лица у всех делались скучны, недоброжелательны, — первобытно подвержен русский человек природным явлениям! и все на свете, равно как и собственное существование, томило своей ненужностью...

我至今记得那灰溜溜的凛冽的冬日,记得那阴郁的遍地泥泞的回

① Чой Чжин Хи, Роман И. А. Бунина 《 Жизнь Арсеньева 》(проблема жанра), Дис. Канд. Филол. наук. , М. , 1999. С. 87.

② 戴骢主编:《蒲宁文集》(5 卷本),第 5 卷,合肥:安徽文艺出版社,2005 年,第 276 页。

暖的日子。每逢这种时候,俄罗斯小县城的生活就特别愁闷。人人都觉得无聊,动辄恶言相对——俄国人就那么原始,心情还受晨昏寒暑的影响——世间的一切就如它们本身的存在一样,都为无法展其所长而感到苦闷、惆怅……①

А первого, в морозную лунную ночь, <u>поскакал</u> в Писарево, чтобы сесть там как раз в тот ночной поезд, с которым она должна ехать из города. Как <u>вижу</u>, как <u>чувствую</u> эту сказочно—давнюю ночь! <u>Вижу</u> себя на полпути между Батуриным и Васильевским, в ровном снежном поле.

可是到了一号那天,我迫不及待地想搭上她乘坐的那辆由县城开出的夜车,便不顾天寒地冻,套了辆车星夜赶赴皮萨列夫村。那个神话般美妙的夜晚,尽管时隔多年,我至今历历在目!脑海里仍浮现出当年我如何驱车奔驶在巴图林诺村和瓦西列夫斯基村之间的雪原上。②

…<u>до сих пор вижу и чувствую</u> эти неподвижные, темные будни в глухом малорусском городе, его безлюдные улицы…кладбищенский запах лиственного тления— и мои тупые, бесцельные блуждания по этим улицам, по этому саду, мои все одни и те же мысли и воспоминания….

那时的种种,我至今历历在目……我无法忘却那座偏僻的小俄罗斯城市犹如止水一般的黯淡生活、荒凉的街道……忘不了这个世界潮湿的空气和腐叶散发出来的坟墓般的气息;忘不了我怎样失魂落魄地在街上和公园里踟蹰徘徊,脑子里充满了同一个念头和同一段回忆……③

同样,在上面三个片断中主人公看到的实际上是浮现在脑海中的保存在记忆中的情形,是经过主人公的大脑加工过的,被蒙上了主观色彩。这段描写显示了作者的视角对主人公的潜在影响,正是因为作者已经知道丽卡后来出走和去世,所以主人公才会看到非常消极的景象。

---

① 戴骢主编:《蒲宁文集》(5卷本),第5卷,合肥:安徽文艺出版社,2005年,第76~77页。

② 戴骢主编:《蒲宁文集》(5卷本),第5卷,合肥:安徽文艺出版社,2005年,第217页。

③ 戴骢主编:《蒲宁文集》(5卷本),第5卷,合肥:安徽文艺出版社,2005年,第290页。

Город был теперь другой, совсем не тот, в котором шли мои отроческие годы.

> 如今县城已面目全非，完全不是我少年时代的模样了。①

"был"和"теперь"放在一起使用违反了一般的语法规则的，但是在这里组合使用，让读者恍惚感觉到作品中过去和现在的时空层叠在一起。

характеру него был сумасшедший, он, еще будучи лицеистом, с проклятиями бежал из дому после какой—то ссоры с отцом, затем, когда умер отец, так взбесился на брата при разделе наследства, что в клочки порвал разделительный акт, плюнул брату в лицо, крикнув, что он, « когда такое дело », знать не желает никакого делёжа, не берет на свою долю ни гроша, и опять и уже навсегда крепко хлопнул дверью родного дома.

> 他性格又好似疯子，还在贵族学校念书时，就为了件什么事同他父亲大吵一通，一气之下，诅咒了这个家，弃家出走。父亲死后，分析遗产时，他对哥哥大发雷霆，把分析遗产的文据撕成碎片，啐他哥哥一脸唾沫，大叫："我不屑干这种事。"他听都不想听什么分家不分家，他的那一份，他一个子儿都不要。于是又一次砰的一声关上故居大门……②

这段话是主人公对事实的客观叙述，在整段都采用动词过去时的宏观语境下，插入了"знать"、"желает"、"берет"三个现在时态的动词，强调了巴斯卡科夫的行为到了今日依然没有改变，他的性格和行为方式延续了以前的风格。

Случалось, я шел на вокзал. За триумфальными воротами начиналась темнота... Кидаюсь на извозчика и мчусь в город, в редакцию... В прихожей наталкиваюсь на удивленную Авилову.

> 有时候我散步至车站。凯旋门外一片漆黑……（我）跳上一辆雪橇回编辑部去……我在门厅里碰见阿维洛娃，她喜出望外……③

---

① 戴骢主编：《蒲宁文集》(5卷本)，第5卷，合肥：安徽文艺出版社，2005年，第211页。
② 戴骢主编：《蒲宁文集》(5卷本)，第5卷，合肥：安徽文艺出版社，2005年，第27页。
③ 戴骢主编：《蒲宁文集》(5卷本)，第5卷，合肥：安徽文艺出版社，2005年，第242页。

Он сказал, что этими местами шел когда—то с низов на Москву и по пути дотла разорил наш город сам Мамай, а потом— что сейчас мы будем проезжать мимо Становой, большой деревни, еще недавно бывшей знаменитым притоном разбойников и особенно прославившейся каким—то Митькой, таким страшным душегубом...

父亲告诉我，当年马迈率领乱贼由下游地区进犯莫斯科，走的就是这条路。一路上，他把我们的城池夷为平地，可是后来到了我们即将路过的斯塔诺沃寨……是个很大的村庄，不久前还是个出名的强盗窝，因有个叫米季卡的杀人不眨眼的大盗，令远近一带闻风丧胆。①

...осенью предстояло наше переселенье туда, которое втайне тоже всех радовало, как всегда радует человека перемена обстановки, связанная с надеждой на что—то хорошее или, может быть, просто с бессознательными воспоминаньями давнего былого, кочевых времен.

秋天我们将举家迁往巴图林诺村，搬迁总是叫人高兴，我们全家也都窃喜不已，因为搬迁可以使人对未来产生美好的希望，或者让人不知不觉地联想起远古时代的游牧生活。②

Я тоже взглянул на них: да, его уже нет, а вот туфли все стоят и могут простоять еще хоть сто лет!

我也向这双鞋望了一眼：是呀，伊人已去，遗物尤在，而且还可以在这里躺上一百年！③

在以上列出的这几段情境中，借助于记忆，动词过去时和现在时，过去时和将来时出现在同一个情境中，叙述在不同的时间层面上进行，形成超时间（вневременность）的统一。

В тамбовском поле, под тамбовским небом, с такой необычайной силой вспомнил я все, что видел, чем жил когда—то, в своих прежних, незапамятных существованиях, что в последствии, в Египте, в Нубии, в

---

① 戴骢主编：《蒲宁文集》(5卷本)，第5卷，合肥：安徽文艺出版社，2005年，第55页。
② 戴骢主编：《蒲宁文集》(5卷本)，第5卷，合肥：安徽文艺出版社，2005年，第44页。
③ 戴骢主编：《蒲宁文集》(5卷本)，第5卷，合肥：安徽文艺出版社，2005年，第112页。

тропиках，мне оставалось только говорить себе：да，да，все это именно так，как я впервые « вспомнил » тридцать лет тому назад！

　　在坦波夫省的田野中,在坦波夫省的天空下,我就是以这种非凡的力量忆起了我在曩昔难忘的生活中所看见、所借以为生的一切,以至后来真的到了埃及、努比亚,到了热带,我一个劲儿地自言自语:是呀,是呀,所有这一切正是我三十年前第一回"忆起"的景象![1]

　　在上面这个片断中,过去时和将来时(对主人公来说是将来时,对潜在的作者来说是过去时)统一在一起,形成时间的对位统一。

　　Однажды поутру，развернув местный французский листок，я вдруг опускаю его：конец。

　　有天早晨,我翻开当地法文报纸,报纸突然从我手中脱落:他死了。[2]

　　Помню，влез по высокой железной подножке во что—то грубое，грязное，стою и смотрю。

　　我至今记得当时我顺着高高的铁梯,爬进粗笨、肮脏的机房,站在那儿看司机操作。[3]

　　上述讲述的都是发生在过去的事件,但是动词却采用了现在时形式,这种历史现在时是为了强调事件的逼真性,让读者犹如身临其境,感同身受。

二、真实与虚构的切换

　　早期的梅尼普体常常包含社会乌托邦的成分,通过梦境或远游未知国度表现出来。阿尔谢尼耶夫在阅读文学作品时常常会生发出天马行空的联想。

　　作为一名艺术家,阿尔谢尼耶夫始终试图抓住生活和心灵的诗意,他是一个充满想象的人,他透过自己的心灵观察和思考着世界,力图在现实的每一个事物中看出过去的痕迹、当今的现状或未来的趋向。他根据现实中的

---

[1]　戴骢主编:《蒲宁文集》(5卷本),第5卷,合肥:安徽文艺出版社,2005年,第34页。

[2]　戴骢主编:《蒲宁文集》(5卷本),第5卷,合肥:安徽文艺出版社,2005年,第194页。

[3]　戴骢主编:《蒲宁文集》(5卷本),第5卷,合肥:安徽文艺出版社,2005年,第206页。

各种形象,构造出一个虚拟世界,这个世界仿真度极高,但是比真实的世界更易感染人。通过这种方式现实与虚拟的界限被模糊了:

> 那朵从白桦树背后游来的浮云亮灿灿的,不断变幻着形状……它有能力不变幻吗? 阳光灿烂的树林流淌着,颤动着,发出睡意朦胧的絮语声和窸窣声,向着什么地方跑去……跑到哪里去,为什么要去? 能不能让它不跑? 我阖上眼睛,模模糊糊地觉得:一切都是一场梦,一场不可理解的梦! 无论是那座远在阡陌之外我非去不可的城市,无论是我在那座城市的未来,无论是我在卡缅卡庄的过去,无论是这个阳光明媚、已近黄昏的交秋前的白昼,无论是我自身和我的思想、希冀、感情——无不都是梦![1]

这是主人公对着大自然的所思所想,望着天上的浮云,听着大自然中的响动,带有宗教色彩的记忆,一种隐秘的力量作用于主人公,记忆中的画面和眼前的景象交错重叠,幻化作让人觉得不真实的梦。

> 开春了,我刚读完德拉戈马诺夫编的小俄罗斯《民谣集》,完全被《伊戈尔王子出征记》迷住了,我是无意间看到这部作品的,一俟读完,顿觉此书具有非语言所能表达的美。于是远方又开始召唤我,要我离开哈尔科夫,到伊戈尔的歌手赞颂的顿涅茨去;到当年正当妙龄的公爵夫人叶甫罗西妮娅在古代一个晨光熹微的清晨所登上的那堵城墙上去,我觉得她至今还伫立其上;到哥萨克时代的黑海去,那儿有一只奇怪的"白眼鹰"雄踞在"白色的岩石上";到塞瓦斯托波尔去,体味父亲的青年时代……我就这样消磨着上午的时光……[2]

在这段描写中呈现出超时间和超空间的统一,将眼前的与思绪中的过去与未来结合在一起。暗示世纪初的俄罗斯艺术与现实是密不可分的,正是记忆中的民族集体记忆作用的结果。

> 我仿佛看见了一座小县城,一座我从未见过的、并不存在的、纯属想象出来的小县城。但我确实在这个城里度过了我的一生。我看见满地积雪的宽街,几间在雪光下显得黑不溜秋的破败的房子,其中一件泄

---

① 戴骢主编:《蒲宁文集》(5卷本),第5卷,合肥:安徽文艺出版社,2005年,第53页。
② 戴骢主编:《蒲宁文集》(5卷本),第5卷,合肥:安徽文艺出版社,2005年,第179页。

出了红不棱登的灯光……我兴奋地反复对自己说："对，对，就这么写，只写几个字：积雪、破屋、圣体灯……再不用别的了！"旷野里的寒风传来机车的吼声、咝咝的排气声和煤的气味，甜丝丝的，使我的心为之激荡，向往着远方，向往着广阔的天地。①

这是留存在记忆中的家族历史投射在现实后让主人公产生了丰富的联想，虚幻的景象和现实画面依次出现在主人公的脑海中，激发了主人公的创作激情。

夜里，还没走到斯塔诺沃上游，心就不由得提到了喉咙口，不知该怎么办：是策马飞驰，还是缓缓而行，仔细留神前边的动静，哪怕是最微弱的？可是不管快也好，慢也罢，都在劫难逃。瞧，这不是，他们正一字排开，冲着你过来，各人手里提着利斧，斧背低低地紧贴在大腿上，帽子拉得很低，几乎要遮没凶光毕露的眼睛，他们异乎寻常的沉着，低声喝令："站住，掌柜的，留下买路钱……"……过了斯塔诺沃寨，驿道跟一条公路交接，这里便是城关的关卡了。②

上面这段描写的是主人公进城上中学的景象，下划线部分是主人公想象的情景，插在真实的景物描写中间，模糊了真实与虚构的界限。

世上确曾有过风华正茂的威廉二世，确曾有过一位叫布朗热的将军，还曾有过主子亚历山大三世，是他把幅员辽阔的俄罗斯这副重担扛之于肩。在那个传奇式的年代，在现已永远消亡了的俄罗斯，确曾有过春天，确曾有过一个两颊通红、生有一对晶莹的蓝眼睛的年轻人，不知何故，他要用英语来折磨自己，日日夜夜思虑着自己的未来，以为美好欢乐的世界正在等待着他。③

在上面一段描写中，威廉二世（1859—1941）是德国皇帝兼普鲁士国王，1888—1918 年在位；布朗热（1837—1891）是法国将军，1886—1887 年任法国陆军部长；亚历山大三世（1845—1894）是俄罗斯帝国皇帝，1881—1894 年在位；这个片断中直接从对这些人的外貌描写过渡到对"我"的外貌描写，时

---

① 戴骢主编：《蒲宁文集》（5 卷本），第 5 卷，合肥：安徽文艺出版社，2005 年，第 242 页。
② 戴骢主编：《蒲宁文集》（5 卷本），第 5 卷，合肥：安徽文艺出版社，2005 年，第 56 页。
③ 戴骢主编：《蒲宁文集》（5 卷本），第 5 卷，合肥：安徽文艺出版社，2005 年，第 154 页。

空之间的界限被模糊。

阿尔谢尼耶夫极力从日常生活中依靠作家特有的敏锐去捕捉不为他人所察觉的各种形象和画面,揭示生活的本质和美:

这本是件平平常常的事,可是如今一切事物,甚至一个稍纵即逝的印象都会刺痛我,随即在我心中产生一股激情,不让这印象白白溜走,我极力想立刻抓住它,使其为我所用,从中捞取些什么。[①]

我像个暗探那样尾随着行人,盯着他们的背影、他们的套鞋,竭力想理解他们,洞察他们的心理活动,深入到他们的内心世界……[②]

作品中反映真实与虚构——时空转换的比较完整的片断是对骠骑兵葬礼的描写。抛开后来独立出版的《丽卡》,第四章的第22节布宁是作为整部作品的结尾给出的。

密史特拉风在我的山冈上呼啸、咆哮、肆虐了整整一夜。我突然惊醒。刚才我在梦中看到了或者想到了在追荐仪式后与遗体告别时,他亲人中最后一个上去告别的是个高高的清瘦的女郎,她浑身着黑,披着长长的服丧的面纱。她平平常常地走到灵柩前,以一种充满女性的温情的姿态伛下身去,她薄如蝉翼的面纱于一刹那间遮住了棺椁和穿着旧袍的老人瘦小得如孩子般的肩膀……密史特拉风急速地席卷而过,棕榈的树干发出狂暴的喧声,也向是在往什么地方飞奔而去……我下得床来,走到通阳台的门前,费力地把门打开,一股寒气直扑到我脸上,在我头顶上时乌黑的烧蓝色的广阔的夜空,燃烧着白色、蓝色和红色的星星。——一切都在向什么地方疾驰而去……

我仰望着头顶上燃烧着的严峻而又悲伤的繁星,慢慢地在胸前画了个十字。[③]

为了更好地理解这段话的本质,我们还得回头看看这一章的第十九节,到这一节为止,关于阿尔谢尼耶夫的回忆就结束了。"离开奥廖尔时,我已坠入爱河,为这次分离而柔肠寸断,渴望尽早同她重新相聚。"主人公的故事

---

① 戴骢主编:《蒲宁文集》(5卷本),第5卷,合肥:安徽文艺出版社,2005年,第239页。

② 戴骢主编:《蒲宁文集》(5卷本),第5卷,合肥:安徽文艺出版社,2005年,第241页。

③ 戴骢主编:《蒲宁文集》(5卷本),第5卷,合肥:安徽文艺出版社,2005年,第199页。

在这个他获得一生中不可磨灭的爱情的城市结束了。在火车站阿尔谢尼耶夫目睹了灵车的到达,而这灵车也极具象征性:

> 一辆插有丧幡的巨大的机车伴以震耳欲聋的响声迅猛地冲向我们、冲向整个月台的那一瞬间,我才清醒过来,只见一节节豪华的、深蓝色的、嵌有洁净的大玻璃、挂着丝织窗帘、会有鹰徽的车厢在眼前一一掠过……"①

在《新约》启示录中,火车的出现象征着死亡,这正如主人公眼中的1917年爆发一系列革命的俄罗斯。其色彩的出现顺序也是极具代表性的,首先是白色的丧幡,其次是"深蓝色"的车厢,再次是骠骑兵"猩红的"戎装。白蓝红正是俄罗斯国旗的颜色。

在参加魁梧的骠骑兵的葬礼之时,阿尔谢尼耶夫期待就像《圣经》中耶稣复活那样复活俄罗斯精神,而俄罗斯精神的化身就是俄罗斯国旗,"在我头顶上……燃烧着白色、蓝色和红色的星星"②,白蓝红正是俄罗斯国旗的颜色。在这个意义上,《阿尔谢尼耶夫的一生》可以看作是俄罗斯不死形象的化身,这是天国的俄罗斯、复活的俄罗斯、永生的俄罗斯。俄罗斯在布宁的记忆书写中得到复活。

很快到了第四章第二十节:

> 自那以后,一世人生过去了。
>
> 俄罗斯、奥廖尔、春天……而如今是法国,南方,地中海的冬日……③

阿尔谢尼耶夫的出走与回归:法国——这不是自己的祖国,冬日——这是死亡世界之冰冷。

第四章第二十一节,阿尔谢尼耶夫多年以后在法国参加年轻时在奥廖尔火车站看到的那个魁梧的骠骑兵的葬礼。此时对俄罗斯的记忆全部复苏了:

> 我猛一抬头,见到一个身穿戎装、佩戴肩章的俄罗斯军官赫然守卫

---

① 戴骢主编:《蒲宁文集》(5卷本),第5卷,合肥:安徽文艺出版社,2005年,第193页。

② 戴骢主编:《蒲宁文集》(5卷本),第5卷,合肥:安徽文艺出版社,2005年,第199页。

③ 戴骢主编:《蒲宁文集》(5卷本),第5卷,合肥:安徽文艺出版社,2005年,第194页。

着门廊，我立时不知所措，以为走错了路，这景象我已十年没有见到了，顷刻间，往日的全部生活在我眼前起死回生，我不由得为之骇然……①

我们已经论证过，在《阿尔谢尼耶夫的一生》中上帝、死亡和永生结合在一起。在这个葬礼上，阿尔谢尼耶夫不仅仅是同骠骑兵的遗体告别，也是同祖国、同俄罗斯告别。

后来我的目光重又停留在那幅盖在他的哥萨克旧袍上面，从胸口直至双腿的三色旗，看着他那只紧紧握住乌黑的十字架的僵硬的手，看着肃立于灵前的仪仗队成员肃穆的脸庞、他们的军帽、马刀和肩章，我与这一切睽违已有十载。②

布宁在自己的日记中对这一事件也有记载：

我去参加了科林(Кедрин)的葬礼，最近一次见他是在上周六，当时我还在想："这些都是老朋友了……"觉得再过几天他会不会去教堂做祷告？

现在是阳光明媚却让人悲喜交加的春天，在葬礼之前播放的是复活节期间的民间舞曲。这一切都让我想起了青年时代。我似乎把那些过去的日子、俄罗斯统统都埋葬了……③

在日记中布宁除了提到葬礼，还提到对过去的朋友和已逝俄罗斯的埋葬，这些对我们更好地理解布宁的创作整体是非常重要的。在日记中复活节的音乐和葬礼的音乐交织、悲喜交加。布宁记日记的时间是 1921 年 5 月 6 日，周五。如果正如布宁所言，科林(Кедрин)是在周五下葬(也象征着俄罗斯被埋葬)，根据《圣经》记载，耶稣受难是在周五，第三天他就复活了，并获得了永生。布宁远离俄罗斯，他在期待俄罗斯的复活么？

我提着小箱子在门边一个角落里坐下来，想起……今日今夜火车向哈尔科夫方向开去……而两年前的一夜火车则是从哈尔科夫那边驶来：春天的清晨，她在越来越亮的车厢中甜睡……接着火车驶抵库尔斯克，又唤起了我的回忆：一个春天的正午，曾和她在这个车站上吃早饭，

---

① 戴骢主编：《蒲宁文集》(5 卷本)，第 5 卷，合肥：安徽文艺出版社，2005 年，第 196 页。
② 戴骢主编：《蒲宁文集》(5 卷本)，第 5 卷，合肥：安徽文艺出版社，2005 年，第 198 页。
③ Бунин И. А. Собрание сочинений, в 10—х т., т.10, М., 2009, С. 131.

她快乐地说："我有生以来还是第一次在车站上吃早饭哩!"可今天却是个灰蒙蒙的天寒地冻的日子……①

这里在现实的客观的时间中看到的是发生在虚幻的主观的时间中的一幕场景。客观时间与主观时间相交错。

作品中不同的时空层自由切换,各种不同的时间流中发生的事件也交织在一起。记忆帮助主人公克服时空的距离将过去重建。

本章小结

本章选取布宁作品中出现的庄园、道路、城市、小俄罗斯具有代表性的时空体形象,分析它们在作品中扮演的角色和所起的作用,揭示布宁书写记忆囊括了的民族集体记忆和个人内心体验的特点。动词时态的选择,真实画面与虚构成分、多个时空层面之间的转换形成了作品中时空体的独特特征。浓厚的记忆色彩使得作品的时空具有多样性和多变性。布宁创造了一种把"叙事体"时间和"抒情体"空间结合起来的新的小说类型。

---

① 戴骢主编:《蒲宁文集》(5卷本),第5卷,合肥:安徽文艺出版社,2005年,第293页。

抒情主人公：两个主体，多重视角

　　作者通常总是用艺术形象的语言来表现对自己笔下人物的立场、观点、价值取向的态度。人物形象也作为作家的观念、思想的体现而展示出来，按照作者的意志服务于这个整体。文学作品中，人物和作者之间多少总是存在着距离。即便在自传性体裁中也有这种距离，在那里，作家在对自身的生活经历进行思索时，距离时间的发生已经间隔了一段时间。作者可以自下而上地仰视自己的主人公（如圣徒传），或者相反，居高临下地俯视主人公（揭露性—讽刺性作品）。但是，作家与主人公之间在本质上的平等（当然，这并不意味着他们彼此等同）这一情形，已极为深刻地植根于文学之中。

　　В. Г. 别林斯基在评价普希金的叙事诗《鲁林伯爵》（《 Граф Нулин 》，1825）和叙事诗《科洛姆纳的小屋》（《 Домик в Коломне 》，1830）时对作品的作者和主人公的关系作了如下阐述："在作品中诗人并没有隐藏在主人公背后，而是直接向读者提出他们可能感兴趣的问题，这些问题也同样引起诗人自己的兴趣。"[①]"隐藏"一词揭示出在主人公之后往往站着作者。许多文学作品主人公的形象都与作家本人的形象非常近似，因为作者试图通过文学作品来解决自己在生活中碰到的问题。

　　《阿尔谢尼耶夫的一生》中的人物、地点在现实生活中都能找到与之对应的原型：作品中的卡缅卡领地就是现实生活中位于奥廖尔省叶列茨县的

---

① Белинский В. Г. Педагогическое наследие, М. , 1987, С. 299.

独立庄园 Бутырки,作品中的父亲亚历山大·谢尔盖耶维奇·阿尔谢尼耶夫的原型就是作者的父亲阿列克谢·尼古拉耶维奇,祖母的庄园巴图林诺在现实中叫作奥泽尔卡(Озерка),阿尔谢尼耶夫的哥哥格奥尔基和尼古拉的原型是布宁的哥哥尤里(Юлий)和叶甫盖尼(Евгений),妹妹奥丽娅(Оля)实际上叫作玛莎(Маша),家庭教师巴斯卡科夫原名叫作洛马西科夫(Ромашков),阿尔谢尼耶夫中学寄宿的小市民罗斯托夫采夫事实上是小市民别金(Бякин),《呼声报》实际上是《奥廖尔公报》(《Орловский вестник》),粮食商人巴拉文的原型是商人即自学成才的诗人纳扎罗夫(Назаров)。初恋女友安亨实际上是家庭教师的邻居艾米丽亚(Эмилия),挚爱丽卡是刻骨铭心的恋人瓦尔瓦拉·弗拉基米洛夫娜·帕先科(Варвара Владимировна Пащенко),现实生活中的人物都化作作品中的各种人物形象。但是丽卡的形象与瓦尔瓦拉·帕先科的差别是较大的。布宁在去世前不久半开玩笑的对一位记者说:"我很快就该要走了…… 你将看到薇拉·尼古拉耶夫娜(布宁的妻子 В. Н. 穆罗姆茨娃(Вера Николаевна Муромцева))会重写《阿尔谢尼耶夫的一生》的……"В. Н. 穆罗姆茨娃也不止一次地强调把这部作品看作布宁的自传是错误的:"特别是作品的第五部与现实的差距很大……女主人公丽卡不管是从外貌还是从内心来看都不像瓦尔瓦拉·弗拉基米洛夫娜,……只在丽卡刚一出场的时候很象少女时代的帕先科,但是她的外貌被美化了,身高也比实际的要高一些……他(布宁)把丽卡描述成自己理想中的女人形象……丽卡死了,但是瓦尔瓦拉·弗拉基米洛夫娜顺利的嫁给了比比科夫(Бибиков)……"[①]丽卡与原型人物 В. В. 帕先科出入很大,布宁对丽卡的塑造已经远远地偏离了帕先科的生活轨道。阿尔谢尼耶夫身上具有布宁同时代人的共同特征。

主人公阿尔谢尼耶夫与作者布宁的生活轨迹有很大的出入。布宁的信件和 В. Н. 穆罗姆茨娃的回忆录显示,布宁在童年和少年时期结交了很多农民朋友,但是在作品中这一点几乎销声匿迹。主人公在布宁眼中是这样的

---

① 　Муромцева－Бунина В. Н. Жизнь Бунина, 1870—1906., Париж, 1958., С. 5.

形象："他很像是我虚构出来的弟弟,因为时间久远已经差不多被世人遗忘了。"① В. Н. 穆罗姆茨娃认为阿尔谢尼耶夫是一个独立于作家的艺术形象。

在布宁全集出版的附注中 Л. Котляр 写道:"布宁在最终成型的作品中删掉了许多自传性的成分。"②这个观点得到了 Б. В. 阿韦林的进一步证实:"布宁删掉的大约手稿的四分之一都是个人生活的详细细节。"③大量的真名被改换,哥哥格奥尔基的家庭悲剧在文章中被一笔带过,有关他去世的片断也被删掉:"哥哥……十年前在贫困和饥饿中死在莫斯科,死在革命时期,这革命却正是他所热切期待的……"④而尤里·布宁则于 1921 年死在莫斯科的一所老房子里。在手稿中对父亲的描写客观真实的贴近生活中的原型,而在最后发表时父亲的形象则被蒙上了一层美化和浪漫的色调。手稿中关于家庭成员的贫困情况的描写被大量删除,剩下的部分也被给予了不同程度的美化。作品的整个第四章都被美化,最初是对阿尔谢尼耶夫的贫困和其他家庭的富裕进行了对比,尤其是与 Л. Н. 托尔斯泰的孩子们的生活进行了比较:"他们幸福……享有美誉、生活富裕、无忧无虑。"主人公对这种生活非常向往:"为什么我不能和他们一样,为什么我的青年时代在贫困潦倒、荒凉偏僻、孤独寂寞中被毁坏?"⑤对财富的追求是青年布宁的追求。但是作品的主人公寻求的却是从生活中的解脱。阿尔谢尼耶夫家族日益贫困的事实在作品中得以保留,但是围绕这一主题展开的叙述被大量的删减。

通过作品中的人物形象和现实生活中的原型的比较以及对相关资料的解读,我们可以得出这样的结论,这不是个人生活的回忆录,而是一部艺术作品,现实中发生的事件都被程度不同地改写了。虚构在作品中发挥着双重作用,除了美学功能之外还给作品蒙上了一层硬朗的线条色彩。穿过时

---

① Бунин И. А. Повести, рассказы, воспоминания, 《 Московский рабочий 》, 1961, С. 316.

② Бунин И. А. Собрание сочинений. В 9 т., М., 1966, Т. 6. С. 327.

③ Аверин Б. В. Из творческой истории романа И. А. Бунина 《 Жизнь Арсеньева 》, Бунинский сборник, С. 68.

④ Лявданский Э. К. О работе И. А. Бунина над текстом романа 《 Жизнь Арсеньева 》// Филологические науки, 1985, №4, С. 26—27.

⑤ Лявданский Э. К. О работе И. А. Бунина над текстом романа 《 Жизнь Арсеньева 》// Филологические науки, 1985, №4, С. 26—27.

间的雾霾，过去化作一幅秀丽的水墨画，透射出清逸淡远的祥和之光。不同于《苏霍多尔》，在《阿尔谢尼耶夫的一生》中，没有描写过多的社会冲突，更多笔墨用在心灵的感受上：童年的幸福、成长的烦恼、初恋、对祖国深重灾难的感受、远离祖国、流寓异所的悲痛。Б. В. 阿韦林在比较《阿尔谢尼耶夫的一生》创作过程中前后几个版本之后得出结论："在作品创作过程中，布宁对所发生的事件、主人公的行为和性格都不断作出修改和调整。类似的调整在手稿中是比较多见的。对童年和青年时代阿尔谢尼耶夫的回忆改动尤其大。"①通过这些修改可以看出布宁竭力想使作品摆脱自传的影子。

我们在这里引入一个概念——抒情主人公。抒情主人公是作品中的艺术形象，这一形象与作者本身是性情相貌相似的人。我们认为阿尔谢尼耶夫就是布宁在《阿尔谢尼耶夫的一生》中的抒情主人公。这部作品是一个过了天命之年的老人对自己已逝生活的回望。我们可以做这样一个判断，布宁根据自己的亲身经历塑造了一个抒情主人公，他不仅共享作者的生活经历，还拥有作者的智慧、经验、创作能力。

为了更好地说明阐释记忆书写中主人公的两个主体、多重视角的问题，我们可以拿 М. Ю. 莱蒙托夫的小说《当代英雄》来做一个对比和参照。在《当代英雄》中首先通过"第二手资料"——过路军官马克西姆·马克西姆维奇这些讲故事者来间接折射毕巧林的个性，随后以主人公毕巧林自己的《毕巧林的笔记》(《 Журнал Печорина 》)来直接祖露其思想、感情与行为，如果说小说的第一部是旁观者客观的"观照"，那么第二部便是心灵的"自由"祖露。各个故事之间用序言或章节标题缀成一体，使叙事本身呈现出强烈的戏剧性，又留下空白，让读者去回味。小说文本中不时闪现的作者与叙述者的分离与统一，作者与读者的对话与潜对话，都预示了某些在后来的叙事文学中得到发展与高扬的诗学手段。《阿尔谢尼耶夫的一生》中继承了《当代英雄》的体裁构建方式，沿用了一些创作手法，50 多岁的主人公和年轻时的主人公、其他各种人物、读者之间构成对话关系，具体事件之间用景物描写或者主人公的心理描写串联起来，使得整部作品显示出巨大的张力，留给读

---

① Аверин Б. В. Из творческой истории романа И. А. Бунина 《 Жизнь Арсеньева 》，Бунинский сборник，С. 67.

着广阔的想象空间。在第五章的第 14 节中阿尔谢尼耶夫自己开始写《阿列克谢·阿尔谢尼耶夫。札记》，这个部分在全文中的位置类似于《毕巧林笔记》在《当代英雄》中的地位，呈现出作品中又包含作品的双层结构。

文学作品事实上就是作者意志的体现，主人公心灵史的发展实际上就是作者心灵史的折射，在本章当中，将会分两节讨论主人公的心灵史是如何显现的？为什么说这实际上是作者心灵史的折射？多层对话关系是如何展开的？

第一节　两个主体呈现

布宁所处时代客观上的复杂性、矛盾性和多声部性，没落贵族知识分子的处境，个人经历和内心感受同客观的多元化生活的深刻联系，还有作家本人观察世界的天赋——所有这一切都构成了《阿尔谢尼耶夫的一生》中的"抒情主人公"，即主人公的双主体性以及形成的多层对话关系。例如同意和反对的关系，肯定和补充的关系，问和答的关系等等。对话处于布宁艺术世界的中心位置，并且对话不是作为一种手段，而是作为目的本身。一切都是手段，对话才是目的。

布宁重在书写记忆，因此他对主人公的兴趣，不在于他是具有确定而稳固的社会典型特征和个人性格特征的人，不在于他具有由确定无疑的客观特征所构成的特定面貌，而在于他对世界、对自身、对周围环境有特定的思想与评价。重要的不是主人公在世界上是什么，而首先是世界在主人公心中是什么，他在自己心中是什么。全部现实生活成了主人公自我意识的一个因素，一切都被纳入主人公的视野，都被投入主人公自我意识的熔炉内。

批评家 B. B. Вейдле 指出布宁的作品中存在着两个主体——作家布宁和主人公阿尔谢尼耶夫。而我们认为作品中存在的是主人公阿尔谢尼耶夫的两个主体：一位是已逾天命之年的阿尔谢尼耶夫，他对人生的看法已经定型，是站在人生的高地上怀着审视的态度去看待自己的青少年时代，用哲学理性的方式去思考人生，另一位是青年的阿尔谢尼耶夫，他对所发生的事件采用的是一种平视的目光。由于两个叙述层面同时存在，因此不同的领悟之间就会存在一些交叉甚至冲撞。这样的叙述手法不只描绘了作者心灵的

状态,还揭示了作者作为客观世界的主观歌手,所采用的艺术手法的特征。由于抒情主人公被分为两个主体,两个视角并存使作品的叙述更加深刻、多样、客观,形成复杂的对话关系。关于这一点在后面的"多重视角对话"一节中将会具体分析。这也是 20 世纪 20—30 年代的文学美学观在布宁创作中的体现。

　　《阿尔谢尼耶夫的一生》是年逾五十的主人公对过往岁月的回望与审视,但并不是用单纯的独白,而是采用了多种多样的对话多声的方式来反映复杂的成长过程,有些是主人公个人的内心斗争,有些是人物之间的直接对话,有些是对直接对话内容的转述,比如阿尔谢尼耶夫与丽卡的直接对话:

　　　　"你又变了,"一天她这样说,"完全像个男人了。连法国式的胡子也留起来了。"

　　　　"你不喜欢?"

　　　　"干吗不喜欢? 我不过想说,人生无常啊!"

　　　　"嗯,你也变得像个少妇啦,清瘦了,更美了。"

　　　　"你又要开始吃醋了,我都不敢告诉你。"

　　　　"什么?"

　　　　"我想置一套服装参加下一次的化装舞会……"①

　　但是阿尔谢尼耶夫与丽卡父亲的对话则是直接引语与间接引语交错出现,并且中间穿插了主人公的心理描写。

　　年逾天命的主人公就像是一位生活的冷眼旁观者,而不是生活的参与者,他的生活是对已逝过去的复活和再现:"我时常扮作一个冷漠的、不友善的冷眼旁观者,甚至为这种冷漠而暗自欣喜……"②"我并不生活在围绕着我的真实世界中,而是在已经被幻想改造了的世界里。"③在这个虚构的世界中主人公不断追问自己,拷问灵魂,与自己进行不同层次的对话。下面我们具体分析两个视角并之间是如何实现转换的,采用了哪些方式,借助了哪些手段?

---

①　戴骢主编:《蒲宁文集》(5 卷本),第 5 卷,合肥:安徽文艺出版社,2005 年,第 289 页。

②　Бунин И. А. Собрание сочинений. В 9 т., Т. 6, М., 1966, С. 213.

③　Бунин И. А. Собрание сочинений. В 9 т., Т. 6, М., 1966, С. 40.

一、主人公的视角转换

年老的主人公与年少时的主人公的视角直接转换：

这些坚固、凸形的、工艺精致的燕窝着实让人喜欢。如今我经常这样想："我眼看就要死了，从此再也看不到天空、树木、小鸟了，看不到许许多多我已那么习惯、那么亲切、那么难舍难分的东西了！"……直到今日，我每忆起孩提时代读过和听过的童话时，最令我心醉神迷的仍然是其中描述的见所未见的海外奇谈。①

"你真狠心！"她说着，连忙从枕头底下抽出一方手帕。"扔下我一个人还嫌不够……"〈……〉此后我曾多少次回忆起这眼泪啊！二十年后，有一天我在比萨拉比亚的滨海别墅中又回忆起了那个夜晚！……我回想着这一切，想到我失去她后已经又过了半辈子，周游了世界，现在还活着还在看，可她离开这个世界已经很久很久了……②

（对中学时期秋天景色的描写——笔者概括）……我至今记得不少阴沉短促的秋日。在那些日子里，我消消停停地享用着室内的舒适，神游天外。③

此刻我更是把马撺得象飞一样。那么此刻我有没有明确的想法和理想？……我至今记忆犹新，当年我飞马进城时，一路上我那男子汉激动的内心正在酝酿着一种愿望。④

和我坐同一辆雪橇的，不消说得，是安亨……我永远也忘怀不了这凛冽的冬夜里叮叮咚咚的铃铛声，忘怀不了这冰天雪地的旷野中的荒夜，忘怀不了在这样的夜晚……我怎么也忘怀不了雪夜中旷野清新的空气，忘怀不了砭骨的寒气如何透过薄薄的皮靴侵入裹在浣熊皮大衣里的躯体，尤其忘怀不了……⑤

① 戴骢主编：《蒲宁文集》(5卷本)，第5卷，合肥：安徽文艺出版社，2005年，第16页。
② 戴骢主编：《蒲宁文集》(5卷本)，第5卷，合肥：安徽文艺出版社，2005年，第276页。
③ 戴骢主编：《蒲宁文集》(5卷本)，第5卷，合肥：安徽文艺出版社，2005年，第70页。
④ 戴骢主编：《蒲宁文集》(5卷本)，第5卷，合肥：安徽文艺出版社，2005年，第139页。
⑤ 戴骢主编：《蒲宁文集》(5卷本)，第5卷，合肥：安徽文艺出版社，2005年，第106页。

上面的例子中年轻主人公视角转换为年老主人公的视角是运用了类似于"我每忆起"、"我曾多少次回忆起"、"我回想起这一切"、"我至今记得"、"我永远也忘怀不了"这样的短语来实现的。

（七岁的一天主人公在镜子里看到了自己的形象——笔者概括）……此后不久，我结识了一个不同凡响的怪人。……其后，我生了一场大病……接着家里又发生两件丧事……①

不难想象，我怎样心急慌忙地冲进香气扑鼻、灯火通明的车站食堂……此后发生的事却是我始料不及的。晚餐后，我坐在黑洞洞的车窗旁抽烟，车轮重又隆隆滚动……②

以上两个例子运用了表示转折的连接词"此后"来完成视角的转换。

（中学期间在县城公园参加游园会时碰到一位县城小姐——笔者概括）……在这次邂逅之后，我平生第一次足足有好几天陷入了甜蜜的痛苦之中。正是由于她，由于这位县城的小姐，我至今一闻到"烟草"馥郁的香味就不由得心荡神移，可她却永远不知道世上有我这样一个人，不知道我终生都在想念她，想念……③

此后不久，哥哥格奥尔基回到了巴图林诺村。……这天黄昏，对我们全家来说是无比幸福的，自此祥和幸福主宰了我们全家达三年之久。然而这种氛围已是最后一次光顾我家了，三年后一家人终于风流云散……④

我捧着这本珍贵的书欢天喜地奔到街上，差点儿把一个少女撞倒在地。……然而与少女的这次邂逅命中注定不会就此了结。⑤

（对童年时期生活的描写——笔者概括）……在那个时代，普希金

---

① 戴骢主编：《蒲宁文集》（5卷本），第5卷，合肥：安徽文艺出版社，2005年，第25~26页。

② 戴骢主编：《蒲宁文集》（5卷本），第5卷，合肥：安徽文艺出版社，2005年，第168~169页。

③ 戴骢主编：《蒲宁文集》（5卷本），第5卷，合肥：安徽文艺出版社，2005年，第67~68页。

④ 戴骢主编：《蒲宁文集》（5卷本），第5卷，合肥：安徽文艺出版社，2005年，第98页。

⑤ 戴骢主编：《蒲宁文集》（5卷本），第5卷，合肥：安徽文艺出版社，2005年，第127页。

对我而言,是我生活中名副其实的一部分。①

这几个例子则没有明显的表示转折关系的词,而是通过语气的变换来显示出视角的转换。

我就在这样一个群体中度过了我在哈尔科夫的第一个冬季(后来我在哈尔科夫还生活了许多年)。②

这个片断中通过在括号里加注的形式、通过类似于戏剧中的画外音的方式来表现视角的转换。

除了以上这些片断之外,第四章整个第五小节都是从年老主人公的视角进行描写,而其他各小节则都是从年少主人公的视角。

二、主人公视角转换的方式

年老的主人公有时候会纠正年少主人公的态度,指出他的错误,与他进行辩论。主人公两个主体间的交流以年老主人公对年少主人公行为点评的方式出现:

幼时的这种欢乐真是可怜,跟我当初喜获鞋油和皮鞭时的欢乐一样可怜。(其实人世的欢乐又有哪一种不是可怜的呢?我们身上都附有一个什么人,这人老是要勾起我们对自己的苦涩的怜悯)③

我弄到了一张免费票,为此我必须冒充铁路员工,顶着人家的名字……足见我青年时代日子过得何等寒酸!④

上述例子中年老主人公的声音对年少主人公的处境发表评价。

瞬息之间,我踏着水淋淋的杂草,飞也似的跑进菜园,拔起一根萝卜,贪馋地咬了一口沾有蓝色泥土的萝卜根儿……我一生中,可与这一瞬间媲美的时刻是非常之少的!⑤

(对哈尔科夫的景物描写——笔者概括)……然而这一切与我后来所遇到的相比,简直不足道哉。我一生从未像那天那样惊喜交集,见识

---

① 戴骢主编:《蒲宁文集》(5卷本),第5卷,合肥:安徽文艺出版社,2005年,第129页。
② 戴骢主编:《蒲宁文集》(5卷本),第5卷,合肥:安徽文艺出版社,2005年,第173页。
③ 戴骢主编:《蒲宁文集》(5卷本),第5卷,合肥:安徽文艺出版社,2005年,第11页。
④ 戴骢主编:《蒲宁文集》(5卷本),第5卷,合肥:安徽文艺出版社,2005年,第181页。
⑤ 戴骢主编:《蒲宁文集》(5卷本),第5卷,合肥:安徽文艺出版社,2005年,第14页。

了那么多事物。①

风时不时把新鲜的油墨味及纸张、铅、火油和机油的气味吹来,非常好闻。我立刻感觉到这是一种不同寻常的气味,之后我终身都有这种感觉。②

在这夜间,观察旁人的生活是饶有趣味的,人们往往会加以留意……后来我曾无休止地浪迹天涯,无数次在这同样的夜晚,怀着同样的心情,冷眼旁观他人的生活,多亏这种观察培育了我心酸欲泪、洞察世情的智慧。③

年老主人公对年少时的经历表示深深的眷念,包括对故乡迷人自然景色的怀念、对人生意义的探究等等,对过去的行为持肯定态度。

这些诗卷激发了我青年时代最初的理想、最初的强烈的写作欲,我为满足这种欲望而作了最初的尝试,展开了想象的羽翼。……今天再来看看,当年在我笔下写出来的东西,其幼稚和蹩脚令我吃惊……④

奇怪,就这么萍水相逢,我竟迅速地、身不由己地、像梦游似的把我的整个身心都投入进去。起初我感到那么幸福、愉快,得其所哉,可后来却给我带来了多少苦恼和悲痛,多少灵与肉的经历为此付诸东流!⑤

我浑身一震……涨红了脸,喃喃地谢绝了……直到今天,只要想起那一刻,我总是痛惜这一巨大的损失。⑥

年老主人公对年少时的行为持否定态度,表示出悔意。

旋即从中间的一节车厢里走下一个年轻、魁梧的骠骑兵(大段外貌描写——笔者概括)……在那个暖洋洋的春日,我怎能料到将来还会在某个地方和某种境况下再次见到他!⑦

①　戴骢主编:《蒲宁文集》(5卷本),第5卷,合肥:安徽文艺出版社,2005年,第170页。
②　戴骢主编:《蒲宁文集》(5卷本),第5卷,合肥:安徽文艺出版社,2005年,第191页。
③　戴骢主编:《蒲宁文集》(5卷本),第5卷,合肥:安徽文艺出版社,2005年,第190页。
④　戴骢主编:《蒲宁文集》(5卷本),第5卷,合肥:安徽文艺出版社,2005年,第104~105页。
⑤　戴骢主编:《蒲宁文集》(5卷本),第5卷,合肥:安徽文艺出版社,2005年,第192页。
⑥　戴骢主编:《蒲宁文集》(5卷本),第5卷,合肥:安徽文艺出版社,2005年,第257页。
⑦　戴骢主编:《蒲宁文集》(5卷本),第5卷,合肥:安徽文艺出版社,2005年,第193~194页。

在圣像的护佑下,我结束了童年、少年和青年初期的蛰居生活,那是我生命中的蒙昧、隐秘时期,如今看来这是一个特殊的、珍贵的、奇幻的时期。[①]

脑子里充满了同一个念头和同一段回忆⋯⋯回忆是令人心碎的、可怕的,需要用一种专门的祷文才能把人从回忆中解脱出来。[②]
年老主人公对当初年少时不理解的事件和现象给出了解释。

作者构思主人公,就是构思主人公的议论。所以,作者关于主人公的议论,也便是关于议论的议论。作者的议论是针对主人公的,亦即是针对主人公议论的,因此,对主人公便采取一种对话的态度。作者是涉及主人公两个主体间的谈话,而不是直接讲述主人公。主人公的议论就像另外一个他人说出的,就像主人公本人说出的一样,可以彻底地展示自己的内在逻辑和独立性。年老主人公对年少主人公采取了对话立场,这一立场确定了主人公的独立性、内在的自由、未完成性和未论定性。年老主人公并不处在高踞对话之上占据着至高无上和决定一切的位置上。年老主人公讲到年少主人公,是把他当作在场的、能听到他(作者)的话,并能作答的人。主人公的自由,是在艺术构思范围内的自由,有它自己的艺术逻辑,自己的规律性。

第二节　多重视角对话

作品中的多声现象是由主人公的两个主体的视角引发的,下面我们就来分析作品中存在哪些多声现象? 如何在对话中反映出心灵的流变?

一、主人公与自己的对话

主人公是一个思想者,他不仅叙说自己身边的环境,还评说世界,并将这二者融合到了一起。世界观同左右着非常具体的个人情感的原则是一致的。如接受与不接受、反抗抑或顺从都变成了思考世界时采用的基本范畴,个人生活同世界观、最隐秘的感情同思想,达到了艺术的融合。

---

① 戴骢主编:《蒲宁文集》(5卷本),第5卷,合肥:安徽文艺出版社,2005年,第249页。
② 戴骢主编:《蒲宁文集》(5卷本),第5卷,合肥:安徽文艺出版社,2005年,第290页。

　　主人公叙说自身和用自己的思想观念来评说世界的融合直接地、极大地提高了自我论说的重要价值,使主人公对任何外在的意见与观点增强了内在的抗衡力。思想帮助自我意识确立了在布宁艺术世界中的主导地位,使自我意识比任何稳固定型的中立状态都更胜一筹。从另一方面看,思想本身要保有自己的重要性,保有自己充实的意义,也只能是以自我意识为基础;这里,自我意识是主人公进行艺术描写的主要成分。

　　布宁在设计主人公时,常常让主人公从自己的内心矛盾中引出两个人来,让自己同自己的另一个我相交谈、相辩论,目的是把这一矛盾戏剧化,把它横展开来表现。声音内核里的对话关系,是不同声音在一个分解开来的意识内的相互组合。

　　1.以提问的方式:

　　……谢尼卡摔死后在做什么事? 他现在什么模样? 为什么他偏偏要挑那天晚上死?[①]

　　此刻他身在何处,在世纪末日之前他将在何处安身? 难道他果真已回到那边的什么地方,去见我们久已逝去的列祖列宗,同他们相会了吗? 那么如今他是什么模样呢? 难道那具长卧在灵柩中的尸体就是他吗?[②]

　　此情此景何以名之? 何以会有这样的情景? 原因何在?[③]

　　上面的这三个问题主人公并没有给出回答,这些问题也是心灵在认识世界的过程中主人公自己想不通、无法解答但又迫切想要了解的问题。这和阿尔谢尼耶夫的身份是符合的,作为一名艺术家,他比平常人的所思所想的要广泛一些、深刻一些。

　　疯癫、流浪、跳神、自焚,以及层出不穷的暴乱,乃至俄罗斯文学引以为荣的那种淋漓尽致到惊人地步的描写,那些淫词艳曲,难道不跟这种"纵酒之乐"有血亲关系吗?[④] (——是的,跟这种"纵酒之乐"有血亲

---

①　戴骢主编:《蒲宁文集》(5卷本),第5卷,合肥:安徽文艺出版社,2005年,第25页。
②　戴骢主编:《蒲宁文集》(5卷本),第5卷,合肥:安徽文艺出版社,2005年,第112页。
③　戴骢主编:《蒲宁文集》(5卷本),第5卷,合肥:安徽文艺出版社,2005年,第259页。
④　戴骢主编:《蒲宁文集》(5卷本),第5卷,合肥:安徽文艺出版社,2005年,第85页。

关系。)

　　诗人说:"我满怀美好的希望踏入生活……"我也是满怀美好的希望踏入生活的……不过我有这样的根基吗?① (——*我没有这样的根基。*)

　　那么我从未意识到我的脚还没有跨出我们县一步吗? 从未意识到对我这个仅仅习惯于田野和山坡的青年来说,整个世界都是与我隔绝的吗? 从未意识到我天天见到的只是村夫和村妇,我的社交圈仅限于瓦西里耶夫村的几家小地主吗?② (——*我都意识到了。*)

　　可我能想出些什么呢? 我问自己,难道去粮仓求他给片面包吃?③ (——*我想不出什么,也不能去粮仓求他给片面包吃。*)

括号中斜体部分的话都是笔者认为主人公对这些问题给出的回答。事实上,这几个问题的答案就包含在问题本身,但是主人公并没有直接陈述出来,而用设问的方式,这样加强了语气,比用平铺直叙的方式更有力量,更能在心灵中引起震动。

　　再说,真会不知道死为何物吗? 人之知死不是与生俱来的吗? 如果不是与生俱来,且也不知死为何物,我还能像过去和现在这般热爱生活吗?④

　　为什么偏偏在这一天,这一刹那,由于这么一件无足轻重的事,我的意识会突然萌发,而且萌发得那么清晰,致使我的记忆得以运作? 又为什么在这一刹那之后,我的意识又旋即熄灭,而且熄灭了那么长久?⑤

　　为什么我要重返故园,为什么我要弃学? 要是不发生这件乍一看来无足轻重的事,我的青年时代还能像现在这样度过吗? 我的一生又将是什么样的呢?⑥

---

① 戴骢主编:《蒲宁文集》(5卷本),第5卷,合肥:安徽文艺出版社,2005年,第120页。
② 戴骢主编:《蒲宁文集》(5卷本),第5卷,合肥:安徽文艺出版社,2005年,第122页。
③ 戴骢主编:《蒲宁文集》(5卷本),第5卷,合肥:安徽文艺出版社,2005年,第157页。
④ 戴骢主编:《蒲宁文集》(5卷本),第5卷,合肥:安徽文艺出版社,2005年,第1~2页。
⑤ 戴骢主编:《蒲宁文集》(5卷本),第5卷,合肥:安徽文艺出版社,2005年,第3页。
⑥ 戴骢主编:《蒲宁文集》(5卷本),第5卷,合肥:安徽文艺出版社,2005年,第95页。

半夜醒来，不禁心寒：我怎么活下去，为什么还要活下去？①

这些问题主人公并没有给出答案，也是他自己迫切想解决但是又尚未解决的问题，他把这些问题提出来，应当说还是希望能够有他者可以给出解答，与读者进行对话。

2. 以提问后给出回答的方式：

瞧，终于盼到了！盼到了什么，究竟盼到了什么？盼到了那道我似乎朝思暮想了很久的通往毁灭的界线，这道界线我终于要垮过去了，跨过这道可怕的门槛，踏上罪恶的乐土……②

这段话是主人公打算强暴冬妮卡之前的内心争斗，这样做是有违伦理的，但是本能还是占据了上风。

……我喘了口气，心急慌忙地环视了一下四周——不会有什么人来吧？没一个人，周围一切如常，阒无声息：村子里同平常冬夜一样漆黑一片，宁静得令人难以置信——像是什么事也没有发生过，家家户户都亮着灯……③

不过，现在我该不该出去喝茶？我想，我总该采取点什么行动吧？但继而一想，什么乱子也不会出，谁也不知道这件风流韵事，永远也不会有人知道。……昨晚我如此自责是何等愚蠢呀！④

就这样，我忽然起念，何不此时趁机跑到阿尔菲罗夫的庄园去，说不定只有冬妮卡一个人在家里。而与此同时，我又沉重地意识到我实在是过于堕落了，心里好不难受，好不痛苦，竟至想到还不如一死了之。⑤

这三段话是主人强暴冬妮卡之后在内心分裂出的两个声音，一个认为他有罪，另一个为他开脱，肯定他。他的心中是这两种声音的交锋；时而这个声音占上风，时而那个声音占上风，但是哪个声音也不能彻底战胜对方。

① 戴骢主编：《蒲宁文集》(5卷本)，第5卷，合肥：安徽文艺出版社，2005年，第235页。

② 戴骢主编：《蒲宁文集》(5卷本)，第5卷，合肥：安徽文艺出版社，2005年，第80页。

③ 戴骢主编：《蒲宁文集》(5卷本)，第5卷，合肥：安徽文艺出版社，2005年，第148页。

④ 戴骢主编：《蒲宁文集》(5卷本)，第5卷，合肥：安徽文艺出版社，2005年，第148～149页。

⑤ 戴骢主编：《蒲宁文集》(5卷本)，第5卷，合肥：安徽文艺出版社，2005年，第150页。

不过这个对语更多地表现为两个声音在交锋中的融合。

那么是什么促使这个富有天资的人将他青春的全部热能奉献给"地下工作"的呢？莫非是彼拉和赛索伊卡的悲惨命运？他在读这篇小说时,无疑不止一次热泪盈眶。但是为什么他跟他所有的战友一样,长年来对生活中的、诺沃谢尔基村的、巴图林诺村的彼拉也罢,赛索伊卡也罢,却视而不见呢？[①]

给出的例子表明主人公对革命的不理解,对自己最敬爱的哥哥参加革命活动的原因进行的种种揣测,对哥哥因为参加革命活动遭到逮捕,断送本应光明的大好前程感到的惋惜。

我是在什么样的地方出世和长大,都见过些什么？我生于斯长于斯的地方没有山,没有河,没有池塘,没有树林,只有在谷地上长着灌木丛,间或有几座小树林,偶尔一两处地方树木稍微多一点,多少有点儿像森林,于是便有名字了,或者叫札卡兹,或者叫杜布洛夫卡。[②]

不,我还从未读到过比这更好的作品！不过,话要说回来,《哥萨克》呢？……是呀,普希金、托尔斯泰、莱蒙托夫,他们是何等幸福呀？……真是奇怪,我竟然是托尔斯泰的同时代人,而且还是邻居！不过,即使和普希金生活在同一个时代又怎样呢？要知道……那全是托尔斯泰的,与我何干？但是,话要说回来,也有人常对我说,要爱一切,甚至爱这个疯狂的夜！……是的,再也不能这样生活下去了。……不,我应当作出最后的决断了！[③]

要是能找到这把神话般的马刀该有多好！我准会欣喜若狂！不过话要说回来,我要这把马刀干吗？我对它的这种狂热、盲目的爱是从哪儿来的？不过,世上的一切有哪一件不是盲目的,有哪一件清楚自己何以要存在,这一点我已有所感悟。[④]

---

① 戴骢主编:《蒲宁文集》(5卷本),第5卷,合肥:安徽文艺出版社,2005年,第84~85页。

② 戴骢主编:《蒲宁文集》(5卷本),第5卷,合肥:安徽文艺出版社,2005年,第11页。

③ 戴骢主编:《蒲宁文集》(5卷本),第5卷,合肥:安徽文艺出版社,2005年,第164~165页。

④ 戴骢主编:《蒲宁文集》(5卷本),第5卷,合肥:安徽文艺出版社,2005年,第30页。

三段话反映了记忆中的民族集体记忆因素，正是这一因素引发了主人公的思考。

> 我的父辈中哪个人没让吉普赛女人算过命？这是我冥冥之中与父辈们的联系，我渴望感觉到这种联系，要是这个世界对我们来说是完全陌生的，与过去无联系的，我们难道还会像现在这样爱它吗？①

记忆中的家族记忆因素使主人公由吉普赛女人想到自己与父辈们的联系。

> 怎么会出这样的事，为什么会出这样的事？要知道我哥哥说什么也不是冲额角、阴尸鬼、木头橛子呀！……他何以要赞美此人？显然，是因为他不善多思。②

> 我反复琢磨，要是月亮突然破云而出，冷光四射，那么它会像什么样呢？死人的白面具？光是从内部放射出来的，那究竟是什么样的光？是做蜡烛的硬脂的光吗？对，对，是硬脂的光！③

> 那么忧伤的梦、沉重的梦？不，毕竟还是幸福、轻松的梦……④

这是记忆中的宗教因素引发主人公的思考。

> 我为什么没有立即去追她？也许是因为我于心有愧，因为我深知她脾气很倔。⑤

主人公为丽卡走后自己行为进行的开脱。

> 我想着想着，突然对自己说，难道这是真的，真的要……"不，这都是不着边际的！"我突然对自己说："我只是路过奥廖尔……"⑥

> 现在在这个城市里我只剩一个亲密的朋友了，那就是阿维洛娃。然而她真的跟我亲密无间？这种亲密或许是飘忽的、暧昧的……⑦

---

① 戴骢主编：《蒲宁文集》(5 卷本)，第 5 卷，合肥：安徽文艺出版社，2005 年，第 157 页。
② 戴骢主编：《蒲宁文集》(5 卷本)，第 5 卷，合肥：安徽文艺出版社，2005 年，第 82～83 页。
③ 戴骢主编：《蒲宁文集》(5 卷本)，第 5 卷，合肥：安徽文艺出版社，2005 年，第 243 页。
④ 戴骢主编：《蒲宁文集》(5 卷本)，第 5 卷，合肥：安徽文艺出版社，2005 年，第 53 页。
⑤ 戴骢主编：《蒲宁文集》(5 卷本)，第 5 卷，合肥：安徽文艺出版社，2005 年，第 291 页。
⑥ 戴骢主编：《蒲宁文集》(5 卷本)，第 5 卷，合肥：安徽文艺出版社，2005 年，第 169 页。
⑦ 戴骢主编：《蒲宁文集》(5 卷本)，第 5 卷，合肥：安徽文艺出版社，2005 年，第 235 页。

　　一辆辆黑乎乎的出租马车迎面驶来,莫不是莫斯科的邮车到了?果真如此——车站餐厅里灯火通明,挤满了顾客,弥漫着厨房和茶炊的香味。①

　　关于这个帕利津我还知道什么?什么也不知道了!②

　　为什么要去斯摩棱斯克?我曾向往勃良斯克森林,勃良斯克的绿林好汉……③

　　"在这里逗留几天吗?"我想了一想,"不,往前走,去维切布斯克!"④这些是主人公在生活中遇到问题,思考并寻找答案的过程。

　　以上都是从年轻主人公的视角进行的提问和回答。这样,主人公同自己说话,他劝说自己,挑逗自己,揭露自己,嘲弄挖苦自己,如此等等。主人公内心进行的思想斗争,是为了在对话的过程中找到自己,揭示自己。他的内心言语的特点是,其中充满了他人话语。他在内心的言语中塞进他人话语,增加了自己的语气,或者干脆改变了原来的语气,并与之进行激烈的争论。因此,他组织内心的言语,就是针对触动了他的他人话语,组织一连串生动的、激烈的对语。但是,每一个人物进入他的内心的言语,都不是作为一种性格或一种典型,也不是生活情节中的一个人物,而是某种生活目的和思想立场的象征,是在令他苦恼的那些思想上的问题中代表着生活中某种解决办法的象征。

　　(幼年时代对牲畜棚、马厩、车棚的描写。——笔者概括)……为什么人从童年时代起就向往遥远、辽阔、深邃、高峻、陌生、冒险,向往去那个可以为某件事或某个人搏命,乃至献出生命的地方?难道我们会安于现状,安于上帝给予我们的这片土地,安于仅仅这一种生活吗?显然不会,因为上帝给予我们的远要多得多。⑤

　　(童年时期对田地劳作景象的描写。——笔者概括)……像这样的

① 戴骢主编:《蒲宁文集》(5卷本),第5卷,合肥:安徽文艺出版社,2005年,第242页。
② 戴骢主编:《蒲宁文集》(5卷本),第5卷,合肥:安徽文艺出版社,2005年,第248页。
③ 戴骢主编:《蒲宁文集》(5卷本),第5卷,合肥:安徽文艺出版社,2005年,第254页。
④ 戴骢主编:《蒲宁文集》(5卷本),第5卷,合肥:安徽文艺出版社,2005年,第258页。
⑤ 戴骢主编:《蒲宁文集》(5卷本),第5卷,合肥:安徽文艺出版社,2005年,第16页。

日子我记得很多吗？不，很少，非常之少。^①

此刻他们显然在谈我的事：……这一切已遥远得恍同隔世！如今我要精力非常集中才能活生生地感觉到他们是我的同胞，正是他们跟我手足情深，所以我在写回首往事的笔记时，总要想到他们，而且不知怎的，竭力想重塑他们中某个人在久远年代的英姿。究竟是谁的英姿？是我臆想中最小的一位兄长的，而这位兄长早已随同他那遥远的无从计数的年代离世而去。……这都是些什么人？是许多年前曾在某个地方生活的人。^②

（对旧照片上人物形象的描写。——笔者概括）……今天我在再现我当年的形象时，也深感往事如烟，如在神话中，在传奇中。那么当初是否确有其事呢？是的，确有其事。^③

我对生活的确心比天高。为什么？也许这便是生活的意义所在。^④

然而构成俄罗斯革命性的主要因素之一难道不是世世代代对于牛奶河、对于无拘无束的生活、对于节日的希冀吗？俄罗斯的持异议者、暴乱者、革命者无不脱离现实到了荒唐的地步，他们蔑视并且毫不顾及理性、国法和丑陋、呆滞、苍白的现实，他们究竟是什么样的人？这还用问！去省府服务，为公益事业烧尽绵力吧！不，绝对不去——"拒我于门外，据我于门外呀！"^⑤

以上是从年老主人公的视角先提出问题再给出回答，这种方式比平铺直叙的方式更有力，更易于引起读者的重视，产生共鸣。

他人话语是渐渐地、偷偷地渗入到主人公意识和言语中的。主人公自己的话被他人声音借用，改换语气后重又在作者耳旁窃窃低语；其结果是，在一个语言内，在同一段话里，不同意向的话语和声音十分独特地组合起来；在同一个意识中有两个意识交错在一起。这种在同一意识范围内不同意向的声音的对位组合，成了主人公引入其他现实声音的基础和土壤。

---

① 戴骢主编：《蒲宁文集》(5卷本)，第5卷，合肥：安徽文艺出版社，2005年，第18页。
② 戴骢主编：《蒲宁文集》(5卷本)，第5卷，合肥：安徽文艺出版社，2005年，第153页。
③ 戴骢主编：《蒲宁文集》(5卷本)，第5卷，合肥：安徽文艺出版社，2005年，第154页。
④ 戴骢主编：《蒲宁文集》(5卷本)，第5卷，合肥：安徽文艺出版社，2005年，第158页。
⑤ 戴骢主编：《蒲宁文集》(5卷本)，第5卷，合肥：安徽文艺出版社，2005年，第84页。

二、主人公与他者的对话

主人公的自我意识,是完全对话化了的:这个自我意识在自己的每一点上,都是外向的,他紧张地同自己、同别人、同第三者说话,他是交谈的主体。只有通过与他交际,采用对话方式,才能够接近他,揭示他,准确些说是迫使他自我揭示。只有在交际中,在人与人的相互作用中,才能揭示"人身上的人",揭示给别人,也揭示给自己,在这交际中揭示出心灵的隐秘。

大车上麦捆越来越多,空间越来越少,最终成了四周都戳出麦穗、麦芒的庞然大物……然后,你又得使尽力气,用粗硬的绳索把这座处处扎人的,散发出热烘烘的令人窒息的黑麦气息的小山团团扎紧,并系牢在大车四边的木栓上……①

每当你出行归来,总认为你不在时必定发生过什么事,给你寄来了什么重要信件,告知什么消息。结果却往往什么事也没有发生,什么信件也没有寄来。可这回却不一样了。②

到了莫斯科大街,我走进一家下等茶馆,坐到人声鼎沸、拥挤闷热的店堂内,观察那一张张红彤彤的胖脸、红胡子、摆在我面前的锈迹斑驳的托盘,以及托盘内的两把白茶壶,每把茶壶都有一根湿漉漉的细绳把壶身和壶盖拴在一起……我这是观察老百姓的生活吗?你们错了,我只不过观察托盘,观察这根湿漉漉的绳子!③

主人公用人称代词"你"、"你们"指向他者,娓娓道来,希冀与他者对话和交谈。

主人公心灵的发展主要通过主人公与自己的对话、主人公与他者的对话体现出来。具有内在说服力的话语,是在同没有结束的现代打交道的区域里诞生的话语,或者是加以现代化了的话语。这种话语是诉诸现代人的;即使诉诸后代,也是把后代当成现代人。每一个话语都包含有关读者的某一特定的见解,包含有读者的统觉背景,考虑读者的不同程度的回答,并保

---

① 戴骢主编:《蒲宁文集》(5卷本),第5卷,合肥:安徽文艺出版社,2005年,第137页。
② 戴骢主编:《蒲宁文集》(5卷本),第5卷,合肥:安徽文艺出版社,2005年,第185页。
③ 戴骢主编:《蒲宁文集》(5卷本),第5卷,合肥:安徽文艺出版社,2005年,第242页。

持着一定的距离。所有这些对于理解话语的历史命运,都是至为重要的。

巴赫金认为:"对话渗透到每个词句中,激起两种声音的斗争和交替。这就是微型对话。"①下面列举出的几段对话式内心独白,都是微型对话的绝妙典范:每句话里都有两个声音在争辩。这些声音不是各自封闭的,相互间也不是不闻不问的,它们总是听着对方,相互呼应,相互得到反映。

为什么俄罗斯的庄稼汉纵然拥有欧洲的庄稼汉连做梦也想不到的可以随意支配的财富,却仍然过着穷苦的生活?我们心安理得地过着浑浑噩噩、懒懒散散、耽于空想、颠三倒四的生活,理由就是邻居地主家本已一年穷似一年,何必雪上加霜,再去抢占他的土地,哪怕只有巴掌那么大。再说,抢来也无补于事。为什么商人时常会把贪得无厌、锱铢必较地积敛起来的财富挥霍一尽,并诅咒自己敛财,因自己在钱财上造了孽而醉醺醺地痛哭流涕,但求自己成为约伯、流浪汉、无业游民和疯丐?总之,为什么俄罗斯会在短促得不可思议的时刻就濒于毁灭?②

他(罗斯托夫采夫——笔者注)引以为豪的是什么?不消说得,他引以为豪的是我们,罗斯托夫采夫们,乃是俄罗斯人,真正的俄罗斯人,我们决不随波逐流,过着俭朴的、从表面上看来是清苦的生活,这是真正的俄罗斯生活,没有也不可能有比这更美好的生活了,因为清苦仅仅是从表面上看,从实质上看却是富有的,这是亘古以来俄罗斯精神的必然产物,而俄罗斯呢?又较之世界上所有国家更为富裕、强盛、虔诚、光荣。是不是只有罗斯托夫采夫一个人才有这种自豪感呢?除他之外,我看到许许多多人也有这种自豪感。……可此后,待到俄罗斯亡国之时,这种自豪感到哪里去了?为什么我们不挺身而出捍卫我们如此自豪地称之为俄罗斯的一切?我们不是曾经深信不疑这一切的力量和真理性吗?然而不管怎么说,我深知我当年长大成人的时代是俄罗斯国力最为鼎盛的时代。我少年时代的视野是极为狭隘的,然而我当时观察到的,我要再说一遍,是有典型意义的。……我现在深信,这种故作

① [苏]巴赫金 著:《巴赫金全集》(7 卷本),第 5 卷,石家庄:河北教育出版社,2009 年,第 97~98 页。

② 戴骢主编:《蒲宁文集》(5 卷本),第 5 卷,合肥:安徽文艺出版社,2005 年,第 39 页。

谦卑的谈话,不仅在我们那个县城极为典型,而且就当时整个俄罗斯的感情来说也是极为典型的。……他们说话往往脱口而出,言过其实,一会儿为这种感情左右,一会儿又换了截然相反的另一种,那么究竟哪一种是主要的呢?①

这些他者发问经由主人公转达出来,带上了主人公自己的主观感情色彩。这种表达形式能够给杂乱间断的人物内心言语以秩序和修辞的严整(如使用直接引语形式则需把这杂乱间断都反映出来);同时又正是这一形式可以保留作者内心言语的情态结构,保留内心言语所特有的某种含蓄和模糊,而这是干巴巴的逻辑性的间接引语所绝对没有的。上述特点决定了这种形式最适于表达内心言语。这种形式是混合型的,而且主人公声音的积极程度会很不相同,并会赋予所表达的语言以自己的第二种语调(讽刺的、惋惜的、不解的、希冀的)。

那么其他人呢,像我们的浑浑噩噩的邻居、我们的亲戚、我的父亲以及巴斯卡科夫又怎么样呢?巴斯卡科夫把自己的生活弄成什么样子,我已经谈过。我们那位生气勃勃、精力旺盛、为人宽厚、像飞鸟一样无忧无虑的高贵的父亲又是怎样对待自己、对待自己的家产的呢?我们,阿尔谢尼耶夫家族昔日的荣光和残存下来的少得可怜的家产的年轻继承者,又怎样呢?拿哥哥尼古拉来说,经不住萨什卡和游手好闲的乡村生活的诱惑,竟弃学返乡。哥哥格奥尔基把寒暑假的大好光阴都用在读拉甫罗夫和车尔尼雪夫斯基的作品上。至于我按什么模式成长,从下面这件事中可见一斑……②

贵族子弟何以要"走向民间",他们的叛逆,他们的集会、争论、地下活动、导致流血的言论和行动,总的来说,是什么造成的?其实他们同他们血肉相连的父辈并无二致,他们的父辈也曾千方百计戕害自己的生命。主义之类无非是主义罢了,我再重复一遍,这些年轻革命者能有

---

① 戴骢主编:《蒲宁文集》(5卷本),第5卷,合肥:安徽文艺出版社,2005年,第60~61页。

② 戴骢主编:《蒲宁文集》(5卷本),第5卷,合肥:安徽文艺出版社,2005年,第39~40页。

多少主义,他们不过是探求在轰轰烈烈的活动下过上开心的逍遥生活,醉心于革命的集会、热烈的议论、引吭高歌和各种各样危险的秘密活动……①

　　那么此时我有没有明确的想法和理想? 有没有在人生道路上遇到什么重大的或比较重大的事情需要立时做出判断和决定时,往往不思前顾后、反复掂量,而宁可按内心的意愿办事? 我至今记忆犹新,当年我飞马进城时,一路上我那男子汉激动的内心正在酝酿着一种愿望。什么愿望,说不清楚,反正是热望生活发生转折,以便摆脱某种桎梏,取得自由,奔向未来……②

上述这几段例子中,在段落的开头,主人公模拟他者的口气发问。这些话里同时有两个声音:他者的声音和主人公的声音。然后从主人公的角度给出回答,在回答中包含了悲伤、爱怜、渴望等情感。主人公对自己性格、思想和行为、对周围事物的态度和看法都通过对话的方式传达出。他所见到的和观察到的一切,包括俄罗斯的衰败、俄罗斯没落贵族的困苦生活、俄罗斯人的民族性格、社会现象、个人前途、命运之谜、人生意义等等都纳入对话,都在回答他的问题,都在向他提出新问题,都在刺激他,同他争论或证实他的想法。主人公不为自己留下任何重要的内容,与他者共同构筑整个作品的大型对话。

　　父亲跟我说:"你的前途将会怎样,只有上帝知道!"那么她呢,纵然美丽可人,却蛰居于巴图林诺,过着清贫孤独的生活,她的前途又会怎么样呢?

　　然而当时我汲汲于怀的是我自身的前途。③

在这个例子中,开头主人公复述了父亲的话,带着父亲的担忧、怜爱的语调。但是在父亲的语调上,又加上了一层主人公自己的语调:难过、迷茫的语调。在第一段中形成了主人公与父亲的一个小型对话。旋即叙述视角从年少主人公转向年老主人公,他者一直都是整个引文的潜在的叙述对象,

①　戴骢主编:《蒲宁文集》(5卷本),第5卷,合肥:安徽文艺出版社,2005年,第84页。
②　戴骢主编:《蒲宁文集》(5卷本),第5卷,合肥:安徽文艺出版社,2005年,第139页。
③　戴骢主编:《蒲宁文集》(5卷本),第5卷,合肥:安徽文艺出版社,2005年,第160页。

因此在更高一层上的表现为主人公与他者的对话,是主人公对命运之谜的思考。

这些混合的情形,不同语调的交错,主人公的双主体与他者两两之间的对话使得多种言语相互渗透、相互感染。记忆书写心灵往往是含蓄的、模糊的、不明朗的、逻辑性不强的,杂乱间断的。对话形式既保留了内心言语模糊含蓄的特点,又传达出了心灵发展的原貌,是独白语言无法实现的。

本章小结

伴随着作品主人公心路历程的呈现,"我"对自然景物、社会现象、命运之谜、人生意义等问题的沉思,常常以探问的形式表现出来,对话成为作品的一大特色。和这些问题相映成趣的,是作品中的回答。这些回答从主人公的经历、感受和体验中提炼出来,显示出警句铭词般的睿智和精湛,几乎是诗化了"我"对生活的沉思果实,给这部以浓郁的诗意见长的作品造成了一种哲理色彩。抒情性与哲理性与哲理性的统一,个人感受的表达与民族精神风貌勾画的并重,思虑具体问题与探究"永恒主题"的结合,古典语言艺术与现代表现手法的兼用,以及在栩栩如生的生活画面中始终伴有的历史感、命运感和沧桑感,使得《阿尔谢尼耶夫的一生》成为一部在雄浑壮阔的乐声中不乏柔和细腻的抒情旋律的大型交响乐。

第六章

布宁小说的语言：印象组合，杂语纷呈

一部作品风格的完整统一，一方面要求有一个完整统一的语言，这包括作品被当成某种个人的语言整体（即独特的个人语言，他的词汇和句法），以及成了个人言语（作为"表述"）的整体。另一方面要求有一个体现在这语言之中的完整统一的个性。二者缺一不可。我们对布宁记忆书写的关注在于他语言中的杂语现象，即其中独特的多声现象。我们关注布宁是如何采用多语型、多声部、多体式来构建这一整体的。

文学双语现象（Литературный билингвизм），即在统一的创作系统中两种语言表现形式——诗歌与散文的交替，存在于布宁的创作中。不仅如此，布宁还掌握音乐、绘画等语言。可以说，他的创作中存在着文学的多语现象。《阿尔谢尼耶夫的一生》是一种"文本中的文本（текст в тексте）"，因为其中包括了其他作家的作品、笔记、格言。与此同时，《阿尔谢尼耶夫的一生》还是一种"元文本（метатекст）"、"关于文本的文本（текст о тексте）"，因为这部包括了阿尔谢尼耶夫本人创作的诗歌和散文的作品，集中体现了集小说家与诗人于一身的作家关于艺术和创作的思想。

《阿尔谢尼耶夫的一生》作为一部完整的新型文学作品，它的语言，是各种语言和风格构成的体系，是一个复杂而又统一的体系。语言的形象既具典型性，同时它自身又包含有作者对它的态度，作者的情感。语言进入文学领域，就带上了一个基本特点：语言在这里不仅仅是交际手段和描写表达手段，它还是描写的对象。语言不仅描绘他物，而且自己也是描绘对象。文学语言及其非文学语境所具有的内在杂语性，也就是该民族整个的方言构成

所具有的内在杂语性,应该感觉得到自己是处于杂语海洋的包围之中;而且这杂语海洋充分显示出自己的意向性,充分展示着自己神话的、宗教的、文学的以及其他的文化思想体系。民族与之外的杂语会巩固和深化标准语本身的内在杂语性,瓦解民族神话的体系,同他族的文化和语言密切接近。通过翻译、改编、给予新解、变换语调来同他人话语、他人意向之间多层次的相互作用。

区别于传统的语言学方法,我们倾向于用超语言学的研究方法来解读《阿尔谢尼耶夫的一生》。超语言学(металингвистика)的研究方法是把一部作品当作言语整体,揭示各种语言材料是按照怎样一种对话的角度,并行或对立地组织在作品之中,而不是像传统语言学那样,把话语具体生命的某些方面排除在外,全然不涉及交谈者对语之间对话关系等。对话交际才是语言的生命真正所在之处。

在本章中,将运用超语言学研究布宁创作语言的杂语性、多声性,研究布宁书写记忆的语词的节奏、色彩、韵律等,对通感体验、互文观照进行剖析。

第一节　通感体验

布宁记忆书写的语言呈现为多语现象,集小说、诗歌、音乐、绘画的特点于一身。布宁的记忆书写中散文与诗歌并没有截然分开,其创作理念,表达形式,遣词造句等一脉相承。与俄罗斯文学史上的《伊戈尔王子出征记》、普希金的部分作品、И.С.屠格涅夫的散文诗等有着密切的联系,关于这一点在第一章体裁溯源方面已经剖析过,在此就不再详细展开。下面我们就对布宁的语言特色逐一加以阐释。

一、语言的音乐感、节律感

《阿尔谢尼耶夫的一生》出现在 20 世纪俄罗斯文学现实主义与现代主义相交的大背景中,这一时期以别雷为代表的象征主义文学异军突起,象征主义诗歌十分强调音乐效果,对诗的语言进行了很大的改造,对于日常用的字和词加以特殊的、出人意料的安排和组合,使之发生新的含义。这一时期

散文的语言在语音、节奏、重音方面较多具有了诗歌的特征,增强了散文的表现力和深刻的意蕴。

布宁本人较为精通音律,他的语言风格与 20 世纪 И. Ф. 斯特拉文斯基、C. C. 普洛科菲耶夫、Д. Д. 肖斯塔科维奇等作曲家们寻找新的富有动感的、集约的、富有表现力的方法的尝试与探索是有一定关联的。此间出现了在不和谐中蕴含和谐的复调音乐[①](полифония)。赋格曲中的五个声音,不断加入并发展形成对位的谐声,很像布宁小说中的"谐声"。布宁作为兼具诗人和小说家的作家,他的小说的语言也具有诗歌的特征,在遣词造句上非常讲究韵律和节奏,一个名词往往带有好几个修饰语,细心揣摩也比较容易区分出它们之间的细微差异。下面我们就通过具体的例子来感受布宁书写记忆的语言的音乐感、节律感:

... бывший рабочийБыков, коренастый парень в блузе, в кудрявой голове которого, в толстой шее и выкаченных глазах было и впрямь что—то бычье...

　　一个叫贝科夫,是个矮墩墩的小伙子,当过工人,穿着工装,他的鬈发、粗壮的脖子和凸出的眼珠确实有点像公牛……[②]

АПровал... Это была небольшая, но очень глубокая лощина, с обрывистыми скатами и знаменитым «провалом»

　　普鲁瓦尔是一个谷地,面积不大却非常幽深,两边峭壁陡立,谷底就是名副其实的著名的"普鲁瓦尔"。[③]

---

① 复调音乐也称复音音乐,是一种"多声部音乐",作品中含有两条或两条以上的独立旋律,通过技术性处理,和谐的结合在一起。复音音乐主要有三种形式:对位曲、卡农和赋格。对位曲就是按照严格的对位法来写作的一种音乐形式,即根据一定的规则以音对音,将不同的曲调同时结合,从而使音乐在横向上保持各声部本身的独立与相互间的对比和联系,在纵向上又能构成和谐的效果。构成对位的几个声部,若仅有一种结合方式,其相互关系不可更换者为单对位。相互关系可更换者为复对位。上下可换者为纵向可动对位,前后可移者为横向可动对位,两项兼可者为纵横可动对位。卡农以模仿的手法来处理不同的声部旋律,形成一种连绵不断的感觉。赋格是用一种多声部相互应答陪衬的方式所写成的复音音乐。

② 戴骢主编:《蒲宁文集》(5 卷本),第 5 卷,合肥:安徽文艺出版社,2005 年,第 173 页。

③ 戴骢主编:《蒲宁文集》(5 卷本),第 5 卷,合肥:安徽文艺出版社,2005 年,第 17 页。

俄语的 Быков(贝科夫)和 бычье(公牛)是同根词；провал(普鲁瓦尔)在俄文中就是谷地的意思，这样用词使得词语本身就具有潜在意义，而且使整个句子音调也显得非常和谐。

...рос я в великойглуши. Пустынные поля, одинокая усадьба среди них... И вечная тишина этих полей... Но грустит ли в тишине, в глуши какой—нибудь сурок, жаворонок? Нет, они ... не чувствуют той сокровенной души, которая всегда чудится человеческой душе...

我是在穷乡僻壤中长大……广漠的莽原，孤零零一座座庄园枯立其间……永恒的沉寂……可是换了一只旱獭或者云雀什么的，置身在死寂的荒山野岭中会寂寞吗？会发闷吗？不，它们……不会像人的心灵那样总是在他周围世界中幻觉有灵性存在。①

句中相同的音节"ши"重复，在朗读中呈现出音律美。虽然作品由不同的片断组成，但是作品整体上的音韵非常和谐，并不显得杂乱无章。

作品充满了音乐感和诗歌的韵律感，特别是对月夜、雷声、在夜里骑马进城、收割的场景的描写，这些片断都堪称用诗性的语言描写的杰作，在这些描写中外部世界的景象往往与隐秘的内心活动密切相连。

二、组合修饰语的使用

《阿尔谢尼耶夫的一生》是一部多色调的小说，通过精心的遣词造句将性质迥异的材料展开在一个统一的世界里。由于作品是一种记忆书写，因此叙述缺乏严密的外在逻辑性，充满了情绪化的戏剧性，即各种情绪的对立与冲突。这使作者的叙述风格特征具有了丰富的表现形式和极大的感染力。

B.B.阿格诺索夫认为："布宁具有一种罕见的本领，能将形状、色彩、光亮、声响、气味、温度和诸多因素复杂地结合在一起，传导出对外部世界的感受。"②例如，将气味、声音、颜色两两组合或者两者以上进行组合："сухой

---

① 戴骢主编：《蒲宁文集》(5 卷本)，第 5 卷，合肥：安徽文艺出版社，2005 年，第 3 页。
② ［俄］弗·阿格诺索夫著：《俄罗斯侨民文学史》，刘文飞、陈方译，北京：人民文学出版社，2004 年，第 277 页。

ослепительный свет », « вода ледяная, острая », « шелковисто—горячий шум сада ». 作品中出现了大量描写颜色、揣摩情绪等修饰语和组合名词,如:

1. 对颜色的分辨:

Какая—то женщина с приторно—белым и томным лицом	她长着一张白得发腻的没精打采的脸
золотисто—табачные пятна	金色的烟草色斑点
жидко—бирюзовые глаза	绿松石般的眼睛泪水汪汪
малиновые, хрупко—прозрачные горки	暗红色的转眼成灰的透明的小丘
бархатно—блестящая чернота волос и бороды	头发和唇髭像黑丝绒一般漂亮

2. 对情绪的揣摩:

скорбно—покорные, горестно—умиленные возгласы и моления	悲痛无奈的呼唤声以及祈祷声
болезненно—восторженное время	病态的亢奋日子
сядовито—вежливым спокойствием	怒火中烧,可是装出平心静气的样子
сладостно—жуткая причастность	甜滋滋的、提心吊胆的参加
склониться такженственно—любовно	以一种充满女性的温情的姿态伛下身去

3. 其他修饰语:

Звуки куда—то вели, шли такт за тактом, настойчиво, изысканно—плавно, ликующе, так бессмысленно—божественно—весело, что становились почти страшными, и чудесно—трагический образ вставал перед моим воображением:...	乐声执着、优雅、流畅、欢乐,节奏一个紧随着一个将我引往不知何处。欢快的乐声是虚无缥缈的,以致我听着听着害怕起来,眼前竟出现了一个异常悲惨的景象……

рига былапленительно—страшная   干燥棚可怕得让人着迷

вельможно—гордые   富有名宦气派的诗句

державинские строки

бессмысленно—радостный мир   子虚乌有的欢乐的世界

4. 具体的称谓：

гигант—гусар   魁梧的骠骑兵

мещанин—перекупщик   二道贩子

монашенки—галки   像修女般的乌鸦

глухарь—бубенчик   脖子上挂着的铃铛

двабрата—толстовца   两个托尔斯泰的信徒，是兄弟俩

更多详细的例证请参见本书后附录。

　　布宁创作的语言都具有诗性美，他有条件地利用修辞色彩，但又不完全为它所左右。《阿尔谢尼耶夫的一生》中有大量成对组合的修饰语（двойной эпитет）。这种组合使用比单独的修饰语排列在一起使用更具有表现力，更能体现这些特征之间的协同关系，扩大对其意义的阐释范围，增加阐释的可能性和多样性，布宁对人类生活中的一切眼睛可见的时间、空间特征有着一双明察秋毫的慧眼，从用肉眼可以分辨出色彩和光线中的细微差异到人的生命成长阶段和整个时代，他都有敏锐的洞察力。

三、对位性的矛盾语的使用

　　《阿尔谢尼耶夫的一生》中存在很多不和谐中孕育着和谐的风格形式（диссонансная гармония стилевой формы），即将两个完全对立的词放在一起组合成一个新词，在结构上呈现出一种对位性（контрапункт）。正反两种相对的情况常常成对出现在作品中。

　　布宁用矛盾语（оксюморон）的形式将听觉、触觉、嗅觉、视觉、味觉两两或者更多地放在一起，以及将两种对比强烈的感情或印象组合（тропеические сочетания）在一起，在不和谐中呈现出一种和谐美。包含有从梅尼普体演变而来的元素。梅尼普体喜欢剧烈的更迭变化，回旋于高低升降之间，把相去甚远的东西聚拢到一起，写出种种不般配的事来。这在布宁的作品中集中表现为对位性的矛盾语的使用。Ю. 马里采夫这样评价这

种手法在布宁作品中的作用："……布宁使用矛盾语不仅表达了心灵与世界的二律背反（антиномичность），而且赋予形象现代主义的简练表现力：这里用一两个词所表达的东西在传统的现实主义者那里则需要用一整个从句才能描绘出来。"[1]（«... оксюморон у Бунина служит не только выражением антиномичности души и мира, но и придает образу модернистскую лаконичную экспрессивность: выраженное здесь в двух словах, потребовало бы от традиционного реалиста целого придаточного предложения. »)

布宁在描写人的视觉、触觉、嗅觉、味觉、听觉等感受时运用了大量丰富的对位性的矛盾语，从整体上构成"抒情主人公"记忆书写的通感体验。例如：

1. 通感描绘

（1）触觉

Петербург! Я чувствовал это сильно: я в нем, весь окружен его темным и сложным, зловещим величием.

嗬，彼得堡！我强烈地感觉到我置身于彼得堡，置身于它的黑暗、复杂和凶险的宏伟之中。[2]

сладко и больно умилял душу запах земли, молодой травы

泥土、嫩草的气息甜蜜而又痛楚地抚慰着我的心灵。

（2）嗅觉

остро, кисло, но неотразимо привлекательно воняло навозной жижей и свиными закутами

一股强烈的酸溜溜的粪水和猪圈的臭气便扑鼻而来，然而这气味却有种难以描摹的诱人之处。

（3）味觉

горькие и сладкие слезы 既苦又甜的泪水；

（4）听觉

так бессмысленно—божественно—весело, что становились почти страшными

---

[1] Мальцев Ю. Иван Бунин, Посев, 1994, С. 139
[2] 戴骢主编：《蒲宁文集》（5卷本），第5卷，合肥：安徽文艺出版社，2005年，第260页。

欢快的乐声是虚无缥缈的,以致我听着听着害怕起来;

и весь цирк замирал в сладком ужасе 整个马戏团鸦雀无声,所有的人既兴奋又骇怕;

Полевой ветер вольно шумел вокруг нас по крыше, а сюда его шум доходил глухо, превращаясь в какой—то иной, колдовский, зловещий...

野风在我们周围的屋顶上自由自在的嬉闹,可风声传到这里却变了样,显得神秘、凶险……

...странным голосом, который отец... назвал серафическим. Это слово часто вспоминалось мне, и я смутно чувствовал то жуткое, чарующее и вместе с тем что—то неприятное, что заключалось в нем...

……一种高亢、古怪、训诫的声调……父亲讥之为天籁。我经常记起父亲讲的这个讥嘲的词,同时好像模模糊糊地听到了这种惊心动魄、富有魅力而又令人不快的声音。①

2. 其他

скорбные радости	悲痛之乐
счастье нелегкое	疲惫不堪的幸福
сладкий ужас и трепет	甜蜜的恐怖和战栗;
преступная дружба	大逆不道的友谊;
рига была пленительно—страшная	禾捆干燥棚却可怕得让人着迷;
страшное удовольствие	可怕的快感;
дворянское оскудение	贵族式的贫困;
восторженно—горькие мечты	兴奋型的痛苦;
с угрожающей, строгой грустью	威严的略带几分忧伤的语调;
жалобно—сладко пели	哀怨而又甜蜜地歌唱;
с какой мукой сладчайшей любви	极其甜蜜而又痛苦的爱恋;
какая—то сладкая и горькая грусть	一种既甜蜜又痛苦的惆怅;
равнодушно—счастливые сны	冷漠而又幸福的甜梦;

---

① 戴骢主编:《蒲宁文集》(5卷本),第5卷,合肥:安徽文艺出版社,2005年,第45页。

эти горестно—счастливые дни	这些悲伤而又幸福的日子；
милая, недолгая и печальная земная жизнь	短暂、可爱而又可悲的尘世生活；
Она была тиха и растерянно счастлива	她感到一种既平静又迷茫的幸福；
одним из самых сложных и мучительных наслаждений	一种既复杂又折磨人的享受；
город тонул в мрачных вьюжных сумерках, а у меня захватывало дух от радости.	整个城市已淹没于风雪交加的暮色之中，可我却兴奋得连气都喘不过来了。
с буйным и страдальчески—счастливым упоением орущих и хлопочущих	生气勃勃的既痛苦而又幸福的氛围；
сладко замученный бесконечным прощанием с ней	我为要同她告别而痛苦，然而这种痛苦又包含着甜蜜。
весь красный от смущения и от гордости	我的脸涨得通红，既感到不好意思，又感到自豪。

这些成双成对出现的词互相反映对方，或者互相映照；通常一个是诙谐性的，一个是悲剧性的；或者一个是高雅的，一个是鄙俗的；或者一个要肯定什么，一个要否定什么；或者一个是积极的，一个是消极的，如此等等。这样成对出现的词综合出现，便构成相反相成的两重性整体。

《阿尔谢尼耶夫的一生》为我们展开一幅既对立又统一的画面（полярно—целостная картина），将各种极端的情况放在一起，使其既不能完全融合又不能完全分离（неслиянность и нераздельность）形成了独特的创作风格，影响了同时代和后世的作家的创作活动。

四、暗含对话的语言的使用

布宁笔下书写记忆的语言被卷进了他人的观点、评价、语气之争。这个语言充满不同人物相互争斗的意向，这个语言中星罗棋布地渗透了他人意向的词语、字眼、提法、定义、修饰语。主人公同他人语言的各个不同因素，

保持着远近不等的距离；这些不同因素体现着不同的社会和世界、不同的视野。主人公并不完全同意这些他人意向，但却通过这些他人意向来折射出自己的意向。语言的杂语性在布宁作品中是一个极其重要的修辞因素；它把主人公的意识演绎为一支合奏曲。这种杂语表现为半人物言语、各种形式隐蔽表现的他人话语、散见各处的他人言语的个别词语字眼、渗入主人公言语中的他人情态因素（省略号、诘问、感叹）。这样或那样附着于主人公声音之上的语言。例如：

Помню страшные слова: надо немедленно дать знать становому, послать стеречь « мертвое тело »... Почему так страшны были эти совершенно для меня новые слова?

> 我至今记得把我吓得浑身发怵的那句话：得立即报告警长，派人去看守"尸体"……"尸体"这两个字对我来说是全然陌生的，可为什么我听到了竟会吓到这样的地步？[1]

Надя кончается. Да, это потрясающее слово— « кончается »— раздалось для меня впервые поздним зимним вечером... в одинокой усадьбе!

> 娜佳断气了。噫，在一座孤零零的庄园里，我平生第一次听到了这个令人毛骨悚然的词——断气！[2]

Эти феи одно из самых ненавистных мне слов! Хуже газетного « чреватый »!

> 仙女是我最讨厌的一个词！比"孕育"这类低级的陈词滥调更糟！[3]

"尸体"、"断气"、"孕育"都是口语性较强的词语，这几个词原本都是他人表述，主人公模仿他人的语气说出。"尸体"、"断气"所使用的是仿格体，表达主人公的感受。"孕育"则是通过比较，表达了主人公的评价。语言中蕴含潜在的对话关系。

Прежде всего очень нравятся слова: Смоленск, Витебск, Полоцк...Я

---

① 戴骢主编：《蒲宁文集》(5卷本)，第5卷，合肥：安徽文艺出版社，2005年，第22页。
② 戴骢主编：《蒲宁文集》(5卷本)，第5卷，合肥：安徽文艺出版社，2005年，第41页。
③ 戴骢主编：《蒲宁文集》(5卷本)，第5卷，合肥：安徽文艺出版社，2005年，第225页。

не шучу. Разве вы не знаете，как хороши некоторые слова？ Смоленск вечно горел в старину...

　　首先我很喜欢这几个地名：斯摩棱斯克、维切布斯克、波洛茨克……我说的是真话。你不觉得这些地名真好听吗？古时候斯摩棱斯克经常遭到兵燹和围困之灾……①

　　Не могу спокойно слышать слов：Чигирин，Черкассы，Хорол，Лубны，Чертомлык，Дикое Поле...

　　奇吉林、切尔卡塞、霍罗尔、卢布内、切尔托姆雷克、季科耶波列——听到这些地名，我的心就不能平静。②

　　上面两段给出的这些地名是貌似客观的列举。整段的说明，用的是主人公本人的语调，是他的视角，但能听到与他人的对话，其中渗透着作者的溢美之情。

五、狂欢化的语言的使用

　　在哈尔科夫，主人公阿尔谢尼耶夫开始了自己新的生活，在对这段生活的描写中，作者提供了许多个类似于狂欢广场的场所：潘·李索夫斯基的饭馆、波兰人甘斯基的家、寡妇什克列维奇家、统计师鲍格丹诺夫的住处等等，并在其中引入众多的人物，让他们之间进行对话，描绘出这些场合中的世间众生相。尤其引人注目的是，在《阿尔谢尼耶夫的一生》里在主人公的记忆中对人物形象的肖像描写，多以狂欢化的怪诞的形式呈现，常以眼神、面颊、鼻子、肚子等人体部位出场，使人的某一种品质得到夸张地刻画。布宁对这些人物外貌的描写往往突出其某一个或两个与众不同的独具一格的特点，用语言描绘出来的形象栩栩如生，具有图画（живописная картина）的特征，似乎展现在读者眼前。这些人来自不同的社会阶层、有着不同的社会地位，每个人都外貌独特、个性鲜明。阿尔谢尼耶夫也是通过人的外貌、衣着、言谈举止来判断人的性格的。阿尔谢尼耶夫在幼年时期对周围世界的观察是比较肤浅的、表面的，这种对周围世界的狂欢化描写是出现在成年之后的主

---

① 戴骢主编：《蒲宁文集》(5 卷本)，第 5 卷，合肥：安徽文艺出版社，2005 年，第 256 页。
② 戴骢主编：《蒲宁文集》(5 卷本)，第 5 卷，合肥：安徽文艺出版社，2005 年，第 269 页。

人公的创作活动中。阿尔谢尼耶夫采用这种狂欢化的语言描写出形形色色的人物，例如：

1. 革命者的形象

还有一个化名马克斯的人……他是个大高个儿，长着一双结实得像橡木树桩的罗圈腿，脚上穿双靴底打钉的厚实的瑞士皮靴，日晒夜露的脸略嫌粗糙，脸上边的头颅又大又圆又陡。[①]

这位老战士……的模样活像洞穴人，一脸大胡子，笨手笨脚，鼻孔和耳朵里都长出了毛，然而他的一双小眼睛却显得极为聪颖、敏锐，讲话像是在宣读稿子，滔滔不绝，从容不迫。[②]

对革命人士马克斯的描写定格在"长着一双结实得像橡木树桩的罗圈腿"上，与他常年奔走各地的行为是相符合的，对老战士的描写则突出他眼睛的特征。外貌描写以一两个人体部位出场，突出与众不同的独具一格的特点。

还有一个叫梅列尼克，这人活像一具僵尸，骨瘦如柴，患有肺痨病，好像还患有瘰疬病，毛发呈沙土色，眼睛近视得跟瞎子相差无几，讲起话来瓮声瓮气，然而为人尖刻，刚愎自用……[③]

对梅列尼克外貌的描写采用了讽拟体的方法。他是哥哥在哈尔科夫的圈子里的人物，是哥哥的朋友，在当时当地都是以正面的形象出现。但是主人公对他们的描写显然带着强烈的个人色彩、嘲讽的眼光。采用讽刺性模拟的手法勾画他的形象。

2. 官员、商人、富翁的形象

一个年轻、魁梧的骠骑兵……他穿一身骠骑兵猩红的戎装，头发呈亮褐色，脸庞轮廓分明，线条挺直，细巧的鹰钩鼻很有生气，流露出瞧不起人的神情，下巴微微前突，使我惊异的是他身材之高可谓罕见，他的腿细而长，一双有王者风度的眼睛目光炯炯、锐利如刀，尤其令我惊诧的是他傲岸地微微向后昂起的脑袋，像波浪样卷曲的头发剃得很短，一

---

① 戴骢主编：《蒲宁文集》(5卷本)，第5卷，合肥：安徽文艺出版社，2005年，第178页。

② 戴骢主编：《蒲宁文集》(5卷本)，第5卷，合肥：安徽文艺出版社，2005年，第176页。

③ 戴骢主编：《蒲宁文集》(5卷本)，第5卷，合肥：安徽文艺出版社，2005年，第173页。

部红褐色的山羊胡子也卷曲得十分漂亮〈……〉①

骠骑兵"流露出瞧不起人的神情"。这不是纯粹客观的外貌描写，而包含有主人公的主观猜测。

> 这个博戈莫洛夫是我们县里赫赫有名的<u>皮革商</u>……乍看上去，样子能把人吓一跳：一头红发梳得紧贴在头皮上，正中间有一条平直的头路，面孔圆嫩，身体胖得变了形，既像一个营养过剩而畸形发展的胖墩儿，又像一头膘水肥厚的约克猪。……他的眼睛像湛蓝的天空，面颊透出难以描摹的童男的红润，言谈举止和笑貌都带着一种可爱的、腼腆的神态。他的手脚很小巧……②

> 理发馆里坐着个矮胖子，罩着块白罩布，头光光的，一对招风耳支棱着，活脱一只蝙蝠……于是蝙蝠站起身来，那模样够吓人的：肥头大耳，红山羊皮般的脸既宽又瘦，眼睛在刮过脸后像婴儿的一样发亮，嘴是个黑窟窿，个子矮小，肩膀却很宽，躯干则短得像蜘蛛，腿细，而且是鞑靼人那样的罗圈腿。……<u>头号富商叶尔玛科夫</u>。③

> 正中坐着<u>一位健谈的太太</u>，她把手伸给我，那手就像海豹的鳍脚一样结实丰满，光亮的像包子似的胖手上还可以看到手套的接缝留下的一行行齿形压痕。她口齿伶俐，说话急促，微带喘气。她简直就没有脖子，身体肥胖，尤其是后背和两腋附近。她的腰身束着紧身，像卵石那样浑圆、僵硬，肩膀上搭着一条烟灰色毛皮。④

对这些官员、商人和富人的描写采用了讽拟体的手法。县里赫赫有名的皮革商博戈莫洛夫、头号富商叶尔玛科夫，以及健谈的太太都是上流社会的人物。但是在主人公的笔下他们一个个的形象却"像一头膘水肥厚的约克猪"、"活脱一只蝙蝠"、"手就像海豹的鳍脚一样结实丰满"，这些都是极具贬义色彩的形容，显然与他们的身份和社会地位是严重不相符的，是对他们形象的颠覆。

---

① 戴骢主编：《蒲宁文集》（5卷本），第5卷，合肥：安徽文艺出版社，2005年，第193页。
② 戴骢主编：《蒲宁文集》（5卷本），第5卷，合肥：安徽文艺出版社，2005年，第232页。
③ 戴骢主编：《蒲宁文集》（5卷本），第5卷，合肥：安徽文艺出版社，2005年，第253页。
④ 戴骢主编：《蒲宁文集》（5卷本），第5卷，合肥：安徽文艺出版社，2005年，第255页。

3. 神职人员的形象

> 神父只穿一件窄腰肥袖长袍,没有披圣衣,身子瘦得让人看了不舒服,他没戴帽子,头发披散,像是在家里,像个女人。

上面一段采用了讽拟体的手法。神父是上帝的使者,是神圣不可冒渎的。在主人公的眼中他却是"身子瘦得让人看了不舒服"、"头发披散"的不雅形象,给崇高形象蒙上了贬低的色调。

> 顿涅茨河河边的圣山修道院……一位见习修士……跑的时候他的两手、两脚、头发、长袍下摆都像在飞舞。他腰身纤细柔软,稚气的脸上长满雀斑,每一根头发都打着卷……

描写见习修士选取了他的一个突出特征,将他的某一种特殊品质夸张地加以刻画,关注的是他在跑步的时候全身都像在"飞舞"。

4. 社会下层人物的形象

对家庭教师巴斯卡科夫的描写:

> 最后一幅图景是在四月的一天,空中愁云密布,一个穿着斜襟外衣的男子冷不防串进我家的场院。这个长着两条罗圈腿的不幸的人一路上被凛冽的寒风吹得瑟缩发抖,浑身上下的衣服差点儿叫风刮走,他一只手可怜巴巴地按住头上的便帽,另一只手笨拙地当胸拽住斜襟外衣……他长相丑陋,干瘦、驼背、鹰钩鼻、脸色乌黑……他是近视眼,双目像虾眼,终日布满血丝,呈枣红色,脸部的神态往往紧张得叫人吃惊。每当他走动的时候,确切点说,跑动的时候,他干枯花白的头发和从不更换的老式得无以复加的斜襟外衣的下摆,便会随风飘扬。[1]

这一外貌描写暗示了他一生颠沛流离的不幸命运。

对主人公中学寄居的小市民罗斯托夫采夫的描写也是非常典型的:

> 男主人是个高挑个儿,身材匀称,脸庞黝黑,五官端正,络腮胡子乌黑、干燥,有些地方已夹着几根银丝,为人寡言、古板、方正,对人对己都恪守规矩……只穿件薄薄的腰部带褶的灰色外套。这件外套配上绣花

---

[1] 戴骢主编:《蒲宁文集》(5卷本),第5卷,合肥:安徽文艺出版社,2005年,第11,26~28页。

的斜领衬衫和轻巧的小牛皮长筒靴,醒目地显示了俄罗斯人的干练。[1]通过这些描写一个栩栩如生的穷苦小市民形象跃然纸上。

一个叫花子……这人一双绿松石般的眼睛泪水汪汪,显然是个老酒鬼,那根大鼻子像是由三个凸起的、有许多细孔的草莓组成……

遇见一个挂双拐的瘸腿姑娘……一脸羞涩,一脚高一脚低地迎着我走来,两手撑住两根黑色拐杖,身子架在拐上,有节奏地耸动着肩膀,一步一瘸地向前走,两眼目不转睛地望着我……她的皮大衣很短,像小姑娘穿的,一双深粟色的眼睛聪慧、明亮、清澄,也像是小姑娘的,不过这双眼睛已通晓世情,懂得人生的辛酸和难测……有些残疾人的脸庞和双眸长得俊美动人,从中可以看出他们心灵的清澈![2]

……桌旁出现了一个打扮得漂漂亮亮的女郎,脸上涂了厚厚一层粉,像铅那样苍白。她是地方自治会的女医士……她非常神经质,高颧骨,黑眼睛目光锐利,两只胳膊肌肉发达,有股子强烈的石碳酸气味;锁骨突出,浅蓝色的薄衫下面有两只沉甸甸的乳房,腰细臀肥。[3]

对上面几位人物形象的描写,都加入了主人公的主观判断:叫花子"显然是个老酒鬼"、瘸腿姑娘的眼睛"已通晓世情、懂得人生的辛酸和难测"、地方自治会的女医士"非常神经质"。这些都不是从外貌可以判断出来的,是主人公的深刻洞见。

灯下有个流浪汉,弓着背,两手交叉插在腋下,浑身打战,他像条狗一样望着我,呆定的嗫嚅说:"大人,行行好吧!"他赤脚站在雪地里,脚掌冻得通红,身上只有一件破棉布衬衫和一条粉红色的短裤衩,浮肿的脸上生有粉刺,眼睛混浊,好似结了一层冰……[4]

牧童……高兴地咧嘴笑了,长有一双黑眼珠的脸顿时像花朵一样绽开,连翘处在小圆帽外边的一对耳朵也往后退去……[5]

---

[1] 戴骢主编:《蒲宁文集》(5卷本),第5卷,合肥:安徽文艺出版社,2005年,第58～59页。

[2] 戴骢主编:《蒲宁文集》(5卷本),第5卷,合肥:安徽文艺出版社,2005年,第247页。

[3] 戴骢主编:《蒲宁文集》(5卷本),第5卷,合肥:安徽文艺出版社,2005年,第276页。

[4] 戴骢主编:《蒲宁文集》(5卷本),第5卷,合肥:安徽文艺出版社,2005年,第241页。

[5] 戴骢主编:《蒲宁文集》(5卷本),第5卷,合肥:安徽文艺出版社,2005年,第184页。

社论撰稿人……这个人外表有几分怪：蓄一部普通百姓的络腮胡子，穿一件那种农夫穿的褐色上装和一双抹了油的皮鞋，气味很重，然而好闻。他是个左撇子，因为他的右臂半截没有了。……他久久地坐在那里构思，一支接一支地抽烟，突然他把纸压得更紧，拿起笔来，飞快地写着，动作麻利得像个猴子。接着来到的是评论员，他是个矮小的外国人，戴一副怪得出奇的眼镜，他在门厅里脱去兔皮短袄，摘下有护耳的芬兰帽子，剩下一双小高筒靴，一条小灯笼裤，一件腰间束带的法兰绒上衣，这时看上去他身材那么小，那么瘦削，简直像个十岁的孩子。他的灰白的头发长得很密，而且威风凛凛地向四面八方撑开去，活像一头豪猪，还有那副怪得出奇的眼镜同样显得威风凛凛。①

上面几段对人物的描写，采用了陌生化的手法：流浪汉的外貌特征紧紧抓住"眼睛混浊、好似结了一层冰"，反映了流浪汉的悲苦生活，牧童笑的时候"耳朵向后退去"、社论撰稿人"动作麻利得像个猴子"、评论员的灰白头发"活像一头豪猪"，这些都是从不同于常人的视角去观察周围的人和事。绘画艺术中对人物外貌的描绘讲究惟妙惟肖、栩栩如生。想要让读者如见其人，不在于写得全，写得细，最关键的在于抓住典型特征刻画。

5. 自画像

甚至主人公对自己的描写也是从旁观者的角度来看的：

不难想象，我在这一桌子人中间，显得与众不同，我年轻、容光焕发，因久居乡下而皮肤黝黑，身体健康，听人说话和看人时兴致勃勃、专心致志，然而我的整个神态却冒着傻气，甚至显得笨手笨脚！②

这种从他者视角对自我的审视呈现出一个别具特色的外貌特征。

作品中描写了丰富的各个阶层的人物的形象。随着主人公的成长，他的感情越来越细腻，对周围世界的观察和感悟越来越深刻，描写越来越有力，反映了他心灵成长的过程。

---

① 戴骢主编：《蒲宁文集》（5卷本），第5卷，合肥：安徽文艺出版社，2005年，第236～237页。

② 戴骢主编：《蒲宁文集》（5卷本），第5卷，合肥：安徽文艺出版社，2005年，第172页。

六、新颖奇特的比喻、陌生化手法的使用

布宁作为一名既是诗人又是小说家的语言大师，他力图在浓郁的平凡生活中加进异常的因素，把平凡现实中的形象和现象变为不寻常的东西。在布宁塑造的抒情主人公阿尔谢尼耶夫的眼中，日常生活的琐碎细节散落在各处，比如"我只不过是观察托盘，观察这根湿漉漉的绳子"、"臭烘烘的褐色鳊鱼干和熟鸡蛋"、"旧式的窗户（窗户上边的一层玻璃是紫色和石榴色的）"，精准凝练的语言体现出作家见微知著的洞察力以及深厚的语言功力。在布宁的记忆书写中采用新颖奇特的比喻、陌生化的手法来描绘周围世界。例如：

1. 拟人手法

（1）对有生命的事物进行拟人描写

какая—то скромная, чем—то своим озабоченная рыжая собачонка

瞧，有只温顺的心事重重的棕红色小狗。①

... вдруг вижу: за стеклянной дверцей кареты, в ее атласной бонбоньерке, сидит, дрожит и так пристально смотрит, точно вот—вот скажет что—нибудь, какая—то премилая собачка, уши у которой совсем как завязанный бант.

忽然我发现马车的玻璃门后面有只极可爱的小狗伏在白缎坐垫上发抖，而且目不转睛地望着外面，似乎马上就要开口说话了。它的耳朵简直像个蝴蝶结。②

... ветер качал за окнами чёрное весеннее дерево, на котором, как пьяный, мотался и тревожно орал грач...

风在窗外摇撼着由于春天的到来而颜色发乌的树，树上有只白嘴鸦象喝醉酒似的来回折腾，惊恐地大喊大叫……③

（2）对无生命的事物进行拟人描写

---

① 戴骢主编：《蒲宁文集》（5卷本），第5卷，合肥：安徽文艺出版社，2005年，第90页。
② 戴骢主编：《蒲宁文集》（5卷本），第5卷，合肥：安徽文艺出版社，2005年，第239页。
③ 戴骢主编：《蒲宁文集》（5卷本），第5卷，合肥：安徽文艺出版社，2005年，第262页。

第六章 布宁小说的语言：印象组合，杂语纷呈

157

... маленький, но заносчивый паровозик, из головастой трубы которого валил назад хвост дыма, и зеленые, желтые и синие домики с торопливо крутящимися под ними колесами.

小小的火车头神气活现,打大脑袋的烟囱里冒出一股股浓烟,像条尾巴似的拖在车后,火车头后边是一幢接一幢绿色、黄色和蓝色的小屋,屋下是一个个飞滚着的轱辘。①

И как—то совсем иначе, радостно и как будто испуганно, звонко крикнул паровоз, трогаясь в путь.

机车启动时不知为什么跟过去完全不同,汽笛声分外响亮、欢乐,而同时又好像有点儿慌张。②

... и вот как—то космато зачернел вдали паровоз, показался медленно идущий под его тяжкое дыхание страшный треугольник мутно—красных огней...

这时黑糊糊的机车远看像一头毛茸茸的怪兽,吃力地喘着气,正慢慢出现在前方,车头上呈三角形的暗红色的灯显得狰狞可怕……③

Буфет освещала только сонная лампа на стойке, в стенных часах постукивало с такими оттяжками, точно само время было на исходе.

只有小卖部柜台上点着一盏朦胧欲睡的灯,墙上挂钟的滴答声是那么疲沓,仿佛时间本身已走到了尽头。④

... и в городе, и в степи, и на баштанах— сладко утомлённо долгим летом. 〈...〉На широком шляхе лежала такая глубокая и мягкая пыль, что казалось, будто идёшь в бархатных сапогах.

漫漫长夏把城市、草原、瓜地折腾得了无生气。……在宽阔的大路上铺着厚厚的浮尘,你走在上面,会觉得脚上仿佛穿着一双轻柔的丝

---

① 戴骢主编:《蒲宁文集》(5卷本),第5卷,合肥:安徽文艺出版社,2005年,第55页。
② 戴骢主编:《蒲宁文集》(5卷本),第5卷,合肥:安徽文艺出版社,2005年,第182页。
③ 戴骢主编:《蒲宁文集》(5卷本),第5卷,合肥:安徽文艺出版社,2005年,第218页。
④ 戴骢主编:《蒲宁文集》(5卷本),第5卷,合肥:安徽文艺出版社,2005年,第259页。

绒鞋。①

2. 用无生命的事物修饰、类比有生命的事物

Их осыпали оживленным треском воробьи, они, внутри тенистые, сверху стеклянно блестели под солнцем...

麻雀兴奋的唧喳声落满果树,平素麻雀都是灰不溜丢的,可此刻由高处往下望去,却见麻雀在阳光下像玻璃般璀璨生辉……②

... шелковисто блестевшему под солнцем своими коричневыми, склоненными к земле кистями, полными зерна, которые особенно сухо и звонко, бисером шумели под нашими ногами.

黍米长得十分茂密,在阳光下像丝绸一般闪闪发亮,粟色的谷穗因谷粒累累而沉甸甸地垂到地面。谷粒在我们脚下像玻璃一样碎裂开来,发出特别干燥、清脆的响声。③

Помню одну (ветлу) особенно, ее дуплистый и разбитый грозой остов. На ней сидел, черной головней чернел большой остов,... (может быть, этот ворон...)

其中有棵白柳我记得特别清楚,树身遭过雷击,到处是窟窿。就在这棵树上,蹲着一只大乌鸦,黑黢黢的,活像一段烧焦的木头。

3. 用有生命的事物修饰、类比无生命的事物

Я стоял возле чёрного окна,... загородив лицо от света руками, напряжённо вглядывался в ночь, в леса. Тысячи красных пчел неслись, развевались там,...

我站在黑洞洞的窗口……我两手搭在额头上遮住光,凝神注视着窗外的夜和森林。那里似乎有千千万万只红蜂飞过,随即又消失了。④

4. 用动态描写静态

Зато в зале все залито солнцем и на гладких, удивительных по ширине

---

① 戴骢主编:《蒲宁文集》(5 卷本),第 5 卷,合肥:安徽文艺出版社,2005 年,第 284 页。
② 戴骢主编:《蒲宁文集》(5 卷本),第 5 卷,合肥:安徽文艺出版社,2005 年,第 31 页。
③ 戴骢主编:《蒲宁文集》(5 卷本),第 5 卷,合肥:安徽文艺出版社,2005 年,第 50 页。
④ 戴骢主编:《蒲宁文集》(5 卷本),第 5 卷,合肥:安徽文艺出版社,2005 年,第 257 页。

половицах огнём горят, плавятся лиловые и гранатовые пятна——отражения верхних цветных стекол.

大厅里满是阳光,在一根根光滑的、宽得出奇的条形地板上,有好些淡紫色、石榴色的斑点像火那样在燃烧和浮动,那是窗户顶上一排玻璃的反光。①

5.用表达事物属性的词来描写颜色

... над уличным фонарем горевшим под деревом, сквозившая зелень которого благодаря ему казалась металлической.

树下有一盏路灯,透光的树冠由于灯光的照射,看上去也像是金属的。②

... с исподу еще белые, а сверху уже покрытые как бы зернью черной блестящей икры...

......纸的背面是白的,可向上的一面已印满了像黑鱼子酱一样发亮的字。

语言清新、鲜活、引人入胜,这本身并不是布宁的最终目的。通过这样的语言形象生动地勾画出外部世界在主人公心灵的投射才是布宁的最终旨归。

第二节　互文观照

人类集体记忆是阿尔谢尼耶夫记忆的重要内容之一,这种对人类集体记忆的获取主要来自文学作品。对前辈作家作品的回忆常常出现在作品中,多为大篇幅的引用,这些著名作家的作品以及作品所传达的思想和美学观已经融入主人公的深层意识之中,主人公常常是无意识地回忆起它们。

... вернуться в Батурино и стать « вторым Пушкиным или Лермонтовым », Жуковским, Баратынским, свою кровную принадлежность к которым я живо ощутил, кажется, с тех самых пор, как только узнал о

---

① 戴骢主编:《蒲宁文集》(5卷本),第5卷,合肥:安徽文艺出版社,2005年,第102页。
② 戴骢主编:《蒲宁文集》(5卷本),第5卷,合肥:安徽文艺出版社,2005年,第190页。

них, на портреты которых я глядел как на фамильные.

回返巴图林诺村,去做"普希金或莱蒙托夫第二",去做茹科夫斯基或者巴拉丁斯基第二,我清晰地感到,我和这几位大诗人有血缘关系,从我开始读到他们诗作的那一刻起,我已把他们的肖像看作是族人的肖像了。①

Сумароков, Анна Бунина, Державин, Батюшков, Жуковский, Веневитинов, Языков, Козлов, Баратынский... С этими томиками я пережил все свои первые юношеские мечты, первую полную жажду писать самому, первые попытки утолить ее, сладострастие воображения.

这些名家是苏马罗科夫、安娜·蒲宁娜、杰尔查文、巴丘什科夫、茹科夫斯基、韦涅维季诺夫、雅济科夫、科兹洛夫、巴拉丁斯基……这些诗卷激发了我青年时代最初的理想、最初的强烈的写作欲,我为满足这种欲望而做了最初的尝试,展开了想象的羽翼。……②

... не говоря уже о множестве навеки вошедших в меня лиц и жизней вымышленных, со всеми их чувствами и судьбами, то есть всех этих тоже будто бы всякому необходимых Гамлетов, Дон—Карлосов, Чайльд—Гарольдов, Онегиных, Печориных, Рудиных, Базаровых ⟨...⟩ Был повышенный душевный строй, как прирожденный, так и благоприобретенный за чтением поэтов...

许多文学的虚构人物及他们的生活、感情和命运我都烂熟于胸。我永远记得哈姆雷特、唐·卡洛斯、恰尔德·哈罗德、奥涅金、毕巧林、罗亭、巴扎洛夫……⟨……⟩我的精神境界是崇高的,这既是天生的,也是读了许多诗人的诗作以后承袭下来的。③

区别于传统的结构—符号学研究,我们将通过对"小文本"(мини—текст)和细节的分析来揭示作品的思想内涵,从人物、心理、肖像、行为方式、语言、物等几个方面对《阿尔谢尼耶夫的一生》这部作品进行文本解读。

---

① 戴骢主编:《蒲宁文集》(5卷本),第5卷,合肥:安徽文艺出版社,2005年,第96页。
② 戴骢主编:《蒲宁文集》(5卷本),第5卷,合肥:安徽文艺出版社,2005年,第104页。
③ 戴骢主编:《蒲宁文集》(5卷本),第5卷,合肥:安徽文艺出版社,2005年,第120页。

"'借用'用来表示艺术文本中所存在的一种'参照物',它对先前的单篇作品或一组作品加以参照,使读者想起这些作品。换言之,借用就是文学中的文学形象。最为广泛的借用形式是引用:包括精确的或不精确的、'带引号的'或不明显的、暗藏不露的。借用可能是作者有意识地、有明确目的性地引入作品的,也可能是独立于作者意志之外,在无意识中出现的(所谓'文学的复现')……借用要么用来表示作者对其前辈的接受和认同,甚或仿效,要么就是相反,用来表示与其争辩,……透过他人话语可以听到作者话语……借用的范围比引用本身要宽泛得多。简单地提及某些作品及其作者,并作出评价性的说明,这也常常成为借用"[①]例如,在阿尔谢尼耶夫与罗斯托夫采夫讨论学过的诗歌和给丽卡读文学作品的片断时谈到了作品的内容。因此,其中的文学形象是在全然没有引用的情况下加以塑造的。采用他人的情节、引入其他作品中的人物、模仿某些人的笔法、对外文作品进行意译——这些都与借用具有同种性质。

《阿尔谢尼耶夫的一生》是文本中的文本(текст в тексте),其中引文内容比重最大的是文学作品:引自《伊戈尔王子出征记》、普希金的作品、果戈理、莱蒙托夫、歌德等作家作品的片断,甚至是一些不知名的评论家的只言片语。宗教作品、格言、箴言、编年史、古俄罗斯的文献资料,史实,《福音书》中的训诫等的比重相对较小。作品中在引用这些材料的时候往往忽略事件发生的具体时间,这使得真实的事件与想象的事件、主人公自己的事件与他者的事件、不同的时间层面都杂糅在一起,形成超时间的统一。但是这些都并未破坏叙述的整体基调。所以有评论家认为布宁可以将那些转瞬即逝的、难以捉摸的东西精准地表达出来。

以格言、名言、箴言形态出现的个别思想、论点、提法,脱离原有的语境和声音,在新的语言环境中获得新的阐释和意义。

Знаменитое «Руси есть веселие пити» вовсе не так просто, как кажется.

---

① ［俄］瓦·叶·哈利泽夫著:《文学学导论》,北京:北京大学出版社,2006 年,第 313～315 页。

有句名言：＂罗斯以纵酒为乐。＂其包含的内容绝对不像乍看上去那么简单。①

Но я не мог не знать и того, что одна ласточка весны не делает.

⋯⋯然而我也不可能不知道仅有一只飞燕是算不了春天的。②

Я устроился со своим чемоданчиком в углу возле двери, сидел и вспоминал, как любил повторять при ней польскую пословицу: « Человек создан для счастья, как птица для полета », ...

我提着小箱子在门边一个角落坐下来，想起我老爱在她面前讲的一句波兰谚语：＂人为享福生，鸟为飞而活。＂③

在自由所指的客体话语中，作者再添进一层新的意思，同时却仍保留其原来的指向。其结果，一种话语含有两种不同的语义指向。采用这种方法构型的思想描写的是一个由相互阐发的不同意识组合起来的世界，是一个由相互联结的不同人的思想意向组合起来的世界。在这些思想中，对我们来说重要的是布宁的艺术性思维的生动形式，这种形式在作品中获得了清晰的表现，采取了一种对话的态度。面向他人的声音和他人的议论——这些便是布宁组织作品形式的观点见解所具有的特征。

还有引用的宗教作品的片断：

... среди такого апокалипсического блеска и пламени, что адский мрак небес разверзался над нами, казалось, до самых предельных глубин своих, где мелькали какими—то сверхъестественными, довременными Гималаями медью блистающие горы облаков... На мне, лежавшем на холодных кирпичах и ...

⋯⋯顿时重现了《启示录》中的情景，白光和火焰自天而降，我们头上如地狱般漆黑的天空开裂了，一直裂至天顶，只见那里有某种超自然的、史前期的闪闪发亮的云山，好似黄铜色的喜马拉雅山⋯⋯我躺在冰

---

① 戴骢主编：《蒲宁文集》（5卷本），第5卷，合肥：安徽文艺出版社，2005年，第85页。

② 戴骢主编：《蒲宁文集》（5卷本），第5卷，合肥：安徽文艺出版社，2005年，第121页。

③ 戴骢主编：《蒲宁文集》（5卷本），第5卷，合肥：安徽文艺出版社，2005年，第293页。

凉的砖头上……①

这段文字摘用《圣经》中描写的景象，主人公保持一定距离地运用这一语言，把描写圣景的语言拿来描写尘世中的景象，加入了自己的想象和夸张的色彩。

作品中引入的文学作品的片断类型有小说、戏剧、书信、笔记、诗歌：

引用的小说片段有：

« Ну, все равно, — сказала она, —это будет все—таки вам интересно. Тут недалеко есть усадьба, которая будто бы описана в « Дворянском гнезде ». Хотите посмотреть? » И мы пошли куда—то на окраину города, в глухую, потонувшую в садах улицу, где, на обрыве над Орликом, в старом саду, осыпанном мелкой апрельской зеленью, серел давно необитаемый дом с полуразвалившимися трубами, в которых уже вили гнезда галки... Лиза, Лаврецкий, Лемм... И мне страстно захотелось любви.

她说："反正你会感兴趣的。离这儿不远有个庄园，据说就是《贵族之家》中描写过的那个，想去看看吗？"于是我俩来到城郊一条两旁都是花园的幽巷，这里有一段俯瞰奥尔利克河的陡岸，岸上有一座年深日久的花园，里面星星点点布满了四月的新绿，掩映着一幢荒芜人迹的灰色的宅第。屋顶上的烟囱已倾圮大半，成了寒鸦营巢之所。……丽莎、拉夫列茨基、莱姆（均为屠格涅夫长篇小说《贵族之家》中的主人公——笔者注）……我不由得强烈地渴求爱情。②

... как мог я тогда, в Каменке, так разительно точно видеть все эти картины!

此情此景，我当年在卡缅卡庄怎么已经看到了，而且精确得好象身历其境！③（果戈理《可怕的复仇》）

И что нужды, что был « Курьск » только скучнейшим губернским городом, а пыльный Путивль был, верно, и того скучней! Разве не та же

---

① 戴骢主编：《蒲宁文集》（5卷本），第5卷，合肥：安徽文艺出版社，2005年，第129页。

② 戴骢主编：《蒲宁文集》（5卷本），第5卷，合肥：安徽文艺出版社，2005年，第202页。

③ 戴骢主编：《蒲宁文集》（5卷本），第5卷，合肥：安徽文艺出版社，2005年，第36页。

глушь, пыль была и тогда, когда на ранней степной заре, на земляной стене, убитой кольями, слышен был « Ярославнин глас »?

"库尔斯克"有什么吸引人之处，不过是个极度枯燥乏味的省城，而尘土飞扬的普季夫利就更乏味了。不过远在古代，当草原上升起朝霞就可听见"伫立在打满木桩的土墙上的雅罗斯拉芙娜的声音"时，这两处地方难道不也是荒僻的和尘土飞扬的吗？① (《伊戈尔王子出征记》)

Как дивно звучат они для меня и до сих пор, с детства войдя в меня без возврата, тоже оказавшись в числе того самого важного, из чего образовался мой, как выражался Гоголь, « жизненный состав ». Эти « поющие двери », этот « прекрасный летний дождь », который « роскошно » шумит по саду, эти дикие коты, обитавшие за садом в лесу, где « старые древесные стволы были закрыты разросшимся орешником и походили на мохнатые лапы голубей... »

这两篇小说在我童年时代即已长驻我心，直到今日犹余音袅袅，回荡耳际，也同样是，套用果戈理的说法，"构成我生命"的重要内容。那扇"会唱歌的门"，那场在果园里"奢华地"喧闹着的夏日的"及时雨"、那些个住在果园后面树林子里的野猫，而"树林里老树的树干全被繁茂的榛子所遮蔽，因此看上去很像鸽子毛茸茸的爪子……"无不字字珠玑。② (这里" "部分都来自果戈理的《旧式地主》)

引用其他作家作品中的原文来描述现实中的景象，用正式的书面语体来描写日常生活场景，形成双声语和潜在的对话关系。多种多样的叙述形式互相穿插，灵活多变。在个人思想观念形成过程中，这种他人话语起着重要的影响作用。

引自剧本、信件及笔记的片断有：

Как! Служить в канцелярии губернатора, вносить в общественное дело какую—то жалкую лепту! Да ни за что—« карету мне, карету »!

---

① 戴骢主编:《蒲宁文集》(5卷本)，第5卷，合肥:安徽文艺出版社,2005年,第188~189页。

② 戴骢主编:《蒲宁文集》(5卷本)，第5卷，合肥:安徽文艺出版社,2005年,第35~36页。

这还用问！去省府服务，为公益事业稍尽绵力吧！不，绝对不去——"拒我于门外，拒我于门外呀！"（格里鲍耶陀夫的剧本《聪明误》中主人公恰茨基的台词。）①

И во всем была смерть, смерть, смешанная с вечной, милой и бесцельной жизнью! Почему-то вдруг вспомнилось начало «Вильгельма Телля», — я перед тем все читал Шиллера, — горы, озеро, плывет и поет рыбак...

但是在这永恒的可爱的漫无目的的生活中，却无处不潜伏着死亡、死亡！不知何故，我突然忆起了《威廉·退尔》——我最近一直在读席勒的作品——想起了这个剧本的起首：丛山、烟波浩瀚的湖水、有个渔夫划着船，唱着渔歌……②

После Шишак я тотчас вспомнил гоголевскую записную книжку: «И вдруг яр среди ровной дороги—обрыв в глубину и вниз; и в глубине леса, и за лесами—леса, за близкими, зелеными— отдаленные, синие, за ними полоса песков серебряно—соломенного цвета... Над стремниной и кручей махала крыльями скрыпучая ветряная мельница...»

……车过什沙基后我立刻想起果戈理的一段笔记："平坦的大路中间突然出现一个陡坡，通至低处的树林，树林过后还是树林，近处是绿色的，远处是蓝色的，再往前是一长片浅黄色的沙地……在峭壁和激流之上有一台风车轧轧地扇动着它的翅膀……"在陡坡下面的谷地，普肖尔河来了个大转弯，状似弯弓。这里有个大村庄，到处是绿色的果园。③

Гоголь писал из Италии: «Петербург, снега, подлецы, департамент— все это мне снилось: я проснулся опять на родине». Вот и я также проснулся тут.

果戈理发自意大利的一封信中写道："彼得堡、大雪、无赖、衙

---

① 戴骢主编：《蒲宁文集》(5卷本)，第5卷，合肥：安徽文艺出版社，2005年，第84页。

② 戴骢主编：《蒲宁文集》(5卷本)，第5卷，合肥：安徽文艺出版社，2005年，第108~109页。

③ 戴骢主编：《蒲宁文集》(5卷本)，第5卷，合肥：安徽文艺出版社，2005年，第275页。

门——这些都是在我梦中出现的，待我一回到家乡，梦就醒了。"我也是在小俄罗斯醒来的。①

以上插入的几段都是从著名作家剧本、信件中摘出的作品的原话，感觉与主人公的意向极为接近，几乎是融为一体的。引进作品的这一杂语，是用他人语言讲出的他人言语，服务于折射地表现主人公意向。这是一种内在对话化了的双声语。这类话语中有两个声音、两个意思、两个情态。他们内部包含着潜在的对话，是两个声音、两种世界观之间凝聚而非扩展的对话。

引入的诗歌片断：

И вскоре я опять пустился в странствия. Был на тех самых берегах Донца, где когда—то из плена Князь « горностаем в тростник, белым гоголем на воду »; потом был на Днепре, как раз там, где « пробил он каменные горы сквозь землю Половецкую », плыл мимо белых весенних низин, вверх, к Киеву ...

　　不久我又外出漫游，到了伊戈尔当年"像一只芦苇丛中的银鼠，像一只水上的白兔"那样从俘虏营帐中逃跑时所路过的顿涅茨河的河岸。接着又去了伊戈尔当年"凿穿石山，通过波洛伏齐原野"的第涅伯河，放舟河上，向上游基辅航去……②

Скачут. Пусто все вокруг. / Степь в очах Светланы... « Где все это теперь! » — думаю я... и чувствую в себе кого—то лихого, старинного, куда—то скачущего в кивере и медвежьей шубе ...

　　"纵马疾驰。四周空濛一片。/ 茫茫草原展现在斯维特兰娜眼前……""此人此景，现在都在何方？"……我恍惚觉得自己是古代剽悍的骑士，头戴高筒军帽，身批熊皮大氅，正在策马急驰。③（瓦·安·茹科夫斯基的诗篇《斯维特兰娜》）

Нечто подобное произошло и со мной в то время. И вот настали для меня те волшебные дни—Когда в таинственных долинах, Весной, при

---

① 戴骢主编：《蒲宁文集》(5卷本)，第5卷，合肥：安徽文艺出版社，2005年，第269页。
② 戴骢主编：《蒲宁文集》(5卷本)，第5卷，合肥：安徽文艺出版社，2005年，第188页。
③ 戴骢主编：《蒲宁文集》(5卷本)，第5卷，合肥：安徽文艺出版社，2005年，第218页。

кликах лебединых, Близ вод, сиявших в тишине, Являться муза стала мне... Ни лицейских садов, ни царскосельских озер и лебедей, ничего этого мне, потомку « промотавшихся отцов », в удел уже не досталось. Но великая и божественная новизна, свежесть и радость « всех впечатлений бытия » ... —все это у меня было. То, среди чего, говоря словами Пушкина, « расцветал » я, очень не походило на царскосельских парки.

于是对我来说，如神仙一般美好的日子开始了——那时在神秘的山谷里，春光明媚，天鹅啼鸣，在波光粼粼的幽静的湖畔，缪斯飘然降至我心灵（引自普希金《叶甫盖尼·奥涅金》第八章）。我这个"挥霍无度的先辈"（引自莱蒙托夫《思索》一诗）的后裔命中注定无福消受。然而那对"日常生活中一切感受"（引自普希金《恶魔》一诗）的巨大而美好的新奇感、清新感和欢乐感；……我都拥有过。不过，我的"英姿勃发"——这是套用普希金的话——跟皇村花园有天壤之别。①

Буря, что в его стихах мглой крыла небо, « вихри снежные крутя », была та самая, что бушевала в зимние вечера вокруг Каменского хутора.

他（普希金）的诗篇写到暴风雪怎么把天空变成黑暗的深渊，"舞旋着雪的漩涡"（引自普希金诗歌《眼泪》），而在我们卡缅卡庄，冬夜的风雪也一般无二。②

...попросили « четко и красиво » написать: « снег бел, но не вкусен », да прочесть наизусть: « Румяной зарею покрылся восток... » Тут мне даже кончить не дали: едва я дошел до пробужденья стад « на мягких лугах », как меня остановили...

要我"工整地"写出'雪呈白色，无味，以及背诵"嫣红的朝霞映满东边的天际……"（普希金诗歌《樱桃》中的一句诗）就连这么短的一首诗也没让我背完，我刚背到畜群"在软绵绵的牧场上"苏醒过来，就叫我停止了……③

---

① 戴骢主编：《蒲宁文集》（5卷本），第5卷，合肥：安徽文艺出版社，2005年，第94页。

② 戴骢主编：《蒲宁文集》（5卷本），第5卷，合肥：安徽文艺出版社，2005年，第129页。

③ 戴骢主编：《蒲宁文集》（5卷本），第5卷，合肥：安徽文艺出版社，2005年，第46页。

В этой комнате я, помню, впервые прочел Радищева—с большим восхищением... «Я взглянул окрест—душа моя страданиями человечества уязвлена стала！》

　　记得我是在这个图书馆里第一次读到拉季谢夫的作品，他令我至为钦佩，"我举目四望，人类的苦难啃啮着我的心！"①

... не могу без волнения видеть очеретяных крыш, стриженых мужицких голов, баб в желтых и красных сапогах, даже лыковых кошелок, в которых они носят на коромыслах вишни и сливы. «Чайка скиглить, литаючи, мов за дитьми плаче, солнце гріе, витер віе на степу козачем...» Это Шевченко...

　　一看见芦苇屋顶，短发的农夫，穿黄色或红色长筒靴的村妇，甚至她们用扁担挑着的装有樱桃和李子的树皮篮子，我的心也无法平静。"鸥鸟在头上盘旋悲鸣，好像恸哭它的爱子；烈日似火，风在哥萨克的草原上吹拂……"这是谢甫琴科写的，他真是个天生的诗人！

上面几段都是以诗的形式直接插入，镶嵌的诗歌折射作者意向，传达着完整的意思。在这些诗作中一方面保留了原作的意思，另一方面加入了主人公新的理解，带着追思的情怀、赞同的语气。被引入的诗歌与原意保留着一定的距离。具有内在说服力的话语，其表现方法和镶嵌方法可以是非常灵活和富于变化的，可以说这话语把自己的特殊语调传染给周围的一切，更能作为特别标出的他人话语不时冒出来，演绎出上述种种变化。

　　这些文学作品片断被镶嵌进作品中，成为作品的重要的结构成分，深化了作品的杂语性。多声的叙述，融合多种声音、语调、多音齐鸣，形成交响乐般的复调效果。这些镶嵌的"小文本"不同程度上折射反映了主人公意向，其中个别的部分与作品的最终文意保持着大小不等的距离。

　　《阿尔谢尼耶夫的一生》除了是"文本中的文本（текст в тексте）"，还是"元文本（метатекст）"、"关于文本的文本（текст о тексте）"，作品插入了主人公阿尔谢尼耶夫自己的笔记、创作的诗歌、小说等作品，反映了阿尔谢尼耶

---

① 戴骢主编：《蒲宁文集》（5卷本），第5卷，合肥：安徽文艺出版社，2005年，第240页。

夫作为一名艺术家对文本构建的思考。

В Полоцке шел зимний дождь, улицы были мокры, ничтожны. Я только заглянул в него между поездами и рад был своему разочарованию. В дальнейшем пути записал: « Бесконечный день. Бесконечные снежные и лесные пространства. За окнами все время бледность неба и снегов. Поезд то вступает в лес, темнящий его своими чарами, то опять выходит на унылый простор снежных равнин, по далекому горизонту которых, над тушью лесов, грядой висит в низком небе что—то тускло—свинцовое. Станции все деревянные... Север, север! »

波洛茨克冬雨绵绵,街道泥泞、乏味。我透过列车间的空隙看了这城市一眼,大失所望之余反觉得高兴。我在火车途中记道:"漫漫长昼。无边无际的林海雪原。车窗外是寂寥的苍白的天空和积雪。列车时而进入密林,时而又来到荒凉的雪原。在遥远的天陲,黑森森的树林上空有一抹铅灰色的云挂在低垂的天幕上。车站都是用木材建成的……到北方了,到北方了!"①

Потом глох колокольчик в огромном воздушном пространстве, разгулявшийся день был сух, жарок, ... « Полдень, овчарни, — записал я среди толчков тележки. — Серое от зноя небо, ястреба и сизоворонки... Я совершенно счастлив! » В Яновщине записал о корчме: « Яновщина, старая корчма, ее черная внутренность и прохладная полутьма; ... »

后来,车铃声在广阔的空间逐渐沉寂,天放晴了,干燥炎热……我在摇来晃去的车上写下这样一段笔记:"正午,羊圈。暑气蒸腾的灰白色天空,鹞鹰,蓝翅鸦……我十分幸福!"在亚诺夫希纳我记下一家小酒店:"亚诺夫希纳,一家老酒店,店堂里黑暗,阴凉。……"②

А Николаев? Зачем нужен был Николаев? Едучи, я кое—что записывал: — Только что выехали из Кременчуга, вечер. На вокзале в

---

① 戴骢主编:《蒲宁文集》(5 卷本),第 5 卷,合肥:安徽文艺出版社,2005 年,第 259~260 页。

② 戴骢主编:《蒲宁文集》(5 卷本),第 5 卷,合肥:安徽文艺出版社,2005 年,第 275 页。

Кременчуге, на платформе, в буфете, множество народу, южная духота, южная толкотня. ...

　　那么尼古拉耶夫村呢？我有什么必要去尼古拉耶夫村？我曾在路途中写下这样一段笔记："我们刚刚离开克列缅楚格，天已擦黑。克列缅楚格车站大厅里、月台上和小卖部里都挤满了人，到处是南方的闷热，南方的拥挤。……"①

笔记里所记载的内容与作品讲述的内容融为一体，以至于读者觉得全部作品仿佛就是笔记内容的展现。但是这段采用笔记的形式引入杂语，把平铺直叙的形式转变成个人的对话、个人的争辩，形成合奏，使作品在叙述方式上获得了多样性。

文中还有主人公阿尔谢尼耶夫自己创作的诗歌：

И вновь, и вновь над вашей головой,

Меж облаков и синей тьмы древесной,

Нальется высь эдемской синевой,

Блаженной, чистою, небесной,

И вновь, круглясь, заблещут облака

Из—за древьев горними снегами.

И шмель замрет на венчике цветка,

И загремит державными громами

Весенний бог, а я—где буду я?

　　银汉又一次将伊甸园

　　那幸福、纯洁的天堂的蔚蓝，

　　泼到你们头顶的上空

　　泼到云彩和蓊郁的树木的荫翳之间，

　　从重峦般的积雪后边

　　云朵又光华熠熠地汇集拢来，

　　于是雄蜂停在花朵的桂冠上呆然不动，

---

① 戴骢主编：《蒲宁文集》(5 卷本)，第 5 卷，合肥：安徽文艺出版社，2005 年，第 286 页。

响起了气势雄伟的雷声，

这是春之神。可我去何方？①

这是主人公强暴了哥哥尼古拉家的女仆冬妮卡之后，受到情欲痛苦的折磨，又担心这件事情被人发现，怀着忐忑不安的、复杂矛盾的心情创作的一首诗篇。

除了在文本中插入自己创作的作品外，在《阿尔谢尼耶夫的一生》还采用大篇幅的对话来构建文本，其中比较具有代表性的是：第五部第 4 小节，21 小节几乎整个都是由主人公与丽卡的对话构成。

在第五部第 14 小节中出现了阿尔谢尼耶夫自己创作的作品《阿列克谢·阿尔谢尼耶夫·札记》，这是非常典型的文中文。我们前面已经提过，这个部分与主人公毕巧林自己的《毕巧林的笔记》在 М. Ю. 莱蒙托夫的小说《当代英雄》中的地位是类似的。

П. А. 亚历山大耶维奇在《〈阿尔谢尼耶夫的一生〉中的引文》(1997) 中对《阿尔谢尼耶夫的一生》中的引文进行了溯源研究，指出文中的引文在作品中构成了独特的"他文本"(«чужой текст»)，与作品本身构成对话关系。他认为引文都是围绕死亡、抉择、道路、前记忆等主题展开的。在 П. А. 亚历山大耶维奇观点的基础上，我们认为，《阿尔谢尼耶夫的一生》由许多"小文本"(мини—текст) 构成，它借助许多外在的标记来表达作者的情感，非常谨慎地选择和使用句式结构。

布宁的记忆书写中确实存在其他作家作品、格言、谚语的借用和插入，还有散文言语与诗歌言语的混合。这些插入的文体，距作者的最终立场有远近的不同，也就是说它们具有不同程度上的讽刺性模拟，或在不同程度上具有客体性。这里对于作为文学材料的语言，逐渐形成一种新的态度。由此形成了文本的对话性。

语言在历史上的真实状况，便是杂语形成的过程，里面充斥着种种未来的和往昔的语言。不同语言、不同风格的形式标志，在小说中便是不同社会视野的象征。镶嵌他人话语的语境，形成一种促进对话化的背景。通过相

---

① 戴骢主编：《蒲宁文集》(5 卷本)，第 5 卷，合肥：安徽文艺出版社，2005 年，第 150 页。

应的镶嵌方法,使引用的他人表述发生一些细微的意义上的变化。引入语境的他人话语,同镶嵌它的言语不是形成机械的联系,而是发生化学的化合(在意思和情态上)。不应该把嵌入的他人话语,同上下文分隔开来,两者不可分地相互联系着。镶嵌他人言语的作者话语,为他人言语拓宽了前景,分别开了主次,为它的出现创造了环境和一切条件,在他人言语当中,带进了自己的语调、自己的语汇,为它提供了产生对话的背景。被描绘的语言能够同时既作描绘的对象,自己又可以说话。布宁打破了一般小说成法所要求的材料的有机统一,把不同性质、互不相容的因素结合在小说的整体结构之中,打破了统一而完整的叙述格调。

以上列举出的所有例子中,作者的思想渗透到他人话语里,隐匿其中;它并不与他人思想发生冲突,而是尾随其后,保持他人思想的走向,只是使这个走向带上了虚拟假定的性质。布宁将其他作家作品拿来加以利用,给他人话语罩上薄薄一层主观色彩。让他人言语以其表现手法的总和,来代表某种独特的视点,利用他人的视点做文章。这些被引用的话语的含义,起先是直接指物述事的,如今则服务于新的目的。正是新的目的从内部左右着它,把它变成了双声语。这里,不同的声音完全融为一体。

本章小结

在书写记忆的语言层面,在通感体验一节中,分析了记忆书写的语言具有音乐感、节律感,使用了组合修饰语,对位性的矛盾语,暗含对话的语言,狂欢化的语言。通过生动的语言形象勾画出外部世界在主人公心灵中的投射。在互文观照一节中指出作品中大量引用其他作家作品、笔记、格言,用他人语言折射地表现主人公意向,深化了作品的杂语性和对话性,形成了"文本中的文本（текст в тексте）"。除此之外,作品中还存在阿尔谢尼耶夫本人创作的小说、笔记、诗作等,使得《阿尔谢尼耶夫的一生》成为"元文本（метатекст）"、"关于文本的文本（текст о тексте）",反映了抒情主人公对文本构建的思考与尝试。这些涉及面相当宽泛的引文,使整部作品具备了现代作品所常有的"互文性"。记忆书写正是通过运用"诗歌与散文融为一体"的语言和"互文性"传达出了阿尔谢尼耶夫"心灵史"的独特性。

结　论

　　记忆是贯穿布宁整个创作的一根红线,布宁创作后期的记忆主要围绕对亲情乡国的追怀,对母语和本土文化的守望,对个体生存境遇的感伤化思考而展现。布宁综合运用体裁、情节、结构、时空体、抒情主人公、语言等一整套诗学手段表现了记忆的宗教色彩、个人记忆当中的民族集体记忆,记忆中对家族历史的美化、记忆的重内心体验和心灵感受等一系列的特点。

　　《阿尔谢尼耶夫的一生》是布宁晚年创作的一部作品。因为一个人孤零零地侨居在国外,孤单、寂寞、愁闷、凄凉的布宁独自一人静静地回忆过去,反思过去,清理过去,总结过去。作为一部多体裁的作品,《阿尔谢尼耶夫的一生》和其他作家撰写的类似作品的最大区别在于整部作品不是以记述主人公的经历和事件为主,占据作品主要篇幅的,是主人公的印象与感受。对"心灵史"的书写是布宁创作宗旨的最终落脚点。通过对"心灵史"的描写反映了男女爱情和亲情,对俄罗斯民族性格的揭示,对俄罗斯的爱恋和忧思,与祖国忧喜与共、休戚相关的情感。作家在回忆之中思考,做出一些关于人生、社会、现实等等重大的哲理性的结论来。

　　《阿尔谢尼耶夫的一生》是现实主义和现代主义碰撞的产物,它一方面继承和发扬现实主义的传统,另一方面又丰富了现代主义的简约和多声调,成为世界文学和俄罗斯文学的长河中一朵美丽的浪花。《阿尔谢尼耶夫的一生》描写了抒情主人公的心灵史,而布宁的整个创作,尤其是《阿尔谢尼耶夫的一生》与《托尔斯泰的解脱》两部代表作构成了作家布宁的心灵史发展的较为完整的回环,反映了作家的心灵成长经历。

我们对每章开篇所提出的问题进行了初步的探索,并给予了尽可能合理的解读和回答。但是我们对布宁创作的记忆诗学体系的解读,仅仅是一个起步,离对布宁创作的庞大记忆体系的充分剖析和深入开掘还有很长的路要走。希望我们的尝试可以起到抛砖引玉的作用,启发和吸引更多的专家学者加入到这个繁复浩大的工程中来。

当然,本书仍然存在一些不足和需要进一步完善的地方:第一,从体裁、情节、结构、时空体、作者与主人公的关系、言语特色对布宁创作中的记忆特色进行解读远远不是诗学的全部内容。把记忆作为解读布宁的有效途径只是选取了其中的一个小的切入点,和概览布宁创作的整个诗学特色的目标还相距甚远,存在有广阔的进一步深入研究的空间。第二,对布宁创作记忆特色进行的诗学研究应该抱着客观公正的态度。布宁个人和他的创作既有闪光之处,也不乏不足之处。但是受到本人认识水平和能力的限制,对布宁的优点和长处赞扬得比较多,对布宁的不足之处分析得还不够充分、不够深刻。这也是作为一名布宁研究者在将来的工作中需要进一步完善的地方。

总之,布宁开辟了独具个性的记忆书写创作天地,他继承了世界文学和俄罗斯文学的传统精华,为后来的文学创作提供了新的创作思路,启发了在文学领域耕耘的后继者们。

《阿尔谢尼耶夫的一生》的组合修饰语

以《阿尔谢尼耶夫的一生》为例,作品中出现的组合修饰语(第五章:语言的印象组合,杂语纷呈):

1. 对颜色的分辨:

стекловидно—блестящие пальца	像玻璃一样透亮的手指
зеркально—белая вода	如镜子般光亮的止水
темно—зеркальная бездна подводного неба	如昏暗的镜子般的深邃的水中的天空
темно—золотистая кожа	暗金色的皮面
тускло—золотые соборные маковки	晦暗的鎏金圆顶
в теплом лампадном свете смугло—золотой оклад	衣饰在暖光下泛着暗淡的金光
перед тускло—золотой стеной старого иконостаса	没有光泽的古老的鎏金圣像壁前
бело—синеватый свет	青白色的光
серо—седые волосы	灰白的头发
сизо—белый снег	灰白的雪
мертвенно—бледная луна	死白色的月亮
млечно—туманная луна	朦朦胧胧的乳白色月亮
дымчато—белые облака	烟白色的浮云
сизо—серебристая голова	花白脑袋

светло—серое сукно панталон	浅灰色的呢裤
светло—серая куртка	铅灰色上衣
тускло—свинцовое облако	铅灰色的云
серо—зеленый курган	灰绿色的小土岗
серо—зеленые колосья	灰绿色的麦穗
бледно—зеленый саван	白色尸衣已霉烂发绿
ярко—зеленые мушки	鲜亮嫩绿的花纹
молодая ярко—зеленая чинара	绿油油的新长的法国梧桐
что—то бледно—зелёное	淡绿色
серо—зелёный	嫩绿色
сине—зеленый эфир	蓝绿色的火焰
темно—зелёный	墨绿色
светло—зеленые листвья	葱郁的树叶
влажно—голубое небо	湿润的碧空
черно—зеленая верхушка	墨绿的树冠
купоросно—зеленый кусок моря	一角绿矾色的海
темно—лимонная кость лба	暗柠檬色的额头
оливково—зеленое лицо	脸呈橄榄色
темно—оливковая дощечка	深橄榄色的木板
по—утреннему свежие,	在清晨更显苍翠欲滴的椴树
прозрачно—тенистые липы	
светло—золотые волосы	浅黄色头发
серебряно—соломенный цвет	浅黄色
прозрачно—желтое лицо	脸皮黄而透明
оранжево—огненные волосы	头发又黄又红
желто—серый лик	脸色蜡黄而又泛灰
пересохшая желто—песчаная рожь	干透了的金黄色的麦穗
ярко—голубой	淡蓝色
бледно—голубой	淡蓝色,浅蓝色
темно—синий	深蓝色

тяжко—синий небосклон	深蓝色的天陲
красно—полосатый шатёр	红条纹的天篷
ярко—красные губы	鲜嫩的红唇
красно—рыжий волос	一头红发
большая мглисто—красная луна	硕大的朦朦胧胧的红色的月亮
сумрачно—красная луна	朦胧的红红的月亮
розово—синее восточное небо	微微泛红的东半天
мутно—красный огонь	暗红色的灯
темно—розовое зарево	暗红色的余晖
жаркий багряно—темный свет	灼热的暗红色的炉火
вся в ее пламенно—темном	全身都被暗红色的炉火照亮了
озаренье	
темно—пламенное лицо	脸也呈暗红色
золотисто—рыжий вальдшнеп	金红色的丘鹬
огненно—рыжий	火红色
огненно—карие (глаза)	枣红色的(眼睛)
огненно—белый конец кочерги	火钩的一端已被烧得发出了白光。
пластырно—розовые наклейки	粉红色的贴片
...с розово—белыми грудками	(燕子)粉红色的胸脯、
розовое грациозно—старомодное	一套老式的华丽的粉红色连衫裙
платьице	
лаково—красное поле	光亮的红色背景
сумрачно—малиновый	昏红蒙蒙的雪峰
снежный хребет	
лицо худое и широкое,	红山羊皮般的脸既宽又瘦
красно—сафьянное	
пыльно—сиреневые сумерки	浮沉弥漫,暮霭沉沉,微呈紫色
темно—фиолетовая крышка гроба	深紫色的棺材的盖板
бархатно—фиолетовый ящик	紫色天鹅绒棺木

черно—красный пион	紫红色的芍药
сине—зеркальные стены вагонов	蓝莹莹的车厢
черно—вороненое небо	乌黑的烧蓝色的夜空
блекло—синие одежды	暗蓝色的长袍
с черно—синими головками и такими же черно—синими, острыми, длинными,	燕子)蓝黑色的头部和同样是蓝黑色的……
ярко—русые волосы	亮褐色的头发
ярко—рыжий гигант	亮褐色头发的巨人
пестро—коричневые крылья	花纹斑驳的褐色翅膀
узкий разрезчерно—ореховых глаз	眼睛细长呈深褐色
простаярыже—серая черкеска	一件极普通的红褐色袍子
восточно—дикие, запеченные лики	带有东方人的粗犷的褐色的面容
ржавый, коряво—черепичный	像是生锈的瓦片的(屋顶)
вылупленныестеклянно—крыжовенные глаза	醋栗色的暴眼睛灼灼生光
темно—карие глаза	深栗色的眼睛
песочно—рыжий	沙土色的
темно—свинцовые доски	深色的铅版
лиловато—смуглый	黑里泛青的
матово—смуглое лицо	长形的脸黝黑无光
многочисленные гнезда крупныхбархатно—черных с золотом шмелей	色如洒金黑丝绒的大雄蜂的许多巢穴
дегтярно—черный	像焦油一般黑
грубо—черноволосый	头发又黑又粗的
начерно—вороненом небе	在乌鸦般漆黑的空中
черно—кружевное платье	镶花边的黑色连衫裙
черно—бархатные ляжки	大腿上裹着黑丝绒
траурно—полосатая будка	漆着黑白条纹的岗亭

录

179

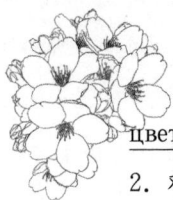

цветисто—расшитые наряды 　　色彩鲜艳的绣花衣

2. 对情绪的揣摩：

притворно—радостно 　　装出一副喜出望外的样子

строго—унылый мещанин 　　不声不响、愁眉苦脸的小市民

строго—молчаливый 　　不苟言笑的

загадочно—веселая усмешка 　　难以猜度的得意的微笑

печально—вопросительные 　　乌黑的眼睛带着忧郁和疑惑的
темные глаза 　　神情

грустно—красивая дама 　　神色忧郁的美妇人

бесконечно—грустное чувство 　　无限惆怅

поблекшая, печально— 　　憔悴、忧郁、颇有几分姿色的女人
красивая женщина

развратно—томные, 　　眼睛描画得就像掏空了身子的好
подведенные глаза 　　色之徒

откровенно—радостная улыбка 　　真诚开心的笑

в каком—то идиотски—радостном 　　表情又痴又喜

скорбно—поникший, 　　脸发黑了，耷拉下来，显得悲痛
потемневший лик 　　欲绝

сладостно—медлительный 　　欢乐而又缓慢的

страстно—горестный и счастливый 　　既痛苦又幸福的

страдальчески—счастливое упоение 　　既痛苦而又幸福的氛围

грустно—требовательный 　　悲凉迫切的汽笛声
паровозный крик

этигорестно—счастливые дни 　　这些悲伤而又幸福的日子

сособенно— 　　怀着一种特别忧伤的出自肺腑的
грустной задушевностью 　　柔情

бесконечно—высокий 　　高不可测的

бесконечно—богатый и прекрасный 　　无限丰富和美好的

странно—гордый молодой человек 　　自负到了古怪程度的年轻人

вежливо—четкая просьба 　　简单明了地客气地请求

бессмысленно—веселый   莫名的喜悦的

блаженно—хмельная душа   醉意陶然的心灵

с такимрадостно—молодецким   满怀无邪的愉悦

холодком в душе

Сказав что—то сдержанно   他矜持地向妻子问好

—приветливое жене, он...

диакон сосдержанно—   辅祭矜持而又庄重的发出呼唤

торжественным призывом

этимнимо—смиренные речи   这类貌似谦卑的谈话

благостно—строгий   亲切而又庄重的

кричатьбеспомощно—блаженно   没精打采确又悠闲自在地啼鸣

дико—восторженно   激动得快要发狂了,可还是竭力

сдерживать себя   克制自己

мистически—печально охватить   神秘而又忧悒地笼罩着

мучительно—радостно   又叫我高兴,又折磨着我

Там былогрустно—празднично   有一种悒郁的节日气氛

умиленно—горестно петь   虔诚而悲天悯人的哮诵道

смотретьласково—насмешливо   用善意的嘲笑的眼光来看待

мало—мальски усумниться в   对……稍存怀疑

чем—нибудь

ходитьмилостливо—важно   走起路来神气活现

жалобно—сладко пели   哀怨而又甜蜜地歌唱

скорбно—смиренный   忧伤而又恭顺的

сбессмысленно—жуткой радостью   以一种无畏的欢乐

густо иважно—благостно звонить   敲响了庄重而欢快的钟声

вопросительно—растерянные   母鸡惊惶的叫声

восклицания кур

дико—тревожный крик   惊叫声

бешено—радостный лай   兴奋地猖猖狂吠

дрозды... с веселым, притворно— | 鸫鸟装出凶狠的样子,快活地啁
яростным взвизгиваньем | 啾尖鸣

мы угадывали по глухому, | 我们根据大雄蜂闷声闷气、盛气
яростно—грозному жужжанию. | 凌人的嘤嘤声猜……

все этотаинственно—церковное | ……为祭祷做着准备,一切充满
приготовление к службе | 宗教的神秘的气氛

3. 其他修饰语:

проходила иногда своимотчаянно— | 震天响地敲着更
громким, распутно—залихватским

волновать сухо,знойно—холодно | (叶簇)激荡不已,发出干冷的(簌
簌声)

гулко—полый голос | 啼鸣激起回声,这回声显得更加
旷远

гармонически—изысканный звук | 和谐优雅的噪音

вестиизысканно—плавно | (乐声)优雅流畅

непередаваемо— | 声音好似天籁一般美妙
очаровательный звук

И какгорестно—нежно звенела... | 啼声又是多么回肠荡气!

удлиненно—округлые колени | 椭圆的双膝

черно—коричневая дощечка | 瘦小的木质的右手
правой руки

мутно—льдистые глазки | 眼睛浑浊,好似结了一层冰

простонародно—бородатый | 蓄一部普通百姓的络腮胡子的
(человек) | (人)

два высокихмогильно— | 两位圣徒形容憔悴,好似墓中
изможденных святителя | 之人

трогательно—болезненные губы | 楚楚动人的病弱的双唇

яблочно—холодное лицо | 冻得像苹果的面颊

восточно—конфетное лицо | 东方人式的甜甜的脸孔

живописно—кудлатый | 长着一头漂亮的蓬松头发的

он был чудовищно	身体胖得变了形。
—нечеловечески толст.	
снежно—сахарный двор	积雪好似乱琼碎玉铺满了院场
шелковисто—горячий полдень	天气燠热的正午
знойно—эмалевое небо	炽热的、仿佛上过瓷釉的天空
радужно—туманное кольцо	有喜兆的雾气腾腾的月晕
сонно—светлый горизонт	亮得令人昏昏欲睡的地平线
бесконечно—давний светлый	许久许久之前一个阳光明媚的
осенний день	秋日
зеркально—светлая,	波平如镜、光莹似银的水面
серебристая вода	
влажно—мглистый небосклон	天空云烟氤氲,朦朦胧胧
светло—туманное небо	光华熠熠而又云烟氤氲的天空
солнечно—мглистые горы	光芒普照的晓岚缭绕的群山
поэтически—дикарские радости	野趣和诗情画意
сизо—сереющие кое—где вдали	远处星星点点的白桦和山杨的
березовые и осиновые острова	小岛
празднично—цветущие	鲜花盛开的樱桃园
вишневые сады	
чудесно—трагический образ	异常悲惨的景象
тяжко—безобразная картина	分外可怕的景象
бело—сверкающие подки	闪亮的后蹄
картинно—погребальный	图画式的葬礼的
серо—кудрявая овца	鬈毛灰绵羊
мелко—кудрявые волосы	小鬈发
толстый, сухо—упругий сноп	干燥的有弹性的又厚又大的麦捆
новая, жестко—белая подушка	崭新的寒光闪闪的雪白的枕头
тяжко—зыбкий	沉重的摇摇欲坠的
теплый, душисто	又热又香的碱性气味
—щелочный запах	

равнодушно—счастливые сны	冷漠而又幸福的甜梦
своянапряженно—щегольская воинская поза	以军人庄严的姿态
грубо—великолепная сила	精力旺盛
питьочаровательно—шипящую и восхитительно—колющую в нос воду с кислотой и содой	喝一种发出迷人的咝咝声、冲得鼻子非常舒服的、冒气的酸性饮料
первобытно—просты	像原始人那样单纯
барски—легкий	纨绔子弟那种轻佻的
нечтонеотразимо—чудесное	令人神往的美好的东西
церковно—страшный	宗教的骇人的（气氛）
обманчиво—возвышенный мир	虚无缥缈的崇高的世界
неожиданно—чудесное знакомство	意想不到地结识
первобытно—грубая башня	原始时代粗陋的塔楼
сказочно—давняя ночь	神话般美妙的夜晚
незапамятно—древние старцы и старицы	远古时代的老翁和老媪
бессмысленно—счастливое житие	安适而又无谓的生活
величественно—траурный бег	（火车）渐行远去，（继续去）接受隆重的路祭
сказать что—то грустно—ворчливое	发几句牢骚
маслянисто—стальная громада	涂了一层油的钢铁巨物
мрачно—угрожающее торжество панихиды	祭祷仪式阴森可怖
ноопять—таки не прежними слезами	但流的已经是另一种泪水了。
житьбедно—пребедно	家境贫寒
широко иблагородно—щедро поводить правой рукой	很有气派地张开右臂

Все во мне требовало чего—то отчаянно—ловкого.	我想炫耀一下自己的胆量和机敏。
светски—вольно класть	讲究穿着
туго—натуго захлестывать	系牢
сладкийресторанно—кухонный чад	餐厅厨房间香喷喷的油烟味
люди...сподозрительно—развязной требовательностью	吹毛求疵
нечтонепристойно—земное, непотребное	有七情六欲的俗物
вкаменно—облачном небе церковного купола	于教堂拱顶上呆滞的云朵间
Я все время поступал с какой—то бессмысленно—счастливой решительностью	我做事不知瞻前顾后，往往凭一时兴起
восторженно—самоотверженная нежность	我的心灵充满了柔情，我甘愿为她去死，虽说我那么想活
...виденьями, чаще всего безобразными,	绝大部分幻影都是狰狞的，荒诞地重叠在一起的
нелепо—сложными,...	
Я...замкнулся в своемсказочно—святом мире	我……将自己封闭在神话般的神圣世界中
...горели в темнотеогненно—сквозными вензелями и коронами	扎成皇冠形和沙皇花体签字形的透亮的灯笼
о загадочном, томительно—любовном счастье жизни	那像谜一般的心向往之的爱情的幸福

4. 具体的称谓：

чабан—татарчонок	鞑靼牧童
татарин—ямщик	鞑靼车夫
татары—лакеи	鞑靼侍役
женщина—девочка	既像少妇又像少女

слободскиедевки—поденщицы	由郊区来打零工的姑娘们
гроб—саркофаг	棺椁
мужик—извозчик	马车夫
старик—хохол	霍霍尔老人
старик—шарманщик	年迈的乐师
старик—лакей	老仆役
зубр—чудак	怪人
любовница—баба	情妇
крест—накрест складывающимися крылышками	十字交叉的又尖又长的翅膀
кружокгимназистов—дворян	贵族学子联谊小组

参考文献

一、俄文书目

布宁作品集：

Бунин И. А. Собрание сочинений：в 9 т.，М.，2009.

俄文专著：

1. Адамович Г. В.，Одиночество и свобода［M］，СПб.：Алетейя，2002.

2. Алексей И. С. Иван Бунин［M］；Гармония страдания，Самара，2001.

3. Альберт И. С. И. Бунин：завещанное и новое［M］；Львов：Издательский дом 《Гемма》，1995.

4. Антонов С. П. 《От первого лица》［M］，М.，《Советский писатель》，1973.

5. Александр Б. 《Бунин》［M］，М.，Молодая гвардия，2009.

6. Иван Бунин：философский дискурс：коллектив. монография：к 135—летию со дня рождения И. А. Бунина / ［Альберт И. С. и др.］［M］，М—во образования и науки Рос. Федерации，Федер. агентство по образованию，Елец. гос. ун—т им. И. А. Бунина，Каф. ист.—культур. Наследия，Елец：［ЕГУ им. И. А. Бунина］，2005.

7. И. А. Бунин：pro et contra：Личность и творчество Ивана Бунина в оценке рус. и зарубеж. мыслителей и исследователей：Антология / ［Сост.：Б. В. Аверин и др.］［M］，СПб.：Изд—во Рус. христиан. гуманитар. ин—та，2001.

8. И. А. Бунин（Собрание сочинений в девяти томах）［M］，Москва：

Книжный клуб，2009.

9. Литературная энциклопедия русского зарубежья 1918—1940[M]，Москва：РОССПЭН，2002.

10. Смирнова Л. А. Иван Алексеевич Бунин：Жизнь и творчество：книга для учителя[M]，М.：Просвещение，1991.

俄文布宁资料索引图书：

Русская эмиграция：Журналы и сборники на русском языке 1920—1980[M]，Париж

Русская эмиграция：Указатель статей русских эмигрантов［M］，1988，Париж

俄文期刊文章：

1. Абрамов А. И. К вопросу об эстетике истории в 《 Слове о полку Игореве 》 и в 《 Жизни Арсеньева 》[J] // 《 Слово о полку Игореве 》 и древнерусская философская культура，Москва，1989.

2. Аверин Б. В. Из творческой истории романа И. А. Бунина 《 Жизнь Арсеньева 》[J]// Бунинский сборник：материалы научной конференции，посвященной столетию со дня рождения И. А. Бунина，Орел，1974.

3. Агаджанян，Д. А. Творческая личность в автобиографических произведениях И. А. Бунина "Жизнь Арсеньева" и В. В. Набокова "Другие берега"[J]// Творческое наследие И. А. Бунина，Орел，2005.

4 Альберт И. С. Некоторые вопросы психологии творчества в романе И. Бунина " Жизнь Арсеньева " [J]// Вопр. рус. лит. Львов, Вып. 1 (45)，1985.

5. Альберт И. С. И. А. Бунин о творческой личности и мире творчества в романе 《 Жизнь Арсеньева 》[J]// Творчество и И. А. Бунин и русская литература X IX—X X веков，Белгород：Изд—во Белгородского государственного университета，Вып. 2，2000.

6. Анисимова М. С. Художественная реализация смыслового единства "смерть — бессмертие" в романе И. Бунина " Жизнь Арсеньева "[J]// Православная духовность в прошлом и настоящем. Новгород，2003.

7. Ачатова А. А. И. Бунин 《 Жизнь Арсеньева 》(Наблюдения над композицией) [J]// Художественное творчество и литератуный процесс, Томск, Изд—во ТГУ, Вып. 1, 1976.

8. Белоусова Е. Г. 《 Диссонансная 》 гармония стилевой формы романа И. Бунина 《 Жизнь Арсеньева 》[J]// Русская литература: национальное развитие и региональные особенности, Екатеринбург, 2006.

9. Благасова Г. М. И. А. Бунин в оценке русской критики 1910—х годов[J]// Подъем, Воронеж, №11, 1981.

10. Богданова И. Г. Проблемы временного поля и памяти героев эротической прозы И. А. Бунина[J]// И. А. Бунин и мировой литературный процесс, Орел, 2000.

11. Богданова О. Ю. Роман И. А. Бунина "Жизнь Арсеньева"[J]// Лит. в шк., М., № 7, 2000.

12. Богучарская Е. В. Экзистенциальное начало в романе И. А. Бунина "Жизнь Арсеньева"[J]// Классические и неклассические модели мира в отечественной и зарубежной литературах, Волгоград, 2006.

13. БолдыреваЕ. М. Категория памяти в романе И. А. Бунина "Жизнь Арсеньева" [J]// Вестн. Костром. гос. ун—та им. Н. А. Некрасова, Кострома, №8, 2005.

14. Бочаева Н. Г. Детство в провинции(по роману И. А. Бунина 《 Жизнь Арсеньева 》)[J]// Культура российской провинции: век ХХ—ХХI веку: тезисы докладов всероссийской научно—практической конференции, Калуга: Издательский дом 《 Эйдос 》, 2000.

15. Бочаева Н. Г. Пейзаж—воспоминание в романе И. А. Бунина " Жизнь Арсеньева"[J]// "Поэтика" литературных гнезд, Тула, 2005.

16. Бунджулува Б. "Жизнь Арсеньева" как энциклопедия бунинского стиля[J] // Болг. русистика. София, № 4, 1993.

17. Вихрян О. Е. Художественное слово И. А. Бунина[J] // Рус. речь, М., №4, 1987.

18. Волынская Н. И. . К проблеме героя в романе И. Бунина 《 Жизнь

189

Арсеньева »［J］// Филологические науки；М.：Издательство « высшая школа »，№1(33)，1966.

19. Галыгин О. В. Один из аспектов воплощения темы смерти в романе И. А. Бунина « Жизнь Арсеньева »［J］ // Молодая филология：Сборник научных трудов, Новосибирск：Изд—во НИПКиПРО, 2001.

20. Георгий Адамович, « Жизнь Арсеньева »［J］//Бунин И. А., Собрание сочинений в 8 томах：том пятый. Жизнь Арсеньева. Юность. Рассказы, 1924—1931, М.：Моск. Рабочий, 1996.

21. Жаравина Л. В. Роман И. Бунина"Жизнь Арсеньева" в контексте русской философии конца XIX — начала XX века［J］// Тезисы докладов на межвузовской научн. конференции..., Орел, 1991.

22. Захарова В. Т. Роман Ив. Бунина "Жизнь Арсеньева"：природа жанрового синтеза ［ J ］// Герменевтика литературных жанров, Ставрополь, 2007.

23. ИвановаД. М., Космические образы неба в романе И. А. Бунина " Жизнь Арсеньева"［J］// Русский роман XX века：Духовный мир и поэтика жанра：Сб. науч. тр., Саратов, 2001.

24. Казаркин А. П. Художественная перспектива в романе "Жизнь Арсеньева"［J］// Проблемы метода и жанра. Томск, Вып. 4, 1977.

25. Калинина Е. Особенности художественного языка романа И. А. Бунина « Жизнь Арсеньева » в сопоставлении с символистским романом ［J］// X X век：Проза. Поэзия. Критика, М.：Диалог—МГУ, 1998.

26. Калинина Е. " Жизнь Арсеньева " в контексте традиций символистского романа［J］// XX век：Проза. Поэзия. Критика. М., Вып. 2, 1998.

27. Калинина Е. Традиции символистского романа в романе И. А. Бунина "Жизнь Арсеньева"［J］// XX век：Проза. Поэзия. Критика. М., Вып. 5, 2004.

28. Кириллина О. М. И. Бунин и В. Набоков："Жизнь Арсеньева" и " Другие берега ". Пространственно—временной аспект ［ J ］// Третьи

Маймминские чтения，Псков，2000.

29. Климова Г. П. Образ города в романе И. А. Бунина 《 Жизнь Арсеньева 》［С］// И. А. Бунин и русская литература ⅩⅩ века: По материалам международной научной конференции, посвященной 125— летию со дня рождения И. А. Бунина. , М: Наследие, 1995.

30. Ковалева Т. Н. Моделирующая функция начала романа И. А. Бунина " Жизнь Арсеньева " : (Опыт семиотического исследования художественного времени—пространства) ［ J ］// Вестн. Пятигор. гос. лингв. ун—та. , Пятигорск, №1, 2002.

31. Ковалева Т. Н. 《 Вертикаль 》 и 《 горизонталь 》 как основа пространственной организации, образности романа И. А. Бунина "Жизнь Арсеньева" и их знаковый потенциал［J］// Русское литературоведение в новом тысячелетии. М. , Т. 2, 2003.

32. Колобаева Л. А. Феноменологический роман в русской литературе ⅩⅩ века［D］// Научные доклады филологического факультета МГУ. М. , Вып. 2, 1998.

33. Колядич Т. М. Память в системе мемуарного повествования на материале романа И. Бунина 《 Жизнь Арсеньева 》, ［ С ］// Творческое наследие И. А. Бунина и мировой литературный процесс (Материалы международной научной конференции, посвященной 125—летию со дня рождения), Орел, 1995.

34. Короткова М. С. Каждый человек—это целый мир… (Роман И. А. Бунина 《 Жизнь Арсеньева 》 в ⅪⅠ классе)［J］// Бунин И. А. Избранная проза, М. : Олимп, 1999.

35. Корсакова Л. Е. Импрессионистический тип личности в романе И. Бунина 《 Жизнь Арсеньева 》［J］// Вестник Чувашского государственного педагогического университета имени И. Я. Яковлева, №3(22), 2001.

36. Крутикова Л. В. 《 Жизнь Арсеньева 》—итоговая книга И. А. Бунина ［ J ］// Бунинский сборник: материалы научной конференции, посвященной столетию со дня рождения И. А. Бунина, Орел, 1974.

37. Крючева М. В. Цветовая символика в романе И. А. Бунина « Жизнь Арсеньева »［J］// Средства номинации и предикации в русском языке: Межвузовский сборник научных трудов, М.: МПУ, 2001.

38. Кузьмина О. А. Функции двучленных антропонимов в романе И. А. Бунина « Жизнь Арсеньева », в цикле рассказов « Темные аллеи »［J］// Творчество и И. А. Бунин и русская литература X IX—X X веков, Белгород: Изд—во Белгородского государственного университета, Вып. 2, 2000.

39. Кулабухова М. А. Факт и вымысел в романе И. А. Бунина " Жизнь Арсеньева " ［J］// Актуальные проблемы современного литературоведения: Материалы межвуз. научн. конференции. М: Изд—во МГОПУ, 1997.

40. Кулабухова М. А. Автобиографическое начало и художественный вымысел в романе И. А. Бунина "Жизнь Арсеньева"［J］// Творчество И. А. Бунина и русская литература XIX—XX веков, Белгород, 1997.

41. Курляндская Г. Б. Авторская позиция И. А. Бунина в романе « Жизнь Арсеньева »［C］ // Бунинский сборник: материалы научной конференции, посвященной столетию со дня рождения И. А. Бунина, Орел, 1974.

42. Ливаненков Е. Е. Жанровое своеобразие романа И. А. Бунина " Жизнь Арсеньева " ［J］// Художественный текст и текст в массовых коммуникациях, Смоленск, Ч. 2, 2004.

43. Ливаненков Е. Е. Художественное время романа И. А. Бунина " Жизнь Арсеньева"［J］// Штудии; Смоленск, №4, 2004.

44. Лявданский Э. К. О работе И. А. Бунина над текстом романа " Жизнь Арсеньева"［J］// Филол. наук. , М. , №4, 1985.

45. Мальцев Ю. Иван Бунин, 1870—1953［J］// Грани, Г. 69: №172, М. , 1994.

46. Михайлов О. Н. Монолог о России［J］// И. А. Бунин. Жизнь и творчество: литературно—критический очерк, Тула, 1987.

47. Млечко А. В. « Жизнь Арсеньева » и « Усадебный миф » И. Бунина[J]// Классические и неклассические модели мира в отечественной и зарубежной литературах，Волгоград，2006.

48. Николина Н. А. Композиционно － речевая организация романа И. А. Бунина" Жизнь Арсеньева "［J］// Образно － языковая структура прозы И. А. Бунина. Елец，1992.

49. Николина Н. А. Художественное время романа И. А. Бунина " Жизнь Арсеньева"［J］// Творчество И. А. Бунина и русская литература XIX—XX веков. Белгород，1998.

50. Никольская Л. Д. Лирический строй романа И. А. Бунина "Жизнь Арсеньева " ［ J ］// Проблемы истории критики и поэтики реализма. Куйбышев，1981.

51. Панкратов В. А. Эстетическая проблематика в романе И. А. Бунина "Жизнь Арсеньева"[J]// Внутренняя организация художественного произведения. Махачкала，

1987.

52. Переверзева Н. А. Мифосимволическая модель мира в романе И. А. Бунина « Жизнь Арсеньева »［J］// Классические и неклассические модели мира в отечественной и зарубежной литературах，Волгоград，2006.

53. Полторацкая С. В. Лейтмотив "потерянной" России в книге И. А. Бунина " Жизнь Арсеньева "［С］// Творчество И. А. Бунина и русская литература XIX—XX веков. Белгород，Вып. 2，2000.

54. Пращерук Н. В. "Пространственная форма" в книге И. А. Бунина "Жизнь Арсеньева"[J]// Кормановские чтения. Ижевск，Вып. 3，1998.

55. Ри Чжон Хи, Проблема памяти в романе И. А. Бунина « Жизнь Арсеньева »［J］ // Голоса молодых ученых，М：Диалог—МГУ，Вып. 4，1998.

56. Сазонова Ю. И. А. Бунин. « Жизнь Арсеньева ». Первое полное издание. Изд—во Имени Чехова. Нью Иорк. ［J］// Новый журнал；Нью—иорк：КН. X X X，1952.

57. Сидякова Т. В. Жанровое своеобразие романа Бунина "Жизнь Арсеньева"［J］// Содержательность форм в художественной литературе, Самара, 1991.

58. Скобелев В. П. О лирическом начале в русском романе начала ХХ столетия（《 Жизнь Арсеньева 》 И. Бунина— 《 Доктор Живаго 》 Б. Пастернака）［C］// Воронежский край и зарубежье : А. Платонов, И. Бунин, Е. Замятин, О. Мандельштам и другие в культуре ХХ века（Материалы международной научной конференции 9—10 октября 1992г.）, МИПП 《 ЛОГОС 》 Воронеж, 1992.

59. Славина В. А. Неутоленная любовь Ивана Бунина［M］// В поисках идеала（Литература, критика, публицистика первой половины ХХ века）, Москва, 2005.

60. Смирнова А. И. Роман "Жизнь Арсеньева" И. А. Бунина и русская автобиографическая проза［J］// Русский роман XX века : Духовный мир и поэтика жанра : Сб. науч. тр. Саратов, 2001.

61. Смоголь Н. Н. Орел в судьбе И. А. Бунина и на страницах романа 《 Жизнь Арсеньева 》 Творческое наследие И. А. Бунина и мировой литературный процесс（Материалы международной научной конференции, посвященной 125—летию со дня рождения）［C］, Орел, 1995.

62. Смоленцов, А. Перечитывая " Жизнь Арсеньева "［J］// Час России. М., №1（3）, 2001.

63. Снежко Е. В. Жанровое своеобразие романа И. А. Бунина "Жизнь Арсеньева"［J］// МГПУ в реализации городской целевой программы " Модернизация московского образования （ Столичное образование—3 ）". М., 2002.

64. Толоконникова С. Ю. Мотив детского постижения бога и смерти в романах И. Бунина 《 Жизнь Арсеньева 》 и А. Белого 《 Крещеный китаец 》 ［J］// Творческое населедие И. А. Бунина и мировой литературный процесс, Орел, 1995.

65. Трубицина Н. А. Художественное восприятие культуры малого

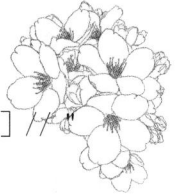

города（на материале романа И. А. Бунина 《Жизнь Арсеньева 》）［J］//"

Поэтика" литературных гнезд. Тула, 2005.

66. Чой Чжин Хи, От рассказов к роману: Рассказы И. А. Бунина

1920—х г. и его роман 《Жизнь Арсеньева 》［J］// Голоса молодых ученых，

М：Диалог—МГУ，Вып. 4，1998.

67. Штерн М. С. 《Жизнь Арсеньева 》—роман，биография，исповедь?

Жанровый синкретизм произведения. Автор и герой［J］//В поисках

утраченной гармонии（проза И. А. Бунина 1930—1940—х гг.）：

монография，Омск：изд—во ОмГПУ，1997.

68. Юрченко Л. Н. Поэтика мотивов украины в романе И. А. Бунина 《

Жизнь Арсеньева 》［J］// Творчество и И. А. Бунин и русская литература Х

IХ — Х Х веков，Белгород：Изд—во Белгородского государственного

университета，2000.

俄文学位论文：

1. Альгазов Хасан. Нравственное становление личности в

автобиографической прозе зарубежья：И. А. Бунин，И. С. Шмелев，Б. К.

Зайцев，А. И. Куприн［D］，Российский университет дружбы народов，

Москва，2006.

2，Асташенко О. А. Принципы художественной организации текста

И. А. Бунина［D］，Москва：МПГУ，2003.

3. Болдырева Е. М. Автобиографический метатекст И. А. Бунина в

контексте русского и западноевропейского модернизма ［ D ］，

Ярославль，2007.

4. Вихрян О. Е. Языковые средства выражения авторской модальности

в романе И. А. Бунина "Жизнь Арсеньева"：Автореф. дис. ... канд.

филол. наук［D］// Ун—т дружбы народов им. П. Лумумбы. М. ，1990.

5. Грицкевич Н. Н. Структурные и семантические функции

сочинительных союзов и их конкретизаторов［D］，Ставрополь，2006.

6. Кириллина О. М. И. Бунин и В. Набоков：проблемы поэтики："

Жизнь Арсеньева" и "Другие берега"［D］：диссертация ... кандидата

филологических наук，Москва，2004.

7. Ковалева Т. Н. Художественное время—пространство романа И. А. Бунина 《 Жизнь Арсеньева 》 [D]，кандидата филологических наук，Ставроп. гос. ун—т，Ставрополь，2004.

8. Кулабухова М. А. Автобиографическое начало и художественный вымысел в романах И. А. Бунина 《 Жизнь Арсеньева 》 и М. А. Булгакова 《 Белая гвардия 》 [D]，Белгородский государственный университет，Белгород，2003.

9. Курбатова Ю. В. Художник и время в автобиографической прозе И. А. Бунина(《 Жизнь Арсеньева 》) и К. Т. Паутовского(《 Повесть о жизни 》) [D]，2009.

10. Лявданский Э. К.，Роман И. А. Бунина "Жизнь Арсеньева"[D]：Автореф. дис. . . . канд. филол. наук. Л.，1975.

11. Новикова Е. А. Мировосприятие и философия автора и героев в художественном мире И. А. Бунина[D]，Елец，2002.

12. Пронин А. А. Цитата в книге И. А. Бунина "Жизнь Арсеньева. Юность"[D]：Автореф. дис. . . . канд. наук；Философские науки：10. 01. 01 / Петрозав. гос. ун—т. Петрозаводск，1997.

13. Сливицкая О. В. Повышенное чувство жизни[D]；Москва，2004.

14. Снежко Е. В. Поэтика мемуарного и автобиографического повествования в прозе И. А. Бунина эмигрантского периода [D]，Москва，2005.

俄文网站：

http：//www. inion. ru/index6/php

http：//www/rsl. ru/

http：//www. bunin. org. ru/

http：//www. hrono. ru/biograf/bio_b/bunin_ia. php

http：//www. rulex. ru/01021127. htm

http：//www. krugosvet. ru/enc/kultura _ i _ obrazovanie/literatura/BUNIN_IVAN_ALEKSEEVICH. html

http://www.kostyor.ru/biography/? n＝51

二、中文书目

布宁作品译著:

1. 陈馥:《布宁短篇小说选》[M],外语教学与研究出版社,2006 年。

2. 陈馥:《布宁散文》[M],人民文学出版社,2008 年。

3. 戴骢:《蒲宁文集》(五卷本)[M],合肥:安徽文艺出版社,2005 年。

4.《蒲宁回忆录》[M],李辉凡译,东方出版社,2002 年。

布宁研究专著:

1. 冯玉律:《跨越与回归:论伊凡·蒲宁》[M],上海外语教育出版社,1998 年。

2. 刘贵友:《伊万·布宁小说创作研究》[M],知识产权出版社,2004 年。

3. 邱运华:《蒲宁》[M],四川人民出版社,2003 年。

专著:

1. [俄]巴赫金:《巴赫金全集》(七卷本)第三卷[M],白春仁等译,河北教育出版社,2009 年。

2. 陈国恩:《俄苏文学在中国的传播与接受》[M],中国社会科学出版社,2009 年。

3. 陈建华主编:《中国俄苏文学研究史论》[M],重庆出版社,2007 年。

4. 程正民:《俄国作家创作心理研究》[M],百花文艺出版社,1999 年。

5. [美]丹尼尔·夏克特著:《找寻逝去的自我》[M],高申春译,吉林人民出版社,1999 年。

6. [俄]德·谢·利哈乔夫:《解读俄罗斯》[M],吴晓都等译,北京大学出版社,2003 年。

7. [荷]杜威·德拉埃斯马著:《为什么随着年龄的增长时间过得越来越快——记忆如何塑造我们的过去》[M],张朝霞译,张晓红校,山东教育出版社,2006 年。

8. 俄罗斯科学院高尔基世界文学研究所:《俄罗斯白银时代文学史》[M],谷羽等译,敦煌文艺出版社,2001 年。

9. 法拉、帕特森编:《记忆》[M],卢晓辉译,华夏出版社,2006 年。

10.［俄］符·维·阿格诺索夫主编:《20世纪俄罗斯文学》[M]，凌建侯等译，中国人民大学出版社，2001年。

11.［俄］符·维·阿格诺索夫著:《俄罗斯侨民文学史》[M]，刘文飞、陈方译，人民文学出版社，2004年。

12.高长江:《现代修辞学》[M]，吉林大学出版社，1991年。

13.洪汉鼎:《现象学十四讲》[M]，人民出版社，2008年。

14.黄铁池，杨国华主编:《20世纪外国文学名著文本阐析》[M]，北京大学出版社，2006年。

15.［法］恺撒·弗洛雷著:《记忆》[M]，姜志辉译，商务印书馆，1995年。

16.［德］克劳斯·黑尔德:《世界现象学》[M]，孙周兴编，倪梁康等译，生活·读书·新知三联书店，2003年。

17.［德］克劳斯·黑尔德:《时间现象学的基本概念》[M]，靳希平等译，上海:上海译文出版社，2009年。

18.［德］《胡塞尔选集》(上、下)[M]，倪梁康选编，上海三联书店，1997年。

19.［美］莱斯特·恩布里:《现象学入门》[M]，靳希平、水軌译，北京大学出版社，2007年。

20.［美］勒内·韦勒克、奥斯汀·沃伦:《文学理论》[M]，刘象愚等译，江苏教育出版社，2006年。

21.［美］罗伯特·索科拉夫斯基:《现象学导论》[M]，高秉江、张建华译，武汉大学出版社，2009年。

22.李莉:《威拉·凯瑟的记忆书写研究》[M]，四川大学出版社，2009年。

23.李明滨主编:《俄罗斯二十世纪非主潮文学》[M]，北岳文艺出版社，1998年。

24.李荣启:《文学语言学》[M]，人民出版社，2005年。

25.李毓榛主编:《20世纪俄罗斯文学史》[M]，北京大学出版社，2000年。

26.黎皓智:《俄罗斯小说文体论》[M]，百花洲文艺出版社，2002年。

27.黎皓智:《20世纪俄罗斯文学思潮》[M]，北京大学出版社，2006年。

28. 刘文飞:《二十世纪俄语诗史》[M],社会科学文献出版社,1996年。

29. 刘文飞:《文学魔方:二十世纪的俄罗斯文学》[M],中国社会科学出版社,2004年。

30. 刘小枫:《诗化哲学》[M],华东师范大学出版社,2007年。

31. 柳鸣九主编:《意识流》[M],中国社会科学出版社,1993年。

32. 马克·斯洛宁:《现代俄国文学史》[M],汤新楣译,人民文学出版社,2001年。

33. [美]梅·弗里德曼:《意识流,文学手法研究》[M],华东师范大学出版社,1992年。

34. [德]马丁·海德格尔:《形式显示的现象学》[M],孙周兴编译,同济大学出版社,2004年。

35. [德]马丁·海德格尔:《时间概念史导论》[M],欧东明译,商务印书馆,2009年。

36. 淼华 编:《当代俄罗斯文学多元、多样、多变》[C],外语教学与研究出版社,2010年。

37. [法]莫里斯·哈布瓦赫著,毕然 郭金华译,《论集体记忆》[M],上海人民出版社,2002年。

38. 倪梁康:《现象学及其效应——胡塞尔与当代德国哲学》[M],生活·读书·新知三联书店,1996年。

39. 任光宣:《俄罗斯文学简史》[M],北京大学出版社,2006年。

40. 任光宣:《俄罗斯文学的神性传统——20世纪俄罗斯文学与基督教》[M],北京大学出版社,2010年。

41. 尚杰:《从胡塞尔到德里达》[M],江苏人民出版社,2008年。

42. 申丹:《叙述学与小说文体学研究》[M],北京大学出版社,2007年。

43. 申丹、韩加明、王丽亚:《英美小说叙事理论研究》[M],北京大学出版社,2006年。

44. 宋瑞芝:《俄罗斯精神》[M],长江文艺出版社,2000年。

45. 孙德忠:《社会记忆论》[M],湖北人民出版社,2006年。

46. [英]特里·伊格尔顿:《现象学,阐释学,接受理论》[M],王逢振译,江苏教育出版社,2006年。

47.［俄］瓦·叶·哈利泽夫：《文学学导论》[M]，周启超等译，北京大学出版社，2006年。

48.王加兴 等：《俄罗斯文学修辞理论研究》[M]，黑龙江人民出版社，2009年。

49.汪介之：《现代俄罗斯文学史纲》[M]，南京出版社，1995年。

50.汪介之：《文学接受与当代解读——20世纪中国文学语境中的俄罗斯文学》[M]，北京师范大学出版社，2010年。

51.王岳川：《当代西方最新文论教程》[M]，复旦大学出版社，2008年。

52.温科学：《20世纪西方修辞学理论研究》[M]，中国社会科学出版社，2006年。

53.徐葆耕：《叩问生命的神性.俄罗斯文学启示录》[M]，广西师范大学出版社，2009年。

54.余一中：《俄罗斯文学的今天和昨天》[M]，黑龙江人民出版社，2006年。

55.张冰：《白银时代——俄国文学思潮与流派》[M]，人民文学出版社，2006年。

56.张昊琦编著：《俄罗斯精神》[M]，当代世界出版社，2008年。

57.张会森：《修辞学通论》[M]，上海外语教育出版社，2002年。

58.张捷：《苏联解体后的俄罗斯文学（1992—2001年）》[M]，中国社会科学出版社，2011年。

59.张铁夫：《群星灿烂的文学——俄罗斯文学论集》[M]，东方出版社，2002年。

60.张铁夫 等：《普希金的生活与创作》[M]，中国社会科学出版社，2004年。

61.郑体武：《危机与复兴:白银时代俄国文学论稿》[M]，四川文艺出版社，1996年。

62.郑体武：《俄罗斯文学简史》[M]，上海外语教育出版社，2006年。

63.郑体武：《俄罗斯文学史》（上、下）[M]，上海外语教育出版社，2008年。

64.智量：《论19世纪俄罗斯文学》[M]，复旦大学出版社，2009年。

65.周启超:《白银时代——俄罗斯文学研究》[M],北京大学出版社,2003年。

66.周伟驰:《记忆与光照——奥古斯丁神哲学研究》[M],社会科学文献出版社,2001年。

期刊论文:

1.柏英:《岁月似河 人生如戏——谈布宁小说〈中暑〉中戏剧手段的移植》[J]//名作欣赏,2006年02期

2.曹而云:《诗意的隐喻 无言的启迪——蒲宁小说〈轻盈的气息〉的叙事方式》[J]//名作欣赏,2001年03期。

3.陈辉:《布宁研究新述》[J]//中国俄语教学,2005年03期。

4.陈辉:《布宁与东方哲学——读布宁作品〈净身周一〉》[J]//广东外语外贸大学学报,2005年03期。

5.程鹿峰:《布宁与他的黄昏恋》[J]//世界文化,2004年06期。

6.程晓媞:《爱情诗意与死亡悲剧——布宁爱情小说主体模式探析》[J]//语文学刊(外语教育与教学),2009年05期。

7.杜荣:《俄罗斯——布宁心中永恒的恋人》[J]//山花,2008年17期。

8.冯玉律:《蒲宁的"乡村"系列小说与高尔基》[J]//当代外国文学,1997年03期。

9.冯玉律:《论蒲宁创作中的永恒主题》[J]//俄罗斯文艺,1994年01期。

10.高建华:《试比较徐志摩与伊凡·蒲宁诗歌创作风格》[J]//牡丹江大学学报,2009年06期。

11.谷羽:《父子情仇——布宁短篇小说〈乌鸦〉赏析》[J]//名作欣赏,2003年02期。

12.管海莹:《蒲宁小说文体解析》[J]//外国文学研究,2003年04期。

13.管海莹:《转向主体情感世界的艺术创作——蒲宁小说创作中的现代意识探索》[J]//俄罗斯文艺,2002年06期。

14.管海莹:《布宁小说创作中的民俗象征符号解读》[J]//外国文学研究,2005年03期。

15.顾飞飞:《文体视域下的布宁短篇小说》[J]//浙江工商职业技术学

院学报,2009 年 01 期。

16. 郭庆芬:《暗径中徘徊的大师——俄罗斯首位诺贝尔文学奖得主伊万·布宁》[J]//世界文化,2010 年 04 期。

17. 黄绚:《蒲宁:故土和〈故园〉》[J]//大家,1997 年 04 期。

18. 贾茜:《伊万·布宁作品与当今俄罗斯中学的文学课教学》[J]//俄罗斯文艺,2003 年 05 期。

19. 克冰:《他唱着乡村的歌走上文坛——浅析布宁早期小说创作的基本主题》[J]//内蒙古师范大学学报(哲学社会科学版),1991 年 03 期。

20. 旷丽贞:《爱的挽歌——试论蒲宁爱情小说的特色》[J]//上海海运学院学报,2002 年 02 期。

21. 李洱:《被遗忘的蒲宁》[J]//小说界,2001 年 04 期。

22. 李莉:《别具一格的艺术世界——布宁短篇小说视角浅译》[J]//俄罗斯文艺,1997 年 02 期。

23. 李真:《论布宁小说中叙事主人公形象对于文本的建构意义》[J]//山花,2009 年 20 期。

24. 力玉心:《蒲宁及其创作散论》[J]//国外文学,1992 年 01 期。

25. 林思思:《从外视角到内视角——两种视角在蒲宁小说中的"轻盈"转换》[J]//语文知识,2008 年 04 期。

26. 刘炜:《现实主义创作艺术的拓展——重读布宁中篇小说〈乡村〉》[J]//俄罗斯文艺,2002 年 01 期。

27. 刘炜:《布宁作品的佛教特色浅析》[J]//铜陵学院学报,2004 年 04 期。

28. 刘晓南:《以文字作画——蒲宁〈安东诺夫卡苹果〉解读》[J]//名作欣赏,2006 年 07 期。

29. 刘忆宁:《蒲宁的美学视野——试论蒲宁后期的爱情小说》[J]//解放军外国语学院学报,1992 年 02 期。

30. 楼肇明:《以纯铜短剑,在山峰的积冰上镌刻一首十四行诗——关于〈轻盈的气息〉及蒲宁小说叙事技巧的访谈》[J]//北京文学(中篇小说月报),2007 年 10 期。

31. 陆黎雅:《论爱情故事中的"小人鱼"模式——安徒生、茨威格、蒲宁

三个相似故事及含义》[J]//外国文学研究,2003 年 02 期。

32.陆昭徽:《布宁:一位重新受到欢迎的俄罗斯作家》[J]//山东医科大学学报(社会科学版),1996 年 02 期。

33.马萌:《静之幸福》[J]//语文世界,1999 年 04 期。

34.孟秀云:《俄国的布宁研究综述》[J]//俄罗斯文艺,1996 年 02 期。

35.聂丽珠:《蒲宁与〈普宁〉——流亡文学的悲剧世界与悲喜剧世界》[J]//广西师范学院学报(哲学社会科学版),1993 年 01 期。

36.钱善行:《一部具有"头等的艺术价值"的中篇小说——评蒲宁的早期代表作〈乡村〉的艺术技巧》[J]//外国文学研究,1986 年 03 期。

37.沈检江:《蒲宁的新路——俄国批判现实主义传统延宕与创新空间》[J]//黑龙江社会科学,2008 年 06 期。

38.孙全鹏:《浅论布宁〈高加索〉非情节诗意化叙述》[J]//安徽文学,2009 年 03 期。

39.孙忠霞:《伊万·布宁作品中的爱情主体解析》[J]//作家,2008 年 06 期。

40.田洪敏:《伊·布宁小说〈阿尔谢尼耶夫的一生〉简论》[J]//泰安教育学院岱宗学刊,2007 年 04 期。

41.汪介之:《对已逝年华的深情回望——读布宁的〈阿尔谢尼耶夫的一生〉》[J]//名作欣赏,2004 年 10 期。

42.王德威:《历史迷魅与文学记忆》[J]//当代作家评论,2004 年 01 期。

43.王庚年:《评伊·阿·布宁的长诗〈落叶〉》[J]//广西师范大学学报(哲学社会科学版),1991 年 03 期。

44.王立业:《布宁·蒲宁·普宁》[J]//俄语学习,2002 年 03 期。

45.王明琦:《人与自然·诗与小说——伊凡·布宁的文学艺术探寻》[J]//山东文学,2006 年 09 期。

46.王平:《以悲为美——论蒲宁小说〈轻盈的气息〉写作艺术》[J]//写作,2009 年 03 期。

47.王太丰:《神奇莫测 感人肺腑——蒲宁〈三个卢布〉的艺术特色赏析》[J]//外国文学研究,1992 年 01 期。

48.王巍:《试析蒲宁小说的绘画性》[J]//黑龙江生态工程职业学院学

报，2010 年 04 期。

49. 王巍：《蒲宁小说诗化创作特色及影响》[J]//黑龙江生态工程职业学院学报，2010 年 03 期。

50. 王新伟：《永恒的绽放——重读伊凡·蒲宁的〈耶利哥的玫瑰〉》[J]//中学语文，2003 年 14 期。

51. 万冬梅，夏海波：《布宁爱情观的艺术体现》[J]//现代教育科学，2006 年 S1 期。

52. 乌丽莎：《可口的语言——浅析布宁小说〈安东诺夫卡的苹果〉》[J]//语文学刊，2006 年 03 期。

53. 伍宇星：《对伊·阿·布宁的〈中暑〉的语言文学分析》[J]//中山大学学报论丛，2000 年 06 期。

54. 谢红芳：《活的悲惨 死的悲凉——解析蒲宁小说〈乡村〉的悲剧意识》[J]//俄语学习，2010 年 04 期。

55. 许淇：《去古老的俄罗斯——致诗人蒲宁》[J]//绿风，2002 年 04 期。

56. 杨明明：《由新时期的布宁研究看我国俄罗斯文学研究的方法论问题》[J]//理论界，2009 年 08 期。

57. 杨通荣：《论布宁农村小说的艺术特色》[J]//贵州师范大学学报（社会科学版），1990 年 01 期。

58. 杨艺：《悲的旋律 画的诗篇——论蒲宁小说的艺术特色》[J]//重庆大学学报（社会科学版），2001 年 01 期。

59. 姚桦：《蒲宁对果戈理讽刺艺术的继承与发展——试比较〈档案〉与〈外套〉的讽刺手法》[J]//烟台教育学院学报，2003 年 01 期。

60. 姚桦：《蒲宁笔下的乡土情怀》[J]//盐城工学院学报（社会科学版），2009 年 01 期。

61. 姚霞：《布宁的"乡村"艺术体——浅析〈乡村〉中浪漫主义因素与现实主义因素的融合》[J]//四川外语学院学报，2004 年 03 期。

62. 叶红：《蒲宁与现代主义》[J]//俄罗斯文艺，2002 年 03 期。

63. 叶红：《蒲宁在中国》[J]//俄罗斯文艺，2005 年 01 期。

64. 叶红：《俄罗斯民族性格在蒲宁农村题材小说中的体现》[J]//太原师范专科学校学报，2000 年 02 期。

65.叶琳:《短暂中的永恒——布宁〈中暑〉之爱情观分析》[J]//西安建筑科技大学学报(社会科学版),2010年02期。

66.张华英:《布宁和肖洛霍夫的乡土主题》[J]//语文学刊,2008年08期

67.张丽娜:《零落的爱情与挣扎的自我——关于阿赫马托娃与布宁》[J]//世界文化,2009年03期。

68.张荣翼:《文学发展中的记忆机制》[J]//西南师范大学学报(人文社会科学版),2003年02期。

69.张淑明:《布宁的俄罗斯情结》[J]//世界文化,2005年07期。

70.张祎:《从归纳走向解构:蒲宁创作艺术的再认识》[J]//俄罗斯文艺,2002年06期。

71.张益伟:《渺小个体向永恒生命奥秘的不懈探索——浅论布宁"抒情体"散文的艺术创作特点》[J]//电影评介,2006年21期。

72.张益伟:《布宁与"片段式"爱情小说》[J]//宜宾学院学报,2009年03期。

73.张云军,李宏:《论伊凡·蒲宁的"理想倾向"》[J]//长春工业大学学报(社会科学版),2008年06期。

74.赵丹琦:《跌宕起伏的命运交响曲——诺贝尔文学奖得主伊凡·布宁的散文〈山口〉赏析》[J]//南京金融高等专科学校学报,1997年02期。

75.赵建常:《论布宁与同时代作家群体的关系》[J]//山西经济管理干部学院学报,2006年01期。

76.赵淘:《蒲宁及其诗作——〈夏夜集〉译后》[J]//俄罗斯文艺,1986年03期。

77.赵晓彬,吴琼:《布宁小说中的跨文化相遇现象》[J]//当代外国文学,2010年01期。

78.郑海凌:《蒲宁和他的散文体小说》[J]//俄罗斯文艺,1988年06期。

博士后论文:

王立业:《屠格涅夫与布宁诗学比较》[D],北京大学博士后论文,1994年。

博士论文：

1.柏英：《布宁小说创作的悲剧精神及其诗学体现》[D]，上海外国语大学博士论文，2006年。

2.温哲仙：《布宁和张爱玲小说的类型学比较》[D]，北京大学博士论文，1994年。

3.叶红：《永不枯竭的心灵之泉》[D]，上海外国语大学博士论文，2005年。

硕士论文：

1.陈霞：《论伊·阿·布宁的庄园情结》[D]，苏州大学硕士论文，2002年。

2.程豪：《蒲宁小说的创作诗化艺术研究》[D]，南京师范大学硕士论文，2005年。

3.黄秀芳：《伊·阿·布宁作品中的怀旧主题》[D]，河南大学，2007年。

4.江晨曦：《永恒的俄罗斯之恋》[D]，东北师范大学，2006年。

5.罗芳：《论蒲宁创作的主题：对生命的永恒之谜的思索》[D]，吉林大学，2005年。

6.罗颖：《论伊·阿·布宁小说集〈幽暗的林荫道〉中的爱情主题》[D]，北京外国语大学，2007年。

7.刘炜：《现实主义艺术的拓展：论布宁小说的创作艺术》[D]，南京师范大学硕士论文，2002年。

8.刘金红：《布宁小说的散文化特点》[D]，首都师范大学，2006年。

9.刘姝希：《论伊凡·蒲宁爱情小说的艺术特色》[D]，东北师范大学，2009年。

10.欧阳明磊：《蒲宁与东方》[D]，武汉大学，2002年。

11.彭运潮：《布宁短篇小说的现代主义特征》[D]，内蒙古师范大学，2009年。

12.沈淇春：《俄罗斯侨民作家布宁的"思乡情结"研究》[D]，兰州大学，2007年。

13.王巍：《蒲宁小说诗化特征研究》[D]，黑龙江大学，2009年。

14.赵真：《伊凡·布宁短篇小说集〈幽暗的林间小径〉主题分析》[D]，内

蒙古师范大学,2005年。

15.张祎:《从"归纳"走向"解构"》[D],南京师范大学,2003年。

16.张益伟:《用爱的光芒照亮心灵的角落》[D],四川大学,2007年。

17.庄鹏达:《蒲宁散文的"叙述"世界:作者与文本》[D],武汉大学,2007年。

后　记

　　本书是在我的博士学位论文的基础上修订而成的,本书的出版是对我博士三年和工作五年的学术生涯的一个阶段性小结。回首既往,能把自己一生最宝贵的时光留在校园之中,能在众多学富五车、才华横溢的老师们的熏陶下度过,实是荣幸之极。

　　诗学问题是理论界一直探讨的热门话题,老师的谆谆诱导、同学的出谋划策及父母家人的支持鼓励,是我坚持完成论文的动力源泉。在此,我特别要感谢我的导师夏忠宪老师。从论文的选题、文献的采集、框架的设计、结构的布局到最终的论文定稿,从内容到格式,从标题到标点,她都费尽心血。为了指导我的毕业论文,她放弃了自己的休息时间,她的这种无私奉献的敬业精神令人钦佩,在此我向她表示我诚挚的谢意。我觉得,一位好的老师,影响学生更多的是她的生活方式,在潜移默化中灌输她的人生理念,这比告诉学生如何做学问更为重要。她不仅教会了我专业知识,更重要的是教会了我做学问的方法——"对学问要怀有敬畏之心",并谆谆教导我如何做人。没有夏忠宪老师的辛勤栽培、孜孜教诲,就没有我论文的顺利完成。

　　在厦门大学工作期间,对论文的框架结构、内容反反复复进行多次的修正,最终才形成本书。还要要感谢我的家人以及我的朋友们对我的理解、支持、鼓励和帮助,正是因为有了他们,我所做的一切才更有意义。也正是因为有了他们,我才有了追求进步的勇气和信心。

　　最后我还要感谢厦门大学出版社薛鹏志老师,在他的帮助和支持下本书才得以顺利出版。

　　由于时间仓促及自身专业水平的不足,本书肯定存在尚未发现的缺点和错误,恳望读者多予批评指正。

王文毓

2016 年 3 月